In case of loss, please return to:

_____

_____

_____

_____

As a reward: $ _____

A Bob Noorda, grafico sensibile e artista indimenticabile. Creatore assieme a Franco Albini della segnaletica della metropolitana di Milano, capolavoro replicato in numerose capitali del mondo.

For Bob Noorda, a sensitive graphic designer, an unforgettable artist and the creator, along with Franco Albini, of the signage for the Milan Underground – a masterpiece replicated in numerous major cities the world over.

LA MANO DEL GRAFICO
THE HAND OF
THE GRAPHIC DESIGNER

A cura di / *Edited by*
Francesca Serrazanetti, Matteo Schubert

FAI
Fondo
Ambiente
Italiano

alterstudiospartner

Un progetto promosso da / An initiative promoted by
FAI - Fondo Ambiente Italiano

A cura di / Edited by
Francesca Serrazanetti
Matteo Schubert

Supervisione scientifica / Graphic design expert
Pietro Corraini

Idea e progetto / Concept and project
alterstudio partners srl

In collaborazione con / In partnership with
Moleskine
Sotheby's

Con il patrocinio di / Under the patronage of
Regione Lombardia - Cultura
Provincia di Milano
Comune di Milano - Cultura
AIAP Associazione italiana progettisti per la comunicazione visiva
ADI Associazione per il Disegno Industriale
Cosmit e Fondazione Cosmit Eventi

Main sponsor
Pirelli

Media partner
Abitare

Catalogo / Catalogue
Moleskine

Testi di / Text by
**Giovanni Anceschi, Carlo Branzaglia, Frank Chimero,
Pietro Corraini, Steven Heller, Stefano Salis, Matteo Schubert,
Francesca Serrazanetti, Lita Talarico**

Grafica / Graphic design
A+G AchilliGhizzardiAssociati

Traduzioni di / Translations by
Gordon Fisher, Traduzioni Liquide

Digital marketing
Roomor

Organizzazione / Organisation
Valeria Sessa, Ufficio Gestione Beni FAI
Silvia Papesso

Coordinamento operativo / Operational co-ordination
Anna Faniuolo

ISBN 978-88-6613-000-0
Nessuna parte di questo libro può essere riprodotta in qualsiasi forma
senza l'autorizzazione scritta dei proprietari dei diritti e dell'editore.
*No part of this book may be reproduced in any form without written
permission from the copyright's owners and the publisher.*

© 2011 FAI Fondo Ambiente Italiano
© 2011 Moleskine srl
© tutti i diritti riservati / all rights reserved

Moleskine® è un marchio registrato /
Moleskine® is a registered trademark

Prima edizione Marzo 2011 – Stampato da Tung Shing Stat. Ltd. China
First edition March 2011 – Printed by Tung Shing Stat. Ltd. China

Credits

FAI – Fondo Ambiente Italiano www.fondoambiente.it

alterstudio partners www.alterstudiopartners.com

Abitare www.abitare.it

Moleskine® www.moleskine.com

A+G AchilliGhizzardiAssociati www.agdesign.it

Traduzioni Liquide www.traduzioni-liquide.it

Roomor www.roomor.com

Il disegno in fascetta è di Taro Miura.
Paper band drawing is by Taro Miura.

Si ringraziano / We would like to thank

tutti i grafici e gli studi che hanno aderito all'iniziativa donando
i propri disegni e tutti coloro che in questi mesi di lavoro ci hanno
aiutato a raccoglierli / all the graphic designers and practices that
have donated their drawings and all those who, over these past
several months, have helped us to compile them:

Ana Laura Alba, Julynn Benedetti, Jeremiah Boncha, Bibiana
Butturini, Francesca Cianfarini, Silvia Cortese, Cristina Dell'Edera,
Allen Ferro, Monica Fumagalli, Christian Gralinger, Eva Green, Irene
Hinderks, Maarten Hoedemaekers, Lucio Lazzara, Takami Kyoshi,
Raffaella Magri, Joy Moore, Yoshiko Muto, Silvia Pitzalis, Yumiko
Reichenstein, Scarlet Rigby, Chiara Valente, Jasper Van Den Broek.

Un ringraziamento particolare alla famiglia Alcorn e al Centro Apice
dell'Università degli Studi di Milano per aver donato le serigrafie
(serie 92/200, firmate a mano) di **John Alcorn**, che accompagnano
le pagine introduttive di questo volume:
*Special thanks to the Alcorn family and to Centro Apice of Università
degli Studi, Milan, for donating **John Alcorn**'s autographed silk-screens
(series 92/200) reproduced in the introductory pages of this volume:*

George Orwell, Burmese Days, 1977 (p. 8)
Thomas Stearns Eliot, Selected Poems, 1978 (p.13)
Virginia Woolf, The Years, 1979 (p. 14)
Nathaniel Hawthorne, The Scarlet Letter, 1980 (p. 19)
Shakespeare, 1981 (p. 22)
Colette, Retreat From Love, 1980 (p. 25)

Un ringraziamento infine a tutte le persone, le aziende, le strutture
e gli enti che hanno creduto in questa iniziativa rendendola possibile
in ogni sua declinazione, in particolare:
*Last but not least, we would like to thank all of the individuals,
companies and institutions that have supported this initiative and
have helped to make every aspect of it possible, and in particular:*

Micaela Bordin, Luisa Bocchietto, I Chun Chen, Francesco Colasuonno,
Maria Di Pierro, Roberto Di Puma, Patrizia Donadio, Giorgio Faccincani,
Ambra Fratti, Anita Gazzani, Guglielmo Ghizzardi, Silvia Latis,
Melissa Longa, Filippo Lotti, Christian Mele, Antonella Minetto,
Marco Muscogiuri, Daniela Piscitelli, Camilla Pravettoni, Valeria Raffaele,
Wanda Rotelli, Marco Sabetta, Igor Salmi, Manuela Sechi,
Daniele Serrazanetti, Marta Sironi, Elisa Testori, Erika Zerbinati,
Maria Giulia Zunino.

FAI - Fondo Ambiente Italiano *FAI - Fondo Ambiente Italiano*

Il FAI – Fondo Ambiente Italiano è una fondazione nazionale senza scopo di lucro, nata nel 1975, con un obiettivo concreto: agire per la salvaguardia del patrimonio d'arte e natura italiano. Un impegno quotidiano che si traduce in tre azioni fondamentali: la tutela e valorizzazione di straordinari luoghi e monumenti, che restaura e apre al pubblico, dopo averli ricevuti per donazione o in concessione; l'educazione e la sensibilizzazione della collettività alla conoscenza, al rispetto e alla cura dell'arte e del paesaggio, elementi caratterizzanti dell'identità e della storia del FAI; l'impegno in difesa dell'ambiente e dei beni culturali italiani, per i quali si fa portavoce degli interessi e delle istanze della società civile vigilando e intervenendo attivamente sul territorio.

Dopo oltre trent'anni di attività, oggi, il FAI gestisce e mantiene vivi - per sempre e per tutti - castelli, ville, parchi storici, aree naturali e paesaggi di incontaminata bellezza, grazie al generoso aiuto di istituzioni, cittadini e aziende che sostengono il suo lavoro. Sono ben quarantaquattro i beni tutelati e di questi ventuno sono regolarmente aperti al pubblico, perché tutti possano goderne.

Il FAI organizza inoltre importanti eventi nazionali che hanno come scopo la sensibilizzazione alla tutela del patrimonio storico, artistico e paesaggistico italiano. In particolare, *La Giornata FAI di Primavera* e il *Censimento dei Luoghi del Cuore* sono iniziative ormai consolidate che attirano moltissimi cittadini.

Infine, un'attività più recente ma non per questo meno importante, è quella che la Fondazione porta avanti nei confronti delle Istituzioni per segnalare beni a rischio o degradati, intervenendo concretamente per porre fine agli abusi o per indirizzare le scelte istituzionali nel rispetto della tutela di un patrimonio meraviglioso che rende il nostro Paese unico al mondo.

FAI - Fondo Ambiente Italiano, the Italian National Trust, is a national, non-profit foundation that was established in 1975 with a concrete objective: to safeguard Italy's artistic assets and natural heritage.

Day in, day out, this commitment sees FAI engaged in three fundamental actions: first, protecting and enhancing a wealth of extraordinary sites and monuments, which are entrusted to it through donations or concessions and which it then restores and opens to the public; second, educating and raising the awareness of the public with a view to increasing their knowledge of, respect for and dedication to art and nature, which are among the defining elements of the identity and history of FAI; and third, there is the commitment to defending Italy's environment and cultural assets, whereby FAI serves as the spokesperson for the interests and expectations of the public, proactively supervising and intervening on their behalf across the country.

After thirty years of work, today FAI manages and keeps alive – forever and for the benefit of everyone – castles, villas, historic parks, natural areas and landscapes of untainted beauty, thanks to the generous assistance of institutions, individuals and companies that support its work. FAI protects a full 44 assets, of which 21 are open to the public in order to allow them to be enjoyed by all.

FAI organises major national events that are intended to raise awareness of the importance of protecting Italy's history, artistic legacy and natural heritage. In particular, La Giornata FAI di Primavera *and the* Censimento dei Luoghi del Cuore *are now fully consolidated initiatives that attract a very large number of citizens. Last but not least, one of FAI's most recent initiatives is geared towards highlighting to local councils and regional conservation boards those sites that are at risk of neglect and decay, intervening with practical actions to put an end to the abuses or to orient the choices of the institutions towards safeguarding the wonderful heritage that makes Italy unlike any other country in the world.*

Scritti *Writings*

Messaggi in bottiglia *Messages in bottles*

di / *by*
Ilaria Buitoni Borletti
Presidente / *President*
FAI - Fondo Ambiente Italiano

Con questo terzo volume si compie il fortunato ciclo "La mano del …", promosso da FAI e alterstudio partners nel 2009.

Allora lanciammo, come si fa con un messaggio chiuso in bottiglia e affidato al mare, un appello agli architetti di tutto il mondo perché ci aiutassero, attraverso la donazione di loro disegni autografi destinati alla vendita, a raccogliere fondi per le attività di Villa Necchi Campiglio, appena aperta al pubblico. La bottiglia poteva arenarsi tristemente su qualche spiaggia deserta; invece, tenuta sapientemente in rotta da Francesca Serrazanetti e Matteo Schubert, è approdata alle scrivanie dei più grandi architetti contemporanei, che hanno risposto con una prontezza e una generosità per noi sorprendenti.

Il primo a mandare i suoi disegni fu Renzo Piano. E dopo di lui altri 109 professionisti.

I 378 disegni di architettura raccolti nel 2009 sono stati tutti venduti, consentendo al FAI di realizzare un sostanzioso profitto che ora ritroviamo a Villa Necchi e nel suo incantevole giardino, impiegato per manutenzioni, restauri, fiori, la rampa per far accedere i disabili motori alla Villa.

Nel 2010, ai "timonieri di bottiglie" si affiancava l'ufficiale di rotta Doia Giovanola: la risposta dei designer fu altrettanto entusiastica e, oltre ad aderire in 150 donando 476 disegni, ci svelavano un mondo vivace e pieno di solidarietà. E di nuovo le vendite – articolate su più appuntamenti – ci danno molta soddisfazione e la possibilità di investire nuovamente in Villa Necchi per sistemare interruttori, serramenti, maniglie, mobili, meccanismi, oltre ad avviare le attività presso il Negozio Olivetti di Venezia, disegnato da Carlo Scarpa – e pertanto venerato dai designer – che il FAI gestisce per conto di Assicurazioni Generali.

Quest'anno abbiamo invitato a bordo Pietro Corraini, il navigatore che ha tracciato la rotta verso la terra dei grafici, coloro che concluderanno – in bellezza! – questa straordinaria incursione nel mondo della progettazione. Per il momento, il solo risultato di questa terza "mano" che possiamo oggettivamente valutare sono questo volume – bello, denso, curato, ricco come sempre, donato anche quest'anno dagli amici di Moleskine – e ciò che il suo contenuto promette: un piccolo tesoro che destineremo a uno dei tanti gioielli che il FAI conserva, e cioè alcuni rari volumi della preziosa, coltissima biblioteca storica del Castello di Masino, proprietà monumentale del FAI in Piemonte, che necessitano di restauro.

Dopo tre anni, tre mondi, tre volumi, mi accorgo di

This third volume is the last in the series of "Hand of..." initiatives, which FAI and alterstudio partners promoted in 2009. Back then, we launched – as one would do with a message in a bottle, cast into the sea – an appeal to architects the world over, entreating them to help us by donating their autographed drawings, to be sold in order to raise funds to support newly-opened Villa Necchi Campiglio. This 'bottle' could easily have washed up on some deserted beach. Luckily, with experts Francesca Serrazanetti and Matteo Schubert at the helm, it reached the desks of the leading contemporary architects, who responded with a pro-active generosity that we found quite astonishing.

The first architect to send in his drawings was none other than Renzo Piano, followed by another 109 architects. All 378 architectural drawings compiled in 2009 were sold, enabling FAI to make a substantial profit, invested in Villa Necchi and in its enchanting garden for various maintenance and restoration works, for planting flowers and for a ramp for the disabled.

In 2010, Francesca and Matteo were joined at the helm by Doia Giovanola. The designers' response was as enthusiastic as that of the architects, with 150 of them donating a total of 476 drawings. Moreover, the designers gave us an insight into their world, which is vibrant and awash with a sense of solidarity. And once again, the numerous and successful sales and auctions allowed us to repair switches, locks, handles, furniture and mechanisms at Villa Necchi, and also to start work on the Olivetti Showroom in Venice, designed by Carlo Scarpa (and, therefore, rightly venerated by the designers), which FAI manages on behalf of Assicurazioni Generali.

This year's navigator is Pietro Corraini, who has charted out the route leading to the land of the graphic designers, the final stop-off on this extraordinary sortie to the world of design. For the moment, the only result of the third "hand" that we can objectively evaluate is this volume – attractive, dense, carefully put together, as rich as its predecessors, and donated once more by our friends at Moleskine – and what its contents promise: a small fortune to be invested in one of the many jewels that FAI looks after. This year the funds will be used to restore a number of the rare books in the exceptionally distinguished and precious historic library of Masino Castle, a monumental property that FAI owns in the Piedmont region.

After three years, three worlds, three books, I realise the extent to which these "hands" – those of the architects, designers and graphic designers – basically

quanto queste "mani" – quelle degli architetti, dei designer e dei grafici – facciano in fondo il nostro stesso lavoro. Tutti noi cerchiamo infatti di aiutare i nostri fratelli uomini a vivere meglio, nel privato e nel pubblico, proponendo luoghi, oggetti e attività che assolvono a una funzione restituendo piacere e comunicando, nel modo più efficace possibile, concetti tanto basilari quanto complessi, come la necessità della meraviglia, il valore della comunità, la responsabilità della conservazione. Tutti noi cerchiamo di preservare - o diffondere più ampiamente possibile – tracce di bellezza, foss'anche nella segnaletica della metropolitana.

Mi auguro che i curatori, gli sponsor, i partner, i fornitori, gli assistenti, …, e TUTTI gli architetti, designer e grafici che hanno partecipato alle nostre iniziative provino orgoglio, che è pari alla nostra gratitudine, nel sapere che il loro lavoro ha contribuito, con la concretezza che contraddistingue l'operato del FAI, a migliorare luoghi che, in una somma di prodigiosi dettagli, si offrono alla comunità cercando di proporsi come esempi o, più semplicemente, come oasi di pace, contemplazione, felicità.

do the same job as we do. All of us are trying to help our fellow human beings to live better, both privately and publicly, by proposing places, objects and activities that perform a function, offering pleasure and communicating, as effectively as possible, concepts both basic and complex, such as the need for wonder, the value of community and the responsibility of conservation. All of us are trying to preserve – or spread as widely as possible – little specks of beauty, were it only in the underground signs.

I very much hope that all those who have taken part in our initiatives – the curators, sponsors, partners, suppliers, assistants and ALL the architects, designers and graphic designers – are as proud as we are grateful to them, in the knowledge that their input has contributed, in that tangible way that marks out the work done by FAI, to enhancing a plethora of wonderful places that are offered up to the public, with a view to serving as examples or, more simply, as oases of peace, contemplation and happiness.

La mano del grafico *The hand of the graphic designer*

di / by
Francesca Serrazanetti
e Matteo Schubert

Con *La mano del grafico* si completa un percorso iniziato nel 2009 con l'architettura e proseguito nel 2010 con il design. Una trilogia che ha permesso di indagare da vicino il processo che guida i tanti tratti scaturiti da penne e matite, pennelli e pennarelli nel mondo della progettazione. Modi e metodi di progettare sempre diversi, poiché l'estetica non è uguale per tutti e le interpretazioni e le soluzioni a richieste o problemi sono tante, almeno quanto gli individui sul pianeta. Ma in questa variegata costellazione, è stato possibile trovare alcuni denominatori comuni tra le diverse figure professionali che hanno partecipato e in particolare due: la mano e il processo. Mano che attraverso gli strumenti che impugna riporta su differenti superfici idee, concetti, appunti, scelte, linguaggi che sono sempre depositari di rigore progettuale. Processo progettuale che vede susseguirsi in sequenza le stesse azioni: una fase ideativa, la messa a punto del *concept*, la verifica e le correzioni in corso d'opera e infine, in taluni casi, il confezionamento del risultato finale mediante la realizzazione di un "componimento artistico".

Questo terzo volume, grazie alla sapiente selezione

The Hand of the Graphic Designer is the end point of a path that was first undertaken in 2009 with architecture and followed up in 2010 with design. The three volumes form a trilogy that makes it possible to get up close and personal with the process which guides the myriad marks that flow from pens, pencils, brushes and felt-tips in the world of design, encompassing a plethora of different modes and methods of designing, since aesthetics are not the same for everyone, and there are innumerable interpretations and solutions to requests or problems – at least as many as there are individuals on the planet. But in this variegated constellation, it has been possible to find a number of common denominators linking up the various experts who have participated, with two aspects in particular coming to the fore time and again: the hand and the process. The hand that, through the tools it grasps, describes on different surfaces a range of ideas, concepts, notes, choices and languages that are always depositories of design rigour. It is a design process that sees the same actions being carried out in the same sequence over and over: an ideative phase, the refinement of the concept, the verification and correc-

[1] A G Fronzoni, cit. in *Progettare voce del verbo amare*, catalogo della mostra, Spazio Maria Calderara, Milano, 4-22 aprile 2001.

[1] A G Fronzoni, cit. in Progettare voce del verbo amare, *exhibition catalogue*, Spazio Maria Calderara, Milan, 4-22 April 2001.

effettuata da Pietro Corraini, offre una campionatura della progettazione grafica e una gamma di esempi significativi dell'arte di disegnare lettere, parole, segni e immagini. Si può scorgere il dualismo essenziale della stampa tipografica generato dal nero dell'inchiostro e il bianco della carta. Lettering declinati in mille modi che includono l'intero universo della comunicazione. Combinazioni che a seconda della forma e del peso della potenza grafica restituiscono distinti significati semiotici o valenze semantiche in chi le osserva. Grafia e poesia. Illustrazioni. Giochi provocatori contrapposti a severità e pulizia formale. Colori selezionati, ricercati, mescolati in funzione del messaggio che si intende comunicare. Bozzetti per identità aziendale, branding e immagine coordinata. Fogli la cui qualità visiva lascia trasparire sofisticati e raffinati equilibri tra parole e immagini, dove non è chiaro chi domina le une o le altre. Schizzi per manifesti, dépliant, packaging, interfacce grafiche per web, copertine di libri, logotipi.

La comunicazione visiva a differenza del design e dell'architettura, ha l'opportunità, grazie alla bidimensionalità in cui generalmente opera, di vedere concretizzato quasi in tempo reale il risultato. L'azione del segno inflitto dal grafico all'interno di un campo, volendo, è già in grado di esprimere contenuti prossimi all'esito del suo lavoro. Il designer viceversa deve attendere la prototipizzazione dell'oggetto e l'architetto la cantierizzazione dell'edificio. "Dentro lo spazio il testo occupa un ruolo fondamentale, indipendentemente dalla decodifica delle parole, dei termini; questo pieno delle parole, dei caratteri tipografici, viene chiamato ad esaurire il compito in rapporto con il vuoto all'interno del quale si inserisce."[1] Questa raccolta, proprio per le ragioni appena esposte, forse può apparire più illustrativa e meno tecnica di quelle precedenti, perché il nostro occhio e la nostra mente percepiscono informazioni precise e intenzionali, capaci di fornire un significato compiuto da parte di chi le ha ideate, generate, emesse.

Se è vero quanto abbiamo appena affermato, occorre anche osservare che le implicazioni culturali e di metodo indotte dalle innovazioni tecnologiche e in particolare dall'informatica, nel campo della comunicazione e della grafica sono state dirompenti. Un nuovo regime iconico e un rinnovato rapporto degli individui con la categoria dell'immagine (nei suoi differenti registri, protocolli e formati), ha da un lato imposto e dall'altro offerto al grafico di operare, in fase realiz-

tions during the course of the work and last of all, in certain cases, the packaging of the final result through the creation of an "artistic composition".

Thanks to the well-informed selection made by Pietro Corraini, this third volume offers a sampling of the current state of graphic design and an array of significant examples of the art of designing letters, words, signs and images: we can glimpse the essential dualism of typographic printing generated by the black of the ink and the white of the paper; lettering deployed in a thousand ways that take in the entire universe of communication – combinations that, depending on the shape and weight of the graphical force, deliver distinct semiotic meanings or semantic valencies to those who observe them; writing and poetry; illustrations; provocative games contrasting with severity and formal cleanliness; colours selected, researched, mixed on the basis of the message to be communicated; sketches for corporate identities and branding; sheets whose visual quality betrays sophisticated and accomplished equilibriums between words and images, where it is not clear which is in the driving seat; sketches for posters, brochures, packaging, graphical interfaces for the web, book covers and logos.

In contrast to design and architecture, visual communication has the opportunity – thanks to the two-dimensionality in which it generally operates – to see the result made tangible almost in real time. The action of the sign inflicted by the graphic designer within a field, is (if intended) already capable of expressing contents that are close to those that will be achieved on completion of the work, whereas the designer must await the prototyping of the object and the architect the on-site construction of the work. "Within the space, the text occupies a fundamental role, independent of the decodification of the words, the terms; this solid volume of words, of typographical characters, is called upon to provide a contrast with the void into which it is inserted."[1] This collection, for the very reasons just highlighted, may perhaps appear more illustrative and less technical than those that have come before, because our eye and our mind can easily perceive precise, intentional information that is capable of supplying the meaning put together by those who conceived, generated and issued that information. If what we have just asserted is true, it is also worthwhile to note that the implications in terms of culture and method induced by technological innovations – and, in particular, by IT – in the fields of communication

[2] Richard Hollis, *Graphic Design. A concise History,* Thames and Hutson Ltd, Londres, 1994, p. 7.

[2] *Richard Hollis,* Graphic Design. A concise History, *Thames and Hutson Ltd, Londres, 1994, p. 7. Re-translated from the Italian translation.*

[3] ibidem.

[2] *ibidem.*

zativa, prevalentemente a computer. Una scelta che permette di agire su scala planetaria in tempo reale attraverso il web, di autoprodursi a basso costo libri, manifesti, dépliant, ma che sacrifica sovente una straordinaria tradizione e artigianalità che mano, penna e foglio bianco sapevano garantire. Per tali ragioni sono rintracciabili diversi "disegni postumi", ossia realizzati ad opera conclusa, dove la mano agisce ripercorrendo ciò che il mouse e i software hanno precedentemente composto.

Possiamo dire che non esiste più quella simbiosi tra committenti (siano essi industriali come Olivetti e Pirelli o editori come Scheiwiller e Einaudi), grafici (si pensi a Steiner, Munari, Noorda o Huber) e tipografi (come Lucini), che ha saputo per decenni determinare in Italia ma non solo, la nascita di logotipi, manifesti, libri e copertine uniche, attraverso la fusione dell'esperienza grafica e della cultura storica della tipografia italiana. Oggi il rapporto tra aziende o case editrici e grafici è altro. Nei materiali pervenuti è possibile rintracciare l'influenza che hanno avuto gli uni sugli altri e viceversa, gli scambi tra questi e la tipografia, la committenza, ma di norma ci si trova prevalentemente davanti a relazioni aziendali tra manager editoriali o industriali e società di comunicazione. Il grafico tuttavia, in questo nuovo scenario, occupa nel processo di produzione sempre lo stesso posto: si trova al centro del crocevia in cui confluiscono esigenze diverse da parte di tutti gli attori in campo e ha il compito e la responsabilità di dare a queste voci una forma unitaria grazie alla sua progettualità.

"Gli elementi grafici (i tratti di un disegno o il retino di una fotografia) formano un'immagine. Il grafismo è l'arte di concepire progetti di espressione visuale. Un segno non è un'immagine. Le immagini grafiche sono di più delle illustrazioni viste o immaginate."[2] Con queste parole, Richard Hollis ci permette di introdurre un altro aspetto che caratterizza *La mano del grafico*, distinguendola dalle altre edizioni. Si tratta di "segni che cambiano senso secondo il contesto nel quale si situano."[3] La cultura visiva e i suoi principali attori contemporanei, ci permettono infatti di decifrare messaggi pratici, codificati, come ad esempio un pittogramma o un segnale stradale; ma anche di essere attraversati da informazioni dinamiche che mutano, che ci spingono oltre le complesse strategie di natura sociale, di mercato o culturale per cui sono state studiate. Segni che raggiungono la massa, ma che i grandi numeri

and graphic design are overwhelming. A new iconic regime and a renewed relationship of individuals with the category of the image (in its different registers, protocols and formats) has partly allowed and partly constrained the graphic designer to operate (during the implementation phase) mostly on computer. This is a choice that makes it possible to act on a global scale in real time through the web, to autonomously produce – at next-to-no-cost – books, posters and brochures, but at the same time it often sacrifices the extraordinary tradition and craftsmanship that the hand, the pen and the sheet were able to guarantee. For these reasons, it is possible to cite several "posthumous drawings" – i.e. created after completion of the work to which they relate –where the hand retraces what the mouse and software have previously composed.

We can state that there no longer exists that symbiosis between clients – (be they industrial clients such as Olivetti and Pirelli or publishers like Scheiwiller and Einaudi), graphic designers (one thinks of Stainer, Munari, Noorda or Huber) and typographers (such as Lucini) – which proved crucial for many decades – both in Italy and beyond – in terms of the creation of unique logos, posters, books and covers, through the fusion of the graphical experience and historical culture of typography in Italy. Today the relationship between companies or publishers and graphic designers is something else entirely. In the material handed down to us, it is possible to chart the influence that each party had on the other, the exchanges between them and the printer and the client, but for the most part we are now dealing with corporate relations between publishing managers or industrial managers and communications companies. Against this new backdrop, the graphic designer occupies the same position as always within the production process: he or she is located at the crossroads where the different requirements of all the agents involved meet, and has the duty and the responsibility to give these voices a unitary form through his or her creativity.

"The graphical elements (the marks of a drawing or the half-tone of a photograph) form an image. Graphism is the art of conceiving projects of visual expression. A sign is not an image. Graphical images are more than illustrations seen or imagined."[2] . With these words, Richard Hollis allows us to introduce another aspect that characterises The Hand of the Graphic Designer, *differentiating it from the other editions. It is about "signs*

interpretano, traducono, leggono a modo loro, perché la comunicazione permette di porsi delle domande, di interrogarsi e garantisce libertà di espressione.

Questa "raccolta di segni", infine ci regala un ventaglio di straordinarie e poetiche figure, al confine tra opera d'arte, illustrazione e fumetto, svelando provenienze, influenze e abilità dei singoli autori, ma soprattutto raccontando e rappresentando un mondo della grafica composto più che mai in questo periodo storico da unici, straordinari "artisti della comunicazione".

that change sense according to the context in which they are situated."[3] Visual culture and its main contemporary agents actually enable us to decipher practical, codified messages, such as for example a pictogram or a road sign; but also to be exposed to dynamic information that mutates, pushing us beyond the complex social, market or cultural strategies for which that information was designed. We're talking about signs that reach the masses, but which the masses interpret, translate and read in their own way, because communication makes it possible to ask questions, to wonder, and it also guarantees freedom of expression.

Last of all, this "collection of signs" gifts us a range of extraordinary and poetic figures, at the border between work of art, illustration and comic strip, unveiling the sources, influences and abilities of the individual authors, but above all recounting and representing a world of graphic design composed more than ever in this period by unique, exceptional "artists of communication".

Intendere la grafica *Understanding graphic design*

di / *by*
Pietro Corraini

C'è un bel mondo, allegro e variopinto, nelle mani dei grafici. Su fogli di carta o su schermi di computer esse creano linee, facce, forme, colori, frecce, animali,…
Ogni grafico ha un proprio stile e un modo di rappresentare ma, soprattutto, di pensare. Non solo: ogni grafico ha almeno due mani; se poi queste all'interno di uno studio si moltiplicano, chissà in quante possono tracciare dei segni!

Ogni mano ha una propria identità, ben definita e riconoscibile: un tratto abbozzato da un autore è diverso da quello di chiunque altro e diviene una sorta di impronta digitale della creatività. E il computer, vi chiederete? Non si rischia di avere segni sempre uguali? Se la mano fosse uno strumento meccanico sarebbe certamente così ma, per nostra fortuna, essa è sempre, e dico sempre, attaccata ad un avambraccio, legato a sua volta ad un braccio incastrato alla spalla, e così via fino ad arrivare al cervello. È mossa da una mente, da un pensiero razionale o da un istinto, se vogliamo, ma in ogni caso dalla volontà di una persona. Se una mano muoverà una penna o un mouse avremo tratti diversi (e molto), ma la mente che li formerà sarà la stessa. La differenza tra i segni, quindi, risiede

Graphic designers have a beautiful, bright, multi-coloured world in their hands. On sheets of paper or computer screens, they create lines, faces, shapes, colours, arrows, animals...Each graphic designer has their own style and mode of representing, but also – and above all – of thinking. And that's not all: each graphic designer has at least two hands; if that number is multiplied within a graphic design studio, who knows how many hands may have had a part to play in the finished design!

Every hand has its own identity, which is well-defined and easily recognisable: a stroke made by one artist is different from that made by any other, and becomes a sort of fingerprint of that artist's creativity. 'And what about computers?' I hear you ask. Is there not a risk that all the strokes will always be the same? If the hand were a mechanical instrument, that would certainly be the case, but – luckily for us – the hand is always, literally always, attached to a forearm, which in turn is attached to an upper arm, set into a shoulder socket, and so on until you reach the brain. The hand is moved by a mind – by rational thought or instinct, if you like – but in any case by the will of the person whose hand it is. If a hand moves a pen or a mouse, we will make (very)

nel gesto, nello strumento, ma ancora di più nell'intenzione e nella personalità di chi lo ha generato.

Addirittura, nel mondo del progetto, a un certo punto le linee scompaiono e l'azione della mano viene approssimata fino ad essere cancellata, per lasciare spazio solo all'idea dell'autore. Questo accade, ad esempio, quando uno scarabocchio su un fazzoletto diventa un edificio di sei piani o una freccia sbilenca una forma rigorosamente geometrica sulla parete di un supermercato.

La mano del grafico si è posta come obiettivo quello di sottrarre ai creativi i loro progetti poco prima di questo processo di pulitura: non per curiosare in maniera voyeuristica nelle capacità di disegno di ogni grafico (o perlomeno non solo), ma per comprendere il loro modo di lavorare e ancora di più di pensare.

Come osservare una scultura in marmo prima di una levigatura ci dà l'opportunità di vedere il modo e i punti in cui lo scalpello ha colpito, così guardare questi lavori ci permette di capire il perché e il come di alcuni progetti di grafica.

Ancora più che per architetti e designers, questo sguardo dietro le quinte è importante in quanto i segni tracciati su un foglio non corrispondono solo alle fasi della progettazione, ma ne sono anche il soggetto stesso. Infatti, il passaggio da uno schizzo di un architetto alla realizzazione di un palazzo è enorme (per altro con l'aggiunta di una dimensione); al contrario, la distanza che intercorre tra un disegno tracciato frettolosamente da un grafico e la sua evoluzione in un'immagine compiuta (o ancor di più la scelta di utilizzare nel progetto un tratto manuale al posto di uno più pulito e geometrico) è molto più sottile e spesso addirittura invisibile.

La panoramica che offre *La mano del grafico* (come le due precedenti edizioni dedicate all'architettura e al design) non è solo di tipo stilistico, ma soprattutto processuale. Sono rappresentati tanti modi di usare la mano, ma soprattutto di progettare, pensare, creare e intendere la grafica.

different marks, even though the mind behind them does not change. The difference between the signs, then, lies in the gesture, in the tool, and even more so in the intention and personality of the person who generated the sign in the first place. Indeed, in the design world, at a certain point the lines disappear and the action of the hand becomes approximate until it is cancelled out to make way for the artist's idea alone. This happens, for example, when a scribble on a handkerchief turns into a 6-storey building, or an arrow upsets a strictly geometrical shape on a supermarket wall.

The Hand of the Graphic Designer *set itself the objective of taking creatives' projects away from them shortly before this process of polishing could begin: not in order to look voyeuristically at the drawing skills of each graphic designer (or, at least, not exclusively for that purpose), but rather, in order to understand their way of working and, even more important, of thinking. Just as looking at a marble sculpture before it has been smoothed off gives us the opportunity to see how and where the chisel has been used, in the same way, looking at these works allows us to understand the why and the how of certain graphic designs.*

Even more so than with architects or designers, this look behind the scenes is important, because the strokes made on a sheet do not correspond simply to the phases of the design – they also constitute the very subject of the design. Indeed, the passage from an architect's sketch to the construction of a building is enormous (not least because an extra dimension is added to the equation); in contrast, the distance that lies between a drawing traced out hurriedly by a graphic designer and its evolution into a completed image (or, to an even greater extent, the decision to use within the design a manual stroke rather than a cleaner, more geometric equivalent) is very subtle and often actually invisible. The overview provided by The Hand of the Graphic Designer *(as was the case with the two previous editions, focusing on architecture and design) is not only stylistic in nature, but also related to the process. This volume represents many different ways of using the hand, but it also embodies many different ways of planning out, thinking about, creating and understanding graphic design.*

Figure della configurazione *Figures of configuration*

di / *by*
Giovanni Anceschi

Reliquie, cimeli, incunaboli, briciole, tracce di un processo che ha portato alla realizzazione di un artefatto comunicativo. Se li vediamo dentro a quel processo di utilità che le ha originate, non sono arte, ma se – in fondo come insegna Duchamp – li isoliamo e li esponiamo, cioè, in un certo senso li implementiamo in un ulteriore imprevisto modo, allora diventano arte.

Del resto, è proprio vero, il design (e massimamente quello grafico), e l'arte (che chiamiamo figurativa), sono fatti della stessa pasta. Il sapere o, ancor meglio, il saper fare che li determina è il medesimo. Entrambi, design e arte, si occupano di attribuire una forma a oggetti e/o a comunicati.

Plasmando la materia dell'espressione producono effetti di senso cioè *affordances* d'uso. Un uso che può essere "pratico" o "comunicativo": una sedia plasmerà il mio comportamento gestuale di lavoratore intellettuale o di commensale, un manifesto influenzerà il mio comportamento di scelta in quanto votante o consumatore, ecc.

Stabilire quale effetto di senso in generale produca invece l'opera d'arte, è più difficile e sfumato, visto che nemmeno l'effetto estetico (cioè l'effetto che chiamiamo di bellezza o di originalità) è specifico e soprattutto esclusivo del fare artistico.

Entrambi, arte e design, pur non potendo agire altro che su ciò che è, determinano ciò che appare.

Sembra proprio che ciò che li può veramente separare sia qualcosa di differente, che si colloca su un diverso piano (concettuale? ontologico?) rispetto a quello delle pratiche di configurazione. Rispetto al piano cioè del comporre, del disporre, del plasmare, del dar forma e colore, ritmo, slancio, ecc.

Design e arte sono, invece, distinti in quanto il design è decisamente eteronomo, mentre l'arte (almeno a partire dall'affermarsi del collezionismo nel XVII secolo e dell'*Art pour l'art* di Theophile Gautier) è sostanzialmente autonoma. Il design, e soprattutto quello della comunicazione, esiste insomma solo se c'è una committenza. Esiste solo se – in altre parole – traduce o meglio concretizza intenzioni comunicative altrui. Mentre l'arte – quella contemporanea almeno – trova il proprio fondamento in se stessa. Ad esempio nel suo proprio mercato, nel suo consumo: *Ars gratia artis* sta scritto nell'aureola di Leo the Lion della Metro Goldwin Mayer.

E oggi? Oggi il Design District di Miami come il quar-

Memorabilia, relics, incunables, shreds, traces of a process that has led to the creation of a communicative artefact – if we see them inside the process of utility that originated them, they are not art, but if (as, in the final analysis, Duchamp teaches) we isolate them and expose them, meaning that we implement them in another, unexpected way, then in that case they become art. By the same token, it is certainly true that design (and graphic design, in particular) and art (which we shall call figurative art) are cut from the same cloth. The knowledge or, rather, the know-how that defines them is the same. Both design and art are concerned with attributing a form to objects and/or statements.

Shaping the matter of expression produces sensory engagement or affordances *of use – a use that can be "practical" or "communicative": a chair will transform my gestural behaviour as a white-collar worker or diner, a poster will influence my behavioural choices as a voter or consumer, etc. Establishing which sense effect is generally produced by the work of art is more difficult and nebulous, given that not even the aesthetic effect (i.e. the effect that we call beauty or originality) is the specific and, above all, exclusive preserve of artistic creation. Both art and design, although they can act only on that which is, determine that which appears.*

It really seems that what may actually separate them is something else entirely, which takes place on a different plane (conceptual? ontological?) with respect to that of the practices of configuration – with respect, in other words, to the plane of composing, of arranging, of shaping, of giving form and colour, rhythm, energy, etc. Design and art are, however, distinct, since design is decidedly heteronomous, whereas art (at least since the consolidation of collecting in the 17th century and Theophile Gautier's Art pour l'art) is substantially autonomous. Design, and above all communication design, exists in short only if there is a client. It exists only if – in other words – it translates or, better still, makes tangible the communicative intentions of others. In contrast, art – contemporary art, at least, finds its foundation in itself. For example, in its own market, in its consumption: Ars gratia artis, as is written on the aureola around Metro Goldwyn Mayer's Leo the Lion.

And today? Today, the Miami Design District, or the Palermo-Soho or Palermo-Hollywood districts of Buenos Aires, are an orgy of Art & Design Galleries

tiere Palermo-Soho o Palermo-Hollywood di Buenos Aires, sono un'orgia di Art & Design Gallery; magari di Luxury Design Gallery. E cento gallerie a Mumbai, Kolkata e Delhi sono sulla stessa linea, la quale intreccia arte, design e grafica occidentali, a volte tecnologicamente avanzatissime, all'arte tradizionale: si pensi al First Multimedia Gandhi Museum di New Delhi. E questo vale anche per Shanghai: un esempio per tutte, la Contrast Gallery. E da noi una rinomata Art Gallery di Torino propone un'offerta confusiva di Sottsass, arte moderna, modernariato, Mollino, anni '70, Memphis, Mendini, Ponti. Oppure Villa Franceschi a Riccione, presenta (si badi bene, come artisti) Facetti, Fronzoni, Grignani, Provinciali, Steiner. Insomma, nel panorama di questi fenomeni sfumano sempre più le linee di demarcazione fra settori (merceologici, disciplinari, ecc.) e la comunicazione come disciplina e come motore culturale e commerciale la fa da padrone.

In conclusione, per venire a noi: anche l'iniziativa di FAI e alterstudio partners in tutte e tre le sue tappe *La mano dell'architetto*, *La mano del designer* e oggi chiudendo il cerchio con *La mano del grafico*, contribuisce a questa marcia di avvicinamento fusionista. Sembra che si tenda a riunificare nella visione surmoderna, ciò che lo specialismo, non tanto moderno quanto modernista, aveva separato. E lo fa sotto l'egida dell'organo del corpo umano che presiede più che tutti gli altri, alla configurazione (Gestaltung) del mondo che ci circonda e cioè, appunto, la mano.

Se aderiamo al pensiero di Nelson Goodman, dire discipline "del progetto" (architettura, design e design grafico), è sinonimo di discipline "allografiche": le arti allografiche sono quelle che non vengono eseguite direttamente dall'autore ma realizzate attraverso la mediazione di un documento (una notazione o un disegno, o altro) da un esecutore.
Ma a dire il vero le opere della mano del grafico non sono solo dei documenti esecutivi, che servono a prescrivere più o meno precise sequenze di ingredienti e di gesti (come avviene con una ricetta) ad operatori, ad esempio a tipografi, stampatori od altro. Non sono solo "disegni tecnici": timoni, impaginati e simili, che comandano di fare, esattamente questo o quest'altro. Sono anche documenti ostensivi e possibilmente persuasivi e seducenti, ai quali è sotteso non un imperativo (fai questo!) ma una domanda, (questo va bene?) fatta al manager, al committente, all'editore, a chi ha, cioè, il potere materiale di dare il "visto si stam-

– Luxury Design Galleries, even. And the hundred galleries in Mumbai, Kolkata and New Delhi are along the same lines, where Western art, design and graphic design (sometimes very hi-tech) are interwoven with traditional art: one thinks of the First Multimedia Gandhi Museum in New Delhi. The same can be said for Shanghai, where the Contrast Gallery is a shining example. Closer to home there is the renowned Turin Art Gallery, which offers up a confusing mix of Sottsass, modern art, 20th-century collections, Mollino, the 1970s, the Memphis Group, Mendini and Ponti. Or there is Villa Franceschi in Riccione, which presents (very much as artists) Facetti, Fronzoni, Grignani, Provinciali and Steiner. In short, against the backdrop of these phenomena, the lines of demarcation between sectors (product sectors, disciplines, etc.) are becoming increasingly blurred, and communication – as a discipline and as the cultural and commercial engine – is the controlling force.

*The FAI and alterstudio partners initiative, in all three of its iterations (*The Hand of the Architect, The Hand of the Designer *and now the final piece of the jigsaw,* The Hand of the Graphic Designer*), is contributing to this march towards fusionism. It seems that, in the post-modern vision, there is a tendency to reunify that which specialisation – in Modernist rather than modern terms – had rented asunder. And it is being done under the aegis of the organ of the human body that presides more than all the others over the configuration (Gestaltung) of the world that surrounds us: the hand.*

If we subscribe to the description of Nelson Goodman, to refer to the disciplines "of design" (architecture, design and graphic design) is to refer to "allographic" disciplines: the allographic arts are those that are not performed directly by the author but are carried out, via the mediation of a document (a notation or a drawing, or something else), by an executor.
But to tell the truth, the works of the hand of the graphic designer are not just executive documents, which serve to prescribe more or less precise sequences of ingredients and gestures (as occurs in a recipe) to operators, such as typographers, printers, etc. They are not only "technical drawings": page proofs that command you to do exactly this or that. They are also ostensive – and even persuasive and seductive – documents, wherein what is presupposed is not an imperative (do this!) but a question (how about this?)

pi" nel corso di uno di quegli eventi cruciali che sono le *presentations* al cliente. Questi documenti sono i *dummies*, i fac-simile, il più possibile fedeli o addirittura il più possibile convincenti e suasivi, per strappare al committente l'"ok, si produca".

Ma dalla mano del grafico esce anche un terzo tipo di documento. Doppiamente autografico, potremmo dire: nel senso che sono prodotti dall'autore per l'autore stesso. In una parola: strumenti di auto-comunicazione. Si tratta, insomma, di tutte le infinite modalità – anche qui – di notazione e di rappresentazione che vengono messe in opera per prefigurare il risultato finale, in modo che attraverso questa forma di oggettivazione, di distacco della congettura figurale dal flusso in divenire del pensiero autoriale, si possa dar vita alla più importante delle funzioni progettuali, che non è tanto la produzione di innovazione (la famigerata creatività) o, detto in modo più prudente, la produzione combinatoria di varietà, ma è la selezione critica della soluzione vantaggiosa. E si badi che questa, che definiamo critica, è, in presenza delle nuove tecnologie informatiche che sono degli strapotenti produttori di "varietà", la competenza che diventa e diventerà sempre più cruciale.

Dei tre tipi di documento, nei quali vengono profusi tesori di astuzia concettuale, di competenza tematica e di sottigliezza esecutiva, quelli che sono del tutto simili o che addirittura coincidono con i documenti strumentali del lavoro artistico, sono soprattutto gli schizzi, gli abbozzi, i disegni che anticipano o caparbiamente cercano una forma, una scansione, un ritmo, un andamento.
In una parola un effetto di senso.

submitted to the manager, the client, the publisher – i.e. to those who have the material power to give the go-ahead to print, during the course of one of those crucial presentations to the customer. These documents are dummies, *facsimiles, which are as faithful as possible, as convincing and persuasive as they can be, in order to extract the magic words – "ok, let's do it" – from the client.*

Yet from the hand of the graphic designer there also comes a third type of document. Doubly autographic, we could say, in the sense that this type of document is produced by the author for the author himself or herself. In other words: tools for self-communication. Basically, we're referring once again to all of the infinite modes of notation and representation that are put in place to prefigure the final result, so that through this form of objectivisation, whereby figurative conjecture is removed from the flux of authorial thought, it becomes possible to give rise to the most important of the design functions, which is not so much the production of innovation (the infamous "creativity") or, to put it more prudently, the combinatory production of variety, so much as it is the critical selection of the advantageous solution. It's worth noting that this, which we define as critique, is – in the presence of new IT tools that are exceptionally powerful producers of "variety" – the skill that is becoming and will continue to become increasingly crucial.

Out of the three types of documents, in which are lavished treasures of conceptual astuteness, thematic competence and executive subtlety, those that are the most similar to, or actually coincide with, the instrumental documents of the work of the artist, are above all sketches, drafts, drawings that anticipate or stubbornly search for a form, a scan, a rhythm, a flow. In short, sensory engagement.

Dai una mano alla mano *Give a hand to the hand*

di / *by*
Steven Heller e Lita Talarico

Alziamo una mano in elogio della mano. Nell'era dei computer tanto – o meglio troppo – è lasciato ad altri *digits* – le X e le O – invece che a quelli chiamati dita. Troppi progetti cominciano sullo schermo piuttosto che sulla carta. Si potrebbe pensare che questo sia naturale. Lo schermo del computer è il nuovo album per schizzi e per alcuni questo è assolutamente vero. Ma sarebbe bene usare di tanto in tanto penna e matita, righello e colla, se non altro per fare in modo che gli altri *digits* chiamate dita non si atrofizzino. Se non le usiamo, come avrebbe detto Darwin, le perderemo.

Lo studio del lettering è un ottimo modo per tenere la mano in moto. Disegnare nuovi caratteri è una maniera efficace per garantire comunicazioni personalizzate. Quello che segue è un appello per un ritorno al lettering manuale – con le dita. È anche un elogio a quanto abbiamo perso con tanta dipendenza dal computer (e da qualsiasi cosa debba ancora arrivare).

Cominciamo con l'ammettere che i caratteri (e lettering) non dovrebbero essere chiassosi o dispersivi, ma attraenti. Negli ultimi anni c'è stato un allontanamento dall'uso esclusivo di caratteri tradizionali a favore di caratteri realizzati a mano, che non vengono usati solamente, come avveniva un tempo, per manifesti fai-da-te di concerti culto per i giovani o T-shirt. Compagnie come Calvin Klein, IBM, Microsoft, perfino la Chiesa Episcopale, hanno condotto intere campagne pubblicitarie adoperando quello che potrebbe essere visto come un lettering impreciso scarabocchiato frettolosamente e in modo approssimativo. Le sue applicazioni sono numerose e tale tendenza non dà cenni di declino.

A causa delle sue infinite potenzialità di perfezione, il computer ha reso la creazione manuale di nuovi caratteri un fatto possibile e inevitabile. Non si tratta tra l'altro della bella calligrafia artigianale celebrata da scrivani e amatori adoperata per partecipazioni di matrimonio e lauree, ma di un lettering che sembra essere stato prodotto da chi è incapace di progettare caratteri con qualche parvenza di accuratezza o raffinatezza. Che questo sia vero o meno, circa dieci anni fa, questo lettering è stato una reazione critica alla fredda precisione del computer. In certi ambienti del design, ha costituito un modo per ribellarsi alla purezza e alla precisione del Modernismo. Alla fine è diventato un codice stilistico per la popolazione giovanile ed è stato poi accolto come tendenza predominante.

Let's raise a hand in praise of the hand. In the computer age so much – indeed too much – is left to the other digits – the Xs and Os – instead of the ones called fingers. Too much design starts on the screen rather than the paper. You may say, that's only natural. The computer screen is the new sketchpad, and for some this is entirely true. But it is good to use a pen and pencil, ruler and glue from time-to-time, if only so as the other digits called fingers do not atrophe. If we don't use them, as Darwin might have said, we'll loose them.

Lettering is a very good way to keep the hand in motion. Drawing letters is an effective means to insure customized communications. The following is a plea for a return manual – digital – lettering. It is also a paean to what we've lost with so much reliance on the computer (and whatever is to come).

Let's start by admitting that type (and lettering) should not be boisterous or distracting, yet it must be appealing. In recent years there has been a veering away from the exclusive use of traditional typefaces to an increase in hand lettering, which is not just used, as it once was, for DIY youth-cult concert posters and T-shirts, but the likes of Calvin Klein, IBM, Microsoft, even the Episcopal Church have run entire ad campaigns using what might be viewed as sloppily scrawled, sketchily rendered, untutored lettering. Its applications are widespread and there is no sign that the trend is on the wane.

Owing to its infinite capacity for perfection, the computer has made this kind of hand lettering possible and inevitable. Incidentally, this is not the beautiful hand crafted calligraphy celebrated by scribes and hobbyists and used for wedding invitations and diplomas. On the surface this riotously raw lettering looks like it was produced by those who are incapable of rendering letters with any semblance of accuracy or finesse. And while this may or may not be true, a decade or so ago, this lettering was a critical reaction to the computer's cold precision. It was also, in certain design circles, a means of rebelling against the purity and exactitude of Modernism. Eventually it became a stylistic code for youthful demographics but then was embraced by the mainstream.

Some hand lettering derives from roughly sketching vintage and passé letterforms (including Victorian,

Alcuni lettering manuali derivano da schizzi vintage e caratteri passé (fra cui gli stili Vittoriano, Art Nouveau, o Art Deco), ed è proprio rendendoli ancora più imperfetti che li introducono in una estetica contemporanea. Altri sono testi stravaganti e originali, o scarabocchi basati su null'altro che un'eccentrica sensibilità. Alcuni mostrano una somiglianza sospetta a quel genere di lettere maiuscole ombreggiate che si potrebbero disegnare su un blocco da schizzi. Con la popolarità dei fumetti e dei fotoromanzi, anche il lettering manuale delle vignette è divenuto una moda.

Un tempo i designer sostituivano i caratteri ufficiali con quelli creati manualmente da loro perché era troppo costoso comporre caratteri per la stampa (si pensi a Paul Rand o Alvin Lustig). Ai giorni nostri invece non si tratta affatto di una scelta economica. Lo studio manuale è visto come un modo per distinguere i messaggi espressivi da quelli non espressivi, o una forma per adeguarsi a certe mode. Recentemente abbiamo affittato il film *Nick and Nora's Infinite Playlist* perché il manifesto ricordava il lettering lasse faire di un altro film, *Juno*, che ci era piaciuto molto. Si potrebbe dire allegro e giovanile. Il lettering può senza dubbio stimolare il riflesso condizionato e quello manuale può farlo meglio della maggior parte dei caratteri tipografici ufficiali.

La tipografia anti-type è divertente. Suggerisce l'amatorialità, il rifiuto delle tecniche complesse. Il lettering manuale è liberatorio. Naturalmente la maggior parte dei documenti ufficiali, che in effetti coincide quasi sempre con ciò che leggiamo, siano essi libri, riviste o blog, richiedono caratteri "ufficiali", il più possibile eleganti, piacevoli e leggibili. Ma non ogni utilizzo di caratteri deve essere standardizzato. La mano offre una dimensione più umana e personalità individuale. Certo, questo cambierà inevitabilmente. Un motivo ricorrente sarà copiato fino a divenire inflazionato e fino a che noi ne saremo stanchi a morte. Ma mentre è ancora ben fatto, il mio consiglio è di goderselo, perché fra pochi anni potrebbe essere semplicemente quello stile degli inizi del 2000, vecchia storia d'altri tempi.

Art Nouveau, or Art Deco styles), making them even more imperfect and by doing so injecting a contemporary aesthetic. Others are crazy and novel scripts and scrawls based on nothing other than a eccentric sensibility. Some look suspiciously like the kind of block letters with shadows one might draw on a doodle pad. With the popularity of comics and graphic novels, hand lettering of the comic strip variety has also emerged as vogue.

Once designers replaced official typefaces with their own handwriting because it was too expensive to set type (see Paul Rand or Alvin Lustig). These days, it is not an economic decision at all. Hand lettering is seen as a means to distinguish expressive from non-expressive messages. Or conform to certain fashions. We recently rented Nick and Nora's Infinite Playlist *because the poster reminded us of laisse faire lettering of* Juno, *which we liked so much. It said playful and youthful. Lettering can certainly trigger that Pavlovian response, and hand lettering can do it better than most formal typefaces.*

Anti-type-typography is fun. It suggest amateurness, the rejection of complex techniques. Hand lettering is liberating. Sure most official documents, in fact, most things we read, like books, magazines, and blogs, require "official" typefaces, the more elegant, readable, and legible the better. But not every type treatment needs to be standardized. Hand offers a more human dimension and individual personality. Of course, this will inevitably change. A popular design trope will be copied until it is overused and we're sick to death of it. But while it is still done well, my advice is to enjoy it, for in another few years it may simply be that style of the early 2000s, quaint and old hat.

L'umile matita, il potente computer *The humble pencil, the mighty computer*

di / by
Frank Chimero

Noi creativi tendiamo a idealizzare i nostri strumenti. Li mettiamo su dei piedistalli in quanto fungono da tramite per le nostre idee e permettono di realizzare le nostre arti. D'altra parte, penso che ogni creativo creda che non basti un buon strumento a fare un buon designer e che un buon designer non abbia bisogno di strumenti particolarmente speciali. Infatti, direi che tutto ciò che è necessario, in genere, siano una matita e un foglio di carta. Per mezzo di questi strumenti si è in grado di brandire il potere della comunicazione visiva come se fosse una spada, o utilizzarlo come fosse una ninna nanna, o addirittura un candelotto di dinamite.

Le matite sono oggetti speciali per me. Il loro materiale è umile: soltanto un po' di legno e della grafite, ma quando questi si uniscono, costituiscono il potenziale per attuare un processo creativo. Se doveste chiedere a un amico di immaginare una scena nella quale qualcuno si inventi delle idee, probabilmente, si figurerebbe una persona a una scrivania con accanto un cestino pieno di carta stropicciata. Il cestino traboccherebbe di idee che non erano abbastanza buone. Da qualche parte in quella scena, magari anche un po' al di fuori della cornice, c'è una matita che scarabocchia selvaggiamente sul foglio. Più si è ispirati, più la matita si muove velocemente; più si lavora duramente, più quella matita si accorcia.

La matita è generica, eppure specifica. Le idee possono essere facilmente analizzate per poterne valutare il potenziale. I segni possono essere sufficientemente vaghi, da non permettere il giudizio in merito all'esecuzione, ma da poter invece concedere di giudicare il potenziale dell'idea in sé. Ecco perché non posso inventare idee al computer. I computer sono troppo specifici; essi interpongono troppi gradi di separazione tra la mia mente e la tela. Con una matita parto dal mio cervello, per arrivare al braccio, e quindi, attraverso la mia mano, direttamente alla carta. Gli atomi vengono trasferiti dalla punta della matita alla superficie della carta e posso vedere il foglio riempirsi. Con il computer devo aprire il software, prendere il mouse, lanciare il software, selezionare lo strumento che intendo usare, pensare a come utilizzare quello stesso strumento, e, infine, preoccuparmi del segno che crea.

I computer hanno una tela infinita, perciò non riesco a percepire la sensazione di aver riempito un foglio per iniziarne un altro. Immaginate di leggere un libro senza capitoli, ogni parola si scontra con l'altra senza sosta.

Creative people tend to romanticize their tools. We place them on pedestals as the conduits for our ideas and the enablers of our craft. Contrastingly, though, I think all creatives believe that a good tool does not make a good designer, and a good designer does not need top-of-the-line special tools. In fact, I'd say all one usually needs is a pencil and a sheet of paper. With that, one can wield the power of visual communication like a sword, a lullabye, or maybe even a stick of dynamite.

Pencils are special things to me. They are humble in materials: just a bit of wood and graphite, but when together, they represent the potential of a productive process. If you were to ask a friend to imagine a scene where someone is coming up with ideas, they would probably see a person at a desk with a waste basket beside it filled with a pile of crumpled paper. The bin would overflow with the ideas that weren't good enough. Somewhere in that scene, maybe just a bit out of frame, there is a pencil scribbling wildly on paper. The more inspired one is, the faster that pencil moves. The harder one works, the shorter that pencil becomes.

The pencil is general, yet specific. Ideas can be hashed out with ease to gauge their potential. The marks can be vague enough so one doesn't judge the execution, but instead judges the potential of the idea. This is why I can't come up with ideas on computers. Computers are too specific; they have too many degrees of separation between my mind and the canvas. With a pencil, it's from my brain, down my arm, straight out my hand to the paper. Atoms transfer from the tip of the pencil to the surface of the paper, and I can see the sheet fill up. With the computer, I have to open software, grab the mouse, launch the software, select the tool I wish to use, think about how to use that tool, and then worry about the mark that it makes.

Computers have an infinite canvas, so I can't feel like I've filled one sheet to start on another. Imagine reading a book with no chapters, every word just runs into the next without a rest. That's how it sometimes feels to be creatively working on a computer. Every mark has the finish of a final mark on the screen, and ideas in progress do not look how they should.

Process work on the computer looks like a messy version of something late in the process. With a pencil,

Questo è quello che si prova, a volte, lavorando creativamente al computer. Ogni segno finisce con un punto finale sullo schermo, e le idee, nel loro progredire, non appaiono come dovrebbero.

Il lavoro di elaborazione al computer sembra una versione confusa di qualcosa che è tardivo rispetto all'elaborazione stessa. Con la matita, se tracciata nel modo corretto, appare una versione aderente a qualcosa che è in anticipo in rapporto al procedimento. Occorre che vi sia vaghezza nell'esecuzione e chiarezza nel concetto e nella strategia, durante le prime fasi di un lavoro, e ho riscontrato che iniziando a lavorare al computer, spesso avviene il contrario; possiedo forte aderenza rispetto all'esecuzione e vaghezza concettuale, e questa è una situazione davvero indesiderabile e frustrante in cui trovarsi. Lavoro assai duramente per creare qualcosa di meraviglioso, non sapendo neppure se sia la cosa giusta da realizzare.

Quando comincio un nuovo lavoro, penso che i miei approcci iniziali all'idea dovrebbero somigliare al risultato finale, visto con occhi sfocati; posso farlo abbastanza facilmente con carta e matita. Al computer, risulta un cattivo facsimile di quello che voglio. È la mia idea riflessa attraverso uno specchio di una casa dei divertimenti. Ciò che io voglio si distorce, poiché il computer diventa troppo specifico troppo rapidamente: inizio a concentrarmi su come e se si allineano le cose, invece di capire se siano le cose giuste con le quali cominciare.

Con questo non voglio dire che non esistano vantaggi nell'utilizzare il computer. I computer sono meravigliosi per automatizzare compiti difficili o complessi. Svolgono un gran lavoro nel rimuovere gli errori umani, ripulendo l'esecuzione e fornendo aderenza al prodotto finale. Tuttavia non aiutano nella fase iniziale, quando un designer si affanna alla ricerca di un'idea in cui credere. Inizialmente, la quantità conta, perché la quantità solitamente viene filtrata riducendosi poi a qualità. Una veloce esecuzione e l'economicità contano: mi ritrovo più raramente ad autocensurarmi con carta e penna, piuttosto che quando sono al computer, perché posso fare un disegno velocemente e i rifornimenti sono economici.

Vi sono vantaggi reali nel lavorare in uno spazio fisico. Possiamo approcciarci al lavoro in contesti nuovi. Possiamo disegnare qualcosa, quindi ritagliarla, muo-

process work, if drawn right, looks like a tight version of something early in the process. There needs to be vagueness in execution and clarity in concept and strategy at the beginning of a job, and I find that when I start on the computer, usually the opposite occurs. I have a tightness to the execution, and a vagueness in my concept, and that is a truly undesirable, frustrating place to be. I'm working really hard on making something beautiful, when I don't even know if it's the right thing to be doing.

When I start a new job, I think my initial tries at the idea should look like the final result through squinted eyes. I can do this with relative ease with a pencil and paper. On a computer, it's a bad facsimile of what I want. It's my idea reflected through a funhouse mirror. What I want gets distorted because the computer gets too specific too quick: I start focusing on if things line up instead of if I even have the right things to begin with.

That's not to say that there are no benefits to using the computer. Computers are wonderful for automating difficult or complex tasks. They do a great job of removing human error, cleaning up execution, and providing a tightness to the final product. But, they don't help in the beginning when a designer is flailing around, searching for an idea they can be confident about. In the beginning, quantity matters, because quantity usually edits down to quality. Quick execution and cheapness matters: I find myself censoring myself less with a pencil and paper than on a computer, because I can do a drawing quickly, and the supplies are cheap.

There are real benefits to working in physical space. We can approach our work in new contexts. We can draw something, then cut it out, and move it around. We can touch what we produce, and we can judge our progress on a project by the height of our pile of drawings. I think an important part of the creative process is play, and for me, it is easier to play in physical space than digital space. Getting things down on paper opens innumerable options: cutting, tearing, folding, gluing, collaging, drawing on top of what you've already drawn, and, at worst, just crumpling up the paper and starting again.

And maybe that's why I prefer the pencil. It forgives me for my mistakes: there's an eraser there, after all. It accepts me for who I am: I can use it however I wish,

verci attorno. Possiamo toccare ciò che produciamo e giudicare il nostro progresso sul progetto dall'alto della pila dei nostri disegni. Ritengo che una parte importante del processo creativo sia il gioco, e per me è più semplice giocare nello spazio fisico, piuttosto che in quello digitale. Buttar giù cose sulla carta apre a innumerevoli opzioni: ritagliare, strappare, piegare, incollare, fare collage, disegnare sopra ciò che hai già disegnato, e nel peggiore dei casi, basta accartocciare la carta e ricominciare.

E forse è per questo che preferisco la matita, essa perdona i miei errori: c'è una gomma per cancellare, dopotutto.
Mi accetta per quello che sono: posso utilizzarla come desidero e non devo imparare mezzi particolari con cui farla funzionare, come accade invece con un computer. E la matita sarà sempre economica e alla portata di tutti. Mi piace ciò che essa rappresenta: chiunque ha ciò di cui ha bisogno per creare qualcosa di incredibile.

Cominciamo!

and I don't have to learn any special means to operate it like you might on a computer. And the pencil will always be cheap and available to anyone. I like what that represents: anyone has what they need to make something incredible.

Let's go get started.

Manufatto artefatto *The manufactured artefact*

di / by
Carlo Branzaglia

Fra i vantaggi derivati dall'innovazione tecnologica c'è anche quello di permetterci di capire a cosa servono gli strumenti che abbiamo già in uso; magari limitando il loro effettivo impiego per certi fini, o illuminandolo e valorizzandolo in maniera più precisa, per altri. Pur se, in partenza, sembra che la tecnologia possa di fatto tutto risolvere e tutto sostituire. Così, la capacità dei software di rappresentare gli aspetti tecnici di un progetto, accelerandone peraltro i tempi di svolgimento, ha rimesso al centro del discorso il ruolo del disegno a mano non come esecuzione, ma come progetto (e processo): perché la fase in cui "fisso l'idea" (per citare un celebre manifesto di Dudovich di fine Ottocento) è quella determinante per la comprensione, fisica quasi, del progetto che vado ad affrontare, sia esso oggetto o sistema, artefatto o servizio.

Mi è capitato professionalmente di incrociare questa condizione. Da un lustro coordino la rivista professionale "Disegnar(t)e" che si occupa di tutti gli aspetti del disegno, nella sua relazione (storica, ma più spesso contemporanea) con le varie discipline. Dopo cinque

Among the myriad pros of technological innovation there is the advantage of allowing us to understand the raison d'être of the tools we are already using, perhaps limiting their effective utilisation for certain purposes, or highlighting and leveraging it more precisely in relation to other purposes – even if, initially at least, it seems like technology can in actual fact solve every problem and replace everything. As such, the capacity of software to take over the technical aspects of a project – enabling, for instance, a shortening of the timescales required for development – has put right back at the heart of the matter the role played by free-hand drawing, not in terms of execution but in terms of design (and process): because the phase in which "I fix the idea" (to quote Dudovich's celebrated late-19th-century poster) is crucial for an almost physical understanding of the project I am to deal with, whether that project concerns an object or a system, an artefact or a service.

I have come face-to-face with this situation during the course of my career. For half a decade I have been

anni la ricognizione non è certo finita; al contrario, sono emersi, e continuano ad emergere, aspetti peculiari. Un lato più ingente del previsto in questa ricognizione è proprio quello del disegno progettuale (attenzione, non tecnico) che si occupa di porre le basi del *problem solving*. Un aspetto che ritorna utile nella formazione: la presenza, all'interno di percorsi dedicati al design, ad esempio, di materie come disegno, mira ad ottenere una competenza di base che permetta non di rappresentare un oggetto ma di mettere in moto un processo.

Cosa si impara in questi corsi? Ad allenare la mano ad andare in sintonia con il pensiero: per avere uno strumento efficace non solo per se stessi, ma anche per gli altri, coloro i quali magari saranno chiamati a discutere, interpretare, applicare quella traccia. In questo senso, il disegno è squisitamente l'anima del progetto e ne riproduce l'essenza, in termini di prodotto e di processo. Da un lato infatti esso rappresenta la prima presa di possesso di una forma; dall'altro invece la bozza di un percorso realizzativo. Raffigurando così le due anime intrinseche alla cultura del progetto.

Il primo aspetto è forse quello più evidente, sia se intendiamo il disegno come strumento conoscitivo che come strumento espressivo. Conoscitivo perché disegnando ciò che ci circonda (elemento fondamentale per l'ispirazione degli operatori visivi) si ha la possibilità di sintetizzarne i tratti, trattenendo solo quelli pertinenti alle finalità del disegnatore. Espressivo perché, parimenti, gli elementi essenziali di una forma *in nuce* saranno (nello schizzo, nel bozzetto, nel layout) quelli necessari e sufficienti ad esprimere una idea, ovvero a generare un *concept*. Innumerevoli sono, nella letteratura disciplinare, i casi in cui da un singolo bozzetto è nato il carattere (il suo modo di essere percepito dall'utente) di un oggetto: parafanghi di motociclette, dettagli di abbigliamento, elementi portanti di architetture.

Ma il disegno è immancabilmente strumento di processo, di nuovo sui due aspetti, conoscitivo e espressivo. I taccuini degli artisti e dei designer sono straordinari proprio per questo: rappresentano una mappa di relazioni concettuali e processuali fra elementi osservati e colti nella loro separazione, e intrecciati grazie al segno. Così come, dall'altro lato, la regia (strategia) di un progetto si stabilisce, nella sua intima essenza, con il tratto grafico che delimita e inquadra

co-ordinating the trade journal Disegnar(t)e, which encompasses all aspects of design, in its relationship – sometimes historical, but more often contemporary – with the various disciplines. After five years, my reconnaissance mission is far from complete; on the contrary, a number of distinctive aspects have emerged and continue to emerge. One area that has played a larger part than expected in this reconnaissance mission is design drawing (not to be confused with technical drawing), which deals with setting out the basis of the problem-solving approach. Something that turns out to be useful during training is the presence, within courses on design, of subjects such as drawing, which are included with a view to developing the basic expertise that makes it possible not to represent an object but, on the contrary, to put in motion a process.

What do you learn on these courses? To teach the hand to move in synch with the brain, in order to have access to an effective tool not just for ourselves but also for others – those who will perhaps be called upon to discuss, interpret, apply the mark made on the page. In this sense, drawing is typically the soul of the project and it reproduces the essence of that project, in terms of product and process. On the one hand, indeed, it represents the initial taking possession of a form; on the other, it is the draft of a process of implementation, thus capturing the two spirits that are intrinsic to the culture of design.

The first aspect is perhaps the most obvious, whether we interpret drawing as a cognitive tool or as an expressive tool: cognitive because drawing that which surrounds us (an essential source of inspiration for those operating in the visual field) affords the possibility of capturing the environmental features, retaining only those that are relevant to the designer's purposes; and expressive because, equally, the essential elements of a form encapsulated in a nutshell (in the sketch, the draft, the layout) will be those that are necessary and sufficient to express an idea, or rather, to generate a concept. In the literature on design, there are innumerable instances in which the character of an object (its mode of being, as perceived by the user) has arisen from a single sketch: mudguards of motorbikes, details of clothing, crucial elements of pieces of architecture.

But drawing is also undoubtedly a tool of process,

lo spazio d'azione e focalizza le sue direttrici interne, stabilendo le relazioni che debbono intercorrere ai fini di una buona riuscita del progetto stesso. Perché, a tutti i livelli, progettare è costruire relazioni.

once again in terms of the two same cognitive and expressive dimensions. The notebooks of artists and designers are extraordinary for this very reason: they represent a map of conceptual and process-based relationships between elements originally observed and grasped in their separation, before being interwoven through the sign. By the same token, the organisation (strategy) of a design is established, in its innermost essence, through the graphical mark that delimits and frames the space of action and focuses its internal pathways, setting out the relationships that must criss-cross in order for the design to have a successful outcome. Because, at every level, design is about constructing relationships.

La grafica nella vita di tutti i giorni *Graphic design in everyday life*

di / by
Stefano Salis

Articolo scritto in Helvetica, su un foglio bianco di Word, su un pc, indossando una camicia inglese bianca a righe celesti, con un pantalone azzurro che riprende il pattern del pied de poule, su un tavolo dove ci sono un pacchetto di sigarette, un posacenere con il marchio di un vino, un rotolo di carta assorbente, una matita, qualche libro, una bottiglia d'acqua. Sulle pareti, una carta geografica e un manifesto pubblicitario anni 70 in latta di gelati. E dalla finestra si vedono insegne di bar, semafori, indicazioni stradali…

Dicono che viviamo nella società dell'immagine. È vero, e sarà sempre di più di così. Siamo circondati da immagini, bombardati dalle immagini, frastornati e sopraffatti dalle immagini.

Ma, forse, siamo anche, paradossalmente, diseducati alle immagini. Semplicemente, non sappiamo vederle. Non ci facciamo attenzione. O, forse ancora, non sappiamo come vederle. Non sappiamo cosa vedere, né quello che sta dietro un'immagine. E questo si può estendere a molti campi di produzione culturale: eppure, è proprio l'immagine la carta vincente in mano alle aziende, ai creativi, ai pensatori, ai grafici, ovviamente. Alle persone. Perché l'immagine è – senza dubbio – la prima cosa che colpisce l'intelletto umano. E il mondo, piaccia o no, è organizzato per persone vedenti, più che ascoltanti, toccanti, annusanti…
"Organizzare" le immagini, capirle, saperle decodificare sarà un'opzione sempre meno neutrale, sempre più decisivo. Non sto parlando di immagini pensate per essere fruite come tali: per esempio le opere d'ar-

I am writing this article in Helvetica, on a white sheet in Word, on a PC, wearing a white English shirt with sky-blue stripes, and blue trousers with a houndstooth pattern, on a table where there is a packet of cigarettes, an ashtray with a winery's logo on it, a roll of kitchen towel, a pencil, a few books and a bottle of water. On the walls there is a map and a 1970s tin advertising sign for ice cream. And from the window I can see bar signs, traffic lights, road signs…

They say that we live in an image-dominated society. It's already true, and it's set to become even more the case in future. We are surrounded by images, bombarded by images, stunned and overpowered by images.
But perhaps we are also, paradoxically, not so great at interpreting images. In short, we don't know how to look at them. We don't pay attention to them. Or maybe it's that we don't know what to look at, or what to make of that which lies behind an image. This inability on our part can be extended to many other fields of cultural production: and yet, the image remains the trump card of companies, creatives, thinkers and, naturally, graphic designers. And people in general, for that matter. Because the image is – without doubt – the first thing that strikes the human intellect. And the world, like it or lump it, is organised for the benefit of those who can see, more so than for those who can hear, touch or smell…
The ability to "organise" images, understand them and know how to decode them is set to become increas-

te (dal capolavoro appeso al museo al graffito dello *street artist* sotto il ponte). No, sto parlando di immagini molto più prosaiche, banali, destinate ad entrare nel flusso della quotidianità, ad accompagnarla con presenza discreta oppure invadente.

Addirittura sto parlando di un sistema di immagini che è, praticamente, l'insieme che ci si presenta davanti al campo visivo e che non sia, come dire, naturalmente dato. Anche se… Ma ci arriviamo dopo.

Mentre scrivo queste righe di riflessione, la grafica è tutta intorno a me. Non dico per i caratteri che sto usando su questo pc, non dico nemmeno della loro disposizione sulla superficie virtuale della pagina bianca che sto riempiendo. No. Oltre il computer. È grafica, in qualche modo, il pattern della camicia a righe che indosso, il motivo pied de poule dei pantaloni, l'orologio di plastica tutto bianco che porto al polso. Grafica, ancora: i colori e la disposizione delle lettere, e il marchio, della matita che ho qui a fianco; sottili linee gialle e nere affiancate, informazioni sul tipo di grafite, luogo di produzione dell'oggetto. Un momento. C'è la grafica del pacchetto di sigarette, volutamente aniconica, e quella, persino, del portacenere, omaggio di una ditta di vini. E… già, a proposito: ecco il sofisticato packaging della bottiglia d'acqua, la sua etichetta che evoca la naturalità e genuinità del contenuto. I banali motivi floreali che ornano il rotolo di carta per pulire il tavolo. Un cartellone di gelati in latta: anni 70, produzione italiana. Buonissimi. Che ricordi… E, fuori dalla finestra, le scritte dei negozi, i grandi marchi delle aziende che producono generi alimentari, ripetute e proposte di continuo ai nostri occhi, per renderle immediatamente percepibili, ancor prima di leggere il contenuto. Anzi, da diventare esse stesse contenuto culturale. E i segnali stradali, poi, le indicazioni delle vie, i cartelli direzionali a forma di freccia, il codice dei colori dei semafori…

Insomma, non la farò tanto lunga. Avete capito cosa intendo, anche se estendo forzatamente il concetto. Non voglio dire che è tutto grafica, sia chiaro. Ma suggerire più sommessamente che bisogna fare più attenzione a ciò che è grafica e magari non percepiamo come tale.

Credo che la "mano del grafico" sia, diciamo così, solo un'esecutrice attenta, una conseguenza dell'occhio, o del cervello, del grafico. E l'occhio del grafico – ecco il punto centrale – è, o dovrebbe essere, lo sguardo di uno che si chiede, incessantemente, costantemente,

ingly less neutral and more decisive. I'm not talking about images designed to be utilised as such – works of art, for example (from the masterpiece hanging on the museum wall to the street artists' graffiti under the bridge). On the contrary, I'm talking about far more prosaic, banal images, those that are destined to enter the flow of everyday life, to accompany us with their presence, be it discrete or invasive.

I'm actually talking about a system of images that is, in practical terms, the set of images that presents itself within our field of vision and that is not, so to speak, a natural given, even although…but we'll come to that later.

As I write these lines of reflection, graphic design is everywhere I look. I'm not referring to the characters that I am using on this PC, or even to their layout on the virtual surface of the white page that I am in the process of filling up. No, I mean beyond the computer. In a certain sense, the pattern of the striped shirt I'm wearing is a form of graphic design, as is the houndstooth motif on my trousers and the all-white plastic watch I'm wearing on my wrist. Graphic design is also evident in the colours and layout of the letters, and the logo, of the pencil that it sitting here beside me; narrow yellow and black lines side-by-side, information on the type of graphite and the place where the item was produced. But that's not all. There is also the graphic design of the packet of cigarettes, which is deliberately aniconic, and even that of the ashtray, which was a free gift from a wine company. And…while we're on the subject: there's the sophisticated packaging of the bottle of water, with its label evoking the naturalness and authenticity of the contents; the bland floral motifs that adorn the rolls of kitchen towel; an Italian sign made from tin and dating from the '70s, intended to advertise ice cream – wonderful ice cream it was, too… what memories.

And, out the window, there are the shop signs, the great logos of the companies that produce foodstuffs, repeated and constantly thrust before our eyes, to make them immediately perceptible, even before we have read the text – in fact, the logos are so ubiquitous as to have become, in and of themselves, cultural content. And then there are the road signs, the street names, the arrow-shaped directional signs, the code of the colours of the traffic lights…

I don't want to labour the point. You've understood what I'm on about, even if I'm taking the concept a bit

e rimettendo sempre in discussione ciò che ha visto e pensato: perché le immagini sono così? Perché sono quelle e non altre? E chi ha deciso queste immagini? E potrebbero essercene di migliori? Attirerebbero di più la mia e l'altrui attenzione se escogitassi un particolare imprevisto, una disposizione diversa? Soprattutto: cosa deve comunicare questa immagine? E a chi?

Forse è qui il nocciolo della faccenda. Non è tutto grafica, vero, e uno spartiacque tra ciò che non lo è e ciò che lo è potrebbe essere l'intenzione di produrla, di progettare qualcosa che abbia a che fare con la grafica, che abbia obbiettivi di richiamo e di sistemazione di un'immagine (intendendo, evidentemente, anche le scritte) con uno scopo preciso. Ma mi rendo conto che è definizione non precisa, scivolosa, labile.

Certo: la nozione di graphic designer è sfuggente, alla maggior parte delle persone. È una di quelle professioni che quando uno dichiara di farla, subito suscita un moto di ammirazione nell'interlocutore. Che lavoro chic! Ma alla domanda "cosa fa un graphic designer?" è difficile sappia dire qualcosa di sensato (a volte questo accade non solo all'interlocutore, ma anche a chi fa il mestiere...).

Ma non vorrei fermare il discorso solo al mestiere. E soprattutto solo alla produzione di immagini e di sistemi di immagini naturalmente, evidentemente, destinati al "campo grafico": giornali, libri, manifesti, logotipi, pubblicità e via elencando.

No: è forse più opportuno richiamare l'attenzione anche sulla presenza della grafica che ci attraversa gli occhi senza che noi ce ne accorgiamo o, addirittura (pezzo di bravura di chi l'ha fatto), volutamente pensata per essere il meno disturbante possibile. Per lasciare poca traccia nel flusso di informazioni che dobbiamo decodificare in ogni momento.

È opportuno rispettare questa enorme, talora brillantissima, produzione di grafica, come dire, sottotraccia. Per apprezzare meglio la grafica fatta con intenti più nobili ma anche per fruire con più consapevolezza la più dimessa.

È questione, probabilmente, di recupero dell'attenzione verso i segni minimi, i colori, le forme visive delle quali ci serviamo. Rispettarle e riconoscerle in quanto tali. Elaborare la loro funzione e la loro congruenza al sistema dei segni che ci circonda.

Recuperare l'attenzione, farci pensare con attenzione: ecco magari è questo il compito profondo del grafico. Che ha sempre una dimensione etica nel suo lavoro, oltre che estetica. Un mondo dove le immagini siano

too far. I'm not trying to say that everything is graphic design, let's be clear about that. Rather, I just want to suggest, sotto voce, that we need to pay more attention to things that actually are graphic design but that we don't think of as being so.

I think that the "Hand of the Graphic Designer" is, let's put it this way, no more than a careful performer – a consequence of the eye, or of the brain, of the graphic designer. And the eye of the graphic designer – and here we come to the nub – is or should be, the gaze of someone who is constantly, incessantly questioning and putting up for discussion that which they have seen and thought: Why are the images like that? Why have those images been used and not others? And who has decided to use these images? Could there be better images? Would it attract my attention (and that of others) to a greater extent if I came up with an unexpected feature, a different layout? Above all: What does this image have to say? And to whom?

Perhaps this is what it's all about in a nutshell. It's true that not everything is graphic design, and the difference between what it is not and what it is may lie in the intention to produce it – i.e. to come up with something that is concerned with graphic design, that is intended to control and arrange an image (meaning, of course, text as well) for a precise purpose. But I realise that this is an imprecise, slippery, transient definition.

It is certainly true that the idea of a graphic designer is hard for most people to pin down. It is one of those professions which, when you state that it is your occupation, immediately elicits a note of admiration from the person to whom you are speaking. What a cool job! But in response to the question "What does a graphic designer do?", most people would have trouble coming up with a sensible answer (truth be told, sometimes it's just as difficult for those who do the job day in, day out).

I wouldn't want to limit the discussion just to the profession, just to the production of images and systems of images that are naturally, evidently, destined for use in the "graphic design field": newspapers, books, posters, logos, adverts, and so on. No: it is perhaps more appropriate to focus also on the presence of the forms of graphic design that cross our path without us even realising it, or even (and here you've got to admire those responsible) the forms of graphic design that are deliberately intended to be as unobtrusive as possible, to leave only a minimal trace in the flow of information that we are forced to decode from moment to moment. It is appropriate to have respect for this

più giuste (né belle, né perfette): più giuste, più armoniche, più adatte, insomma, è un mondo che ci fa cittadini migliori, persone migliori.

Non ci credete? Provate a chiudere gli occhi. Poi riapriteli e guardate, ma guardate davvero, con attenzione, i segni grafici che stanno con voi, vicino a voi, presso di voi... Funzionalità e bellezza, non sono le prime cose che vi viene in mente di chiedere a ciascuno di essi?

È questione di immaginazione, ma anche di impaginazione. Non è così, per carità, e non vogliamo essere blasfemi, ma si può anche pensare che ogni volta che diamo uno sguardo a qualcosa lo vediamo come "impaginato" per i nostri occhi. E se partissimo – un miliardesimo di secondo impercettibile per noi – a leggere anche la natura come impaginata dall'alto verso il basso, da sinistra verso destra? Ripeto: non voglio dire che è tutto grafica. Ma proviamo a pensarlo, solo per un attimo: un bel tramonto, un orizzonte marino infinito... Dopotutto siamo stati abituati a sentire chiamare la divinità – se credete che ce ne sia una - come architetto del mondo, o facitore, o creatore o altro. E perché allora non pensare anche a un grande Grafico? E con una mano niente male, per giunta...

enormous, often brilliant, wealth of under-the-radar graphic design, both with a view to appreciating more fully those graphics created with more noble intentions, and with a view to getting the most out of the more reserved examples.

It is probably a question of refocusing the attention on the minimal signs, colours and visual forms that we make use of – respecting them and recognising them for what they are, developing their function and congruence in terms of the system of signs that surrounds us. Refocus the attention, make us think more carefully: this is perhaps the real task of the graphic designer, for whom there is always an ethical dimension in his or her work, over and above the aesthetic dimension. A world in which images are more right (neither beautiful, nor perfect) – more right, more balanced, more appropriate – is a world that makes us better citizens, better people. Don't believe me? Try to close your eyes. Then reopen them and look, really look, at the graphical signs that are around you, close to you, on you... Functionality and beauty, are they not the first things that you demand from each of these graphical signs?

It is a question of imagination, but also of layout. Yes, it may well be an exaggeration to say so, and I don't want to go over the top here, but it is just about possible for us to think that every time we look at something, we see it as if it were "laid out" in front of our eyes. And what if we started – even just for a billionth of a second, almost imperceptible to us – to interpret Nature, too, as being laid out from top to bottom, from left to right? I'll say it again: I am not trying to make out that everything is graphic design. But let's try to think about it, just for a moment: a beautiful sunset, an infinite horizon...After all, we are used to hearing God – whether you believe he exists or not – described as the architect of the world, or the maker, or the creator or something similar. So why not, then, think about him as the Great Graphic Designer in the sky? He's certainly got a pretty skilled hand, that's for sure.

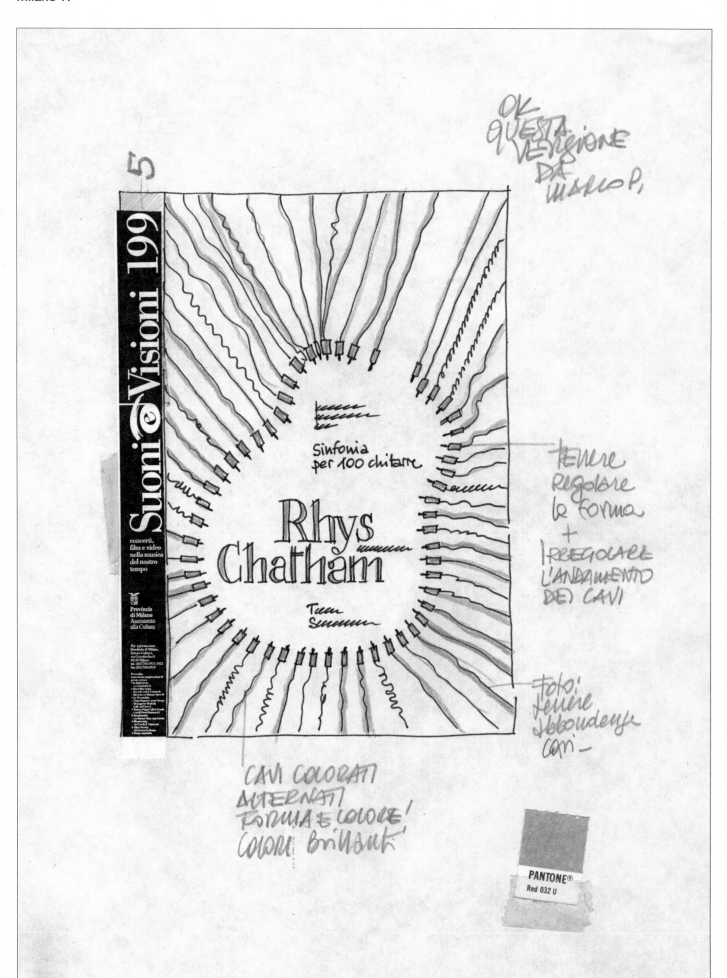

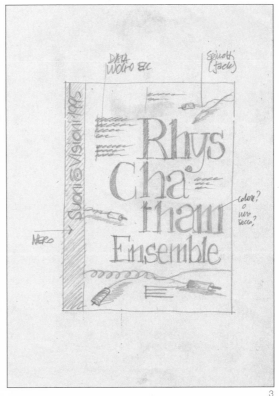

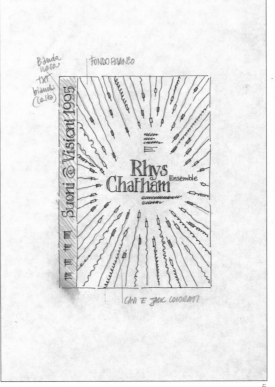

2

3

4

5

1 **Suoni e Visioni 1995**
Sinfonia per 100 chitarre elettriche
committente: Provincia di Milano –
Settore Cultura
1995, matita su carta
29.7 x 21 cm
Suoni e Visioni 1995
Sinfonia per 100 chitarre elettriche
client: Provincia di Milano –
Settore Cultura
1995, pencil on paper
11 x 8 ¼ "

2 **Suoni e Visioni 1995**
Sinfonia per 100 chitarre elettriche
committente: Provincia di Milano –
Settore Cultura
1995, matita su carta
29.7 x 21 cm
Suoni e Visioni 1995
Sinfonia per 100 chitarre elettriche
client: Provincia di Milano –
Settore Cultura
1995, pencil on paper
11 ¾ x 8 ¼ "

3 **Suoni e Visioni 1995**
Sinfonia per 100 chitarre elettriche
committente: Provincia di Milano –
Settore Cultura
1995, matita, pastelli colorati e
pennarello nero su carta
29.7 x 21 cm
Suoni e Visioni 1995
Sinfonia per 100 chitarre elettriche
client: Provincia di Milano –
Settore Cultura
1995, pencil, coloured pastels
and black felt tip on paper
11 ¾ x 8 ¼ "

4 **Suoni e Visioni 1995**
Sinfonia per 100 chitarre elettriche
committente: Provincia di Milano –
Settore Cultura
1995, matita, pastelli colorati e
pennarello nero su carta
29.7 x 21 cm
Suoni e Visioni 1995
Sinfonia per 100 chitarre elettriche
client: Provincia di Milano –
Settore Cultura
1995, pencil, coloured pastels
and black felt tip on paper
11 ¾ x 8 ¼ "

5 **Suoni e Visioni 1995**
Sinfonia per 100 chitarre elettriche
committente: Provincia di Milano –
Settore Cultura
1995, matita, pastelli colorati
e pennarello nero su carta
29.7 x 21 cm
Suoni e Visioni 1995
Sinfonia per 100 chitarre elettriche
client: Provincia di Milano –
Settore Cultura
1995, pencil, coloured pastels
and black felt tip on paper
11 ¾ x 8 ¼ "

ALIZARINA

Milano-IT

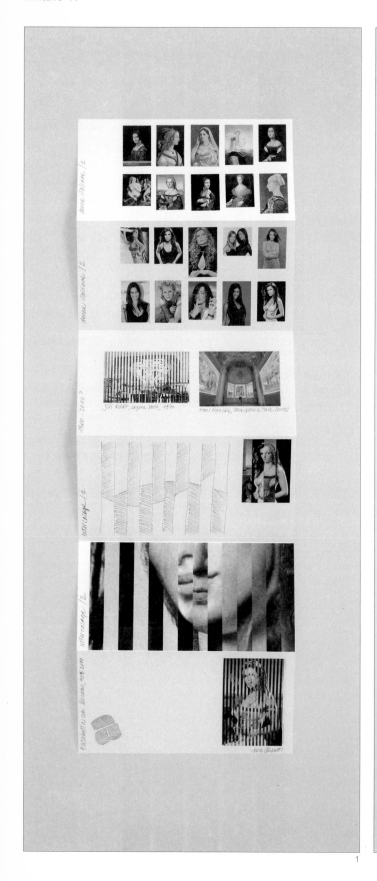

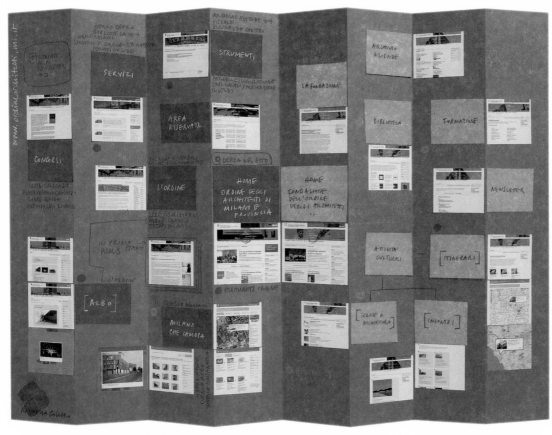

3

1 **Elisabetta con liocorno**
committente: Budapest Design Week
2010, collage e pennarello su carta
85.5 x 29.5 cm
firma in basso a destra: Silvia Sfligiotti
Elisabetta with a Unicorn
client: Budapest Design Week
2010, collage and felt tip on paper
33 ¹¹/₁₆ x 11 ¹¹/₁₆″
signature at lower right: Silvia Sfligiotti

2 **Porto di Arenzano,**
studio per il marchio
committente: Porto di Arenzano
2010, collage e matite colorate
su carta
100 x 29.5 cm
firma in basso a sinistra:
Raffaella Colutto
Porto di Arenzano,
study for brand identity
client: Porto di Arenzano
2010, collage and coloured pencils
on paper
39 ⅜ x 11 ¹¹/₁₆″
signature at lower left:
Raffaella Colutto

3 **Ordine degli Architetti**
di Milano, struttura del sito
committente: Ordine degli Architetti
di Milano
2010, collage e matite colorate
su cartoncino
49.5 x 72 cm
firma in basso a sinistra:
Raffaella Colutto
Ordine degli Architetti di Milano,
website structure
client: Ordine degli Architetti di Milano
2010, collage and coloured pencils
on card
19 ½ x 28 ⅜″
signature at lower left:
Raffaella Colutto

ANDERSON

New York-USA

3

1 Schizzi per il poster
della School of Visual Arts 2008 1
committente: School of Visual Arts
2008, stampa digitale su carta
43 x 28 cm
School of Visual Arts 2008
poster sketches 1
client: School of Visual Arts
2008, digital print on paper
17 x 11"

2 Schizzi per il poster
della School of Visual Arts 2008 2
committente: School of Visual Arts
2008, stampa digitale su carta
43 x 28 cm
School of Visual Arts 2008
poster sketches 2
client: School of Visual Arts
2008, digital print on paper
17 x 11"

3 Schizzi per il poster
della School of Visual Arts 2008 2
committente: School of Visual Arts
2008, stampa digitale su carta
43 x 28 cm
School of Visual Arts 2008 poster
sketches 2
client: School of Visual Arts
2008, digital print on paper
17 x 11"

4 Schizzi per apertura di sezione
del libro New Ornamental Type
client: Thames & Hudson
2009, penna su carta
15 x 10 cm
Sketches for section opener
for New Ornamental Type book
client: Thames & Hudson
2009, pen on paper
6 x 4"

4

ARTIVA DESIGN

Genova-IT

Laboratorio 09 _____ . pag 11 - ? Posamandero _____ . 2009

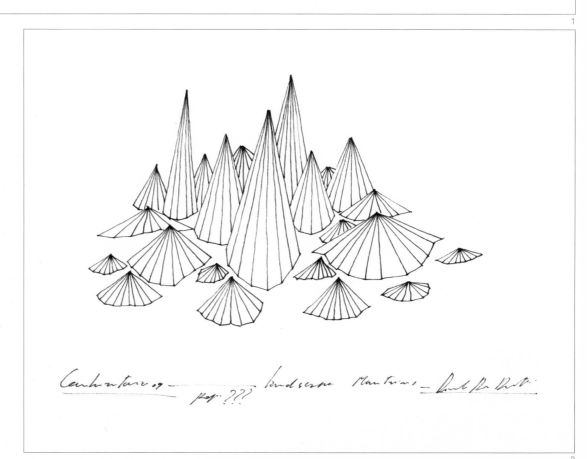

Laboratorio 09 _____ pag. ??? landscape Mantrias _ ...

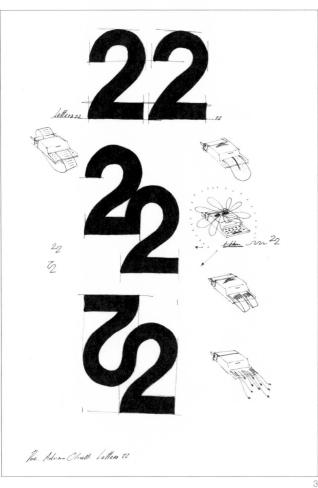

3

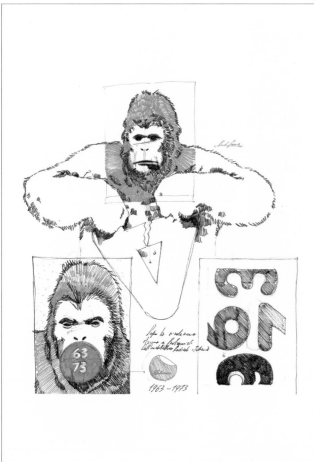

4

1 Combinatorio 001
committente: CMT - Danilo Cognini
2009, china nera su carta
15 x 21 cm
firma sul retro: Daniele De Battè
Combinatorio 001
client: CMT - Danilo Cognini
2009, black Indian ink on paper
5 ⁵/₁₆ x 8 ¼ "
signature on reverse: Daniele De Battè

2 Combinatorio 002
committente: CMT - Danilo Cognini
2009, china nera su carta
15 x 21 cm
firma in basso a destra:
Daniele De Battè
Combinatorio 002
client: CMT - Danilo Cognini
2009, black Indian ink on paper
5 ⁵/₁₆ x 8 ¼ "
signature at lower right:
Daniele De Battè

3 Lettera 22
committente: plug in
2010, china nera su carta
29.7 x 21 cm
firma sul retro: Daniele De Battè
Davide Sossi
Lettera 22
client: plug in
2010, black Indian ink on paper
11 ¾ x 8 ¼ "
signature on reverse: Daniele De
Battè Davide Sossi

**4 Dopo la rivoluzione. Azioni
e Protagonisti Dell'Architettura
Radicale Italiana 1963-1973**
committente: plug in
2010, china nera e rossa su carta
31 x 29.5 cm
firma sul retro: Daniele De Battè
Davide Sossi
Dopo la rivoluzione. Azioni
e Protagonisti Dell'Architettura
Radicale Italiana 1963-1973
client: plug in
2010, black and red Indian ink
on paper
12 ⁹/₁₆ x 11 "
signature on reverse: Daniele De Battè
Davide Sossi

ATELIER VOSTOK

Barcelona-ES / Milano-IT

5

6

7

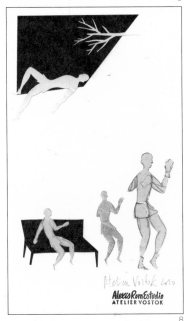

8

9

1 Abitare 01
committente: Abitare
2010, ritagli di carta e collage
29.7 x 17.5 cm
firma in basso a destra: Atelier Vostok
Abitare 01
client: Abitare
2010, paper cutouts and collage
11 ¾ x 6 ⁵/₁₆ ″
signature at lower right: Atelier Vostok

2 Abitare 02
committente: Abitare
2010, ritagli di carta e collage
29.7 x 17.5 cm
firma in basso a sinistra: Atelier Vostok
Abitare 02
client: Abitare
2010, paper cutouts and collage
11 ¾ x 6 ⁵/₁₆ ″
signature at lower left: Atelier Vostok

3 Abitare 03
committente: Abitare
2010, ritagli di carta e collage
29.7 x 17.5 cm
firma in basso a sinistra: Atelier Vostok
Abitare 03
client: Abitare
2010, paper cutouts and collage
11 ¾ x 6 ⁵/₁₆ ″
signature at lower left: Atelier Vostok

4 Abitare 04
committente: Abitare
2010, ritagli di carta e collage
29.7 x 17.5 cm
firma in basso a sinistra: Atelier Vostok
Abitare 04
client: Abitare
2010, paper cutouts and collage
11 ¾ x 6 ⁵/₁₆ ″
signature at lower left: Atelier Vostok

5 Attese 01
committente: 66thand2nd
2010, ritagli di carta e collage
29.7 x 17.5 cm
firma in basso a destra: Atelier Vostok
Attese 01
client: 66thand2nd
2010, paper cutouts and collage
11 ¾ x 6 ⁵/₁₆ ″
signature at lower right: Atelier Vostok

6 Attese 02
committente: 66thand2nd
2010, ritagli di carta e collage
29.7 x 17.5 cm
firma in basso a destra: Atelier Vostok
Attese 02
client: 66thand2nd
2010, paper cutouts and collage
11 ¾ x 6 ⁵/₁₆ ″
signature at lower right: Atelier Vostok

7 Attese 03
committente: 66thand2nd
2010, ritagli di carta e collage
29.7 x 17.5 cm
firma in basso a destra: Atelier Vostok
Attese 03
client: 66thand2nd
2010, paper cutouts and collage
11 ¾ x 6 ⁵/₁₆ ″
signature at lower right: Atelier Vostok

8 Attese 04
committente: 66thand2nd
2010, ritagli di carta e collage
29.7 x 17.5 cm
firma in basso a destra: Atelier Vostok
Attese 04
client: 66thand2nd
2010, paper cutouts and collage
11 ¾ x 6 ⁵/₁₆ ″
signature at lower right: Atelier Vostok

9 Attese 05
committente: 66thand2nd
2010, ritagli di carta e collage
29.7 x 17.5 cm
firma in basso a sinistra: Atelier Vostok
Attese 05
client: 66thand2nd
2010, paper cutouts and collage
11 ¾ x 6 ⁵/₁₆ ″
signature at lower left: Atelier Vostok

1 Copyhats
2010, pennarello nero su carta
17.8 x 12.7 cm
firma in basso a destra: Basset
Copyhats
2010, black felt tip on paper
7 x 5˝.
signature at lower right: Basset

2 People Watching
2010, pennarello nero su carta
17.8 x 12.7 cm
firma in basso a destra: Basset
People Watching
2010, black felt tip on paper
7 x 5˝
signature at lower right: Basset

3 Volcano Home
2010, pennarello nero su carta
17.8 x 12.7 cm
firma in basso a destra: Basset
Volcano Home
2010, black felt tip on paper
7 x 5˝
signature at lower right: Basset

BELLISSIMO

Torino-IT

1

2

3

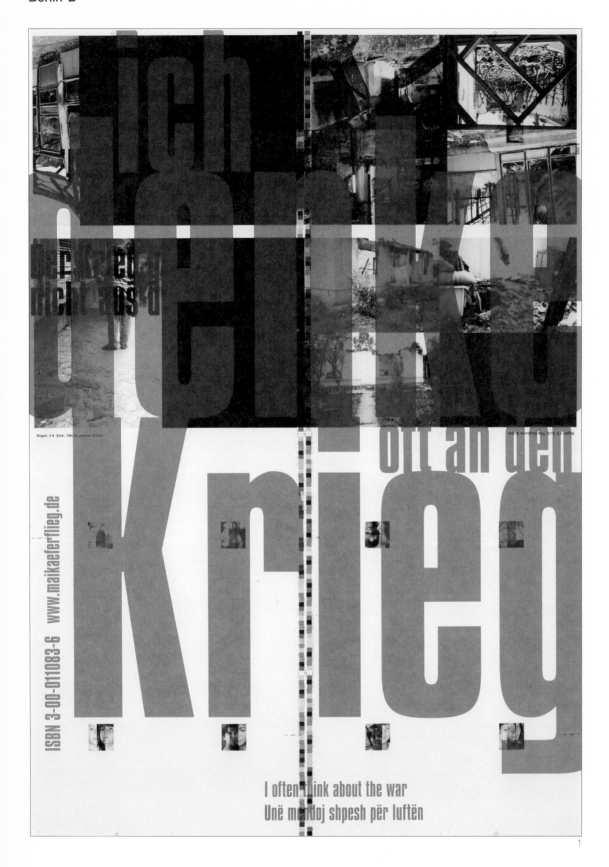

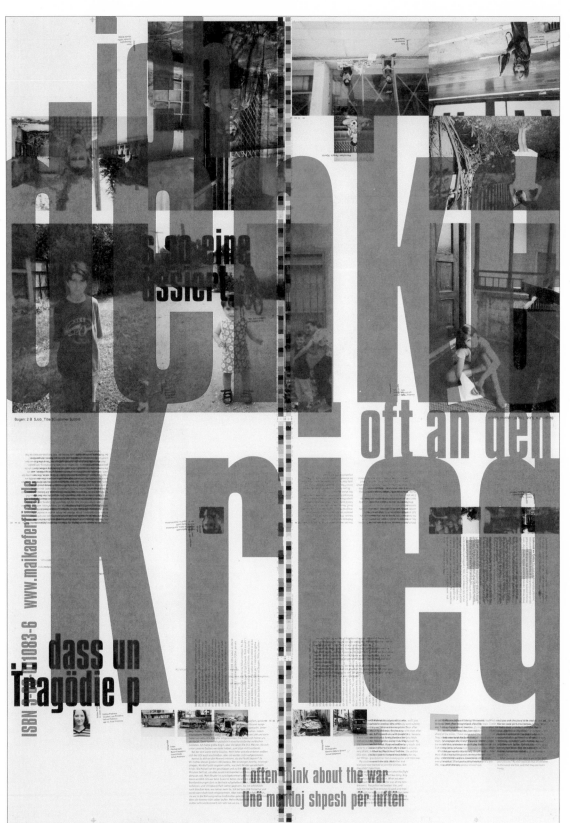

1 Denke Krieg 1
committente: MaikäferFlieg e.V.
KinderKulturBrücke per la mostra
itinerante "I often think about the war",
Kosovo
2003, serigrafia su fogli macchina
selezionati casualmente in tipografia
dall'autore
87.4 x 62 cm
firma in basso a destra: Anna B.
Denke Krieg 1
client: MaikäferFlieg e.V. KinderKultur-
Brücke for the touring exhibition
"I often think about the war", Kosovo
2003, silk-screen on paper machine
randomly selected at the press
by the author
30 ⅜ x 24 ⅜"
signature at lower right: Anna B.

2 Denke Krieg 3
committente: MaikäferFlieg e.V.
KinderKulturBrücke per la mostra
itinerante "I often think about the
war", Kosovo
2003, serigrafia su fogli macchina
selezionati casualmente in tipografia
dall'autore
87.4 x 62 cm
firma in basso a destra: Anna B.
Denke Krieg 3
client: MaikäferFlieg e.V. KinderKultur-
Brücke for the touring exhibition
"I often think about the war", Kosovo
2003, silk-screen on paper machine
randomly selected at the press by
the author
30 ⅜ x 24 ⅜"
signature at lower right: Anna B.

2

BONSAININJA

Milano-IT

medusa

mosca
fico
basso

scorpio

2

**1 Bonsai TV -
Studio per pittogrammi**
committente: Yam/Endemol - Telecom
2008, stampa digitale
42 x 29.7 cm
firma in basso al centro: Bonsaininja
__Bonsai TV - Pictogram study__
client: Yam/Endemol - Telecom
2008, digital print
16 ½ x 11 ¾ "
signature in centre at base:
Bonsaininja

**2 Bonsai TV -
Schizzi per pittogrammi**
committente: Yam/Endemol - Telecom
2008, matite colorate su carta
21 x 29.7 cm
firma in basso a destra: Bonsajninja
__Bonsai TV - Pictogram sketches__
client: Yam/Endemol - Telecom
2008, coloured pencils on paper
8 ¼ x 11 ¾ "
signature at lower right: Bonsaininja

BRECHBÜHL

Luzern-CH

1 Macbeth
committente: Theater Aeternam
2008, stencil e inchiostro su carta
29.7 x 21 cm
firma in basso a desta:
Erich Brechbühl
Macbeth
client: Theater Aeternam
2008, stencil and ink on paper
11 ¾ x 8 ¼"
signature at lower right:
Erich Brechbühl

CAMPEDELLI

Verona-IT

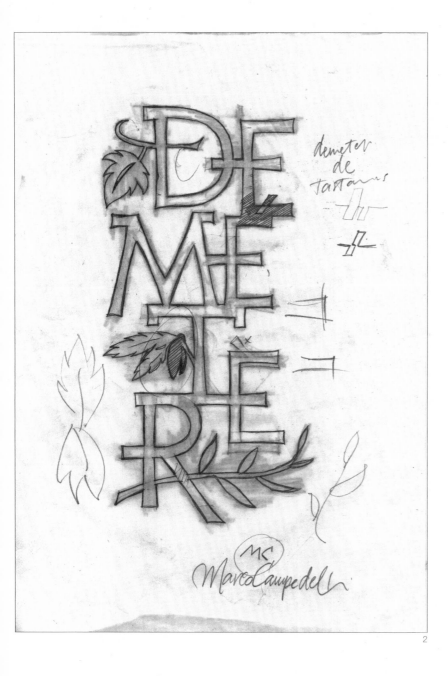

2

1 Tipos Latinos 2010
committente: Marco Campedelli Studio
2010, matita su carta
29.7 x 21 cm
firma in basso a destra: MCampedelli
Tipos Latinos 2010
client: Marco Campedelli Studio
2010, pencil on paper
11 ¾ x 8 ¼ ˝
signature at lower right: MCampedelli

2 **Deméter de Tastavins**
committente: Deméter de Tastavins
2009, matita su carta da lucido
29.7 x 21 cm
firma in basso al centro:
MC MarcoCampedelli
Deméter de Tastavins
client: Deméter de Tastavins
2009, pencil on tracing paper
11 ¾ x 8 ¼ ˝
signature in centre at base:
MC MarcoCampedelli

3 **Studio per font**
committente: privato
2010, matita, pennarello e biro nera
su carta
28 x 23 cm
firma in basso al centro: MCampedelli
Study for a font
client: private commission
2010, pencil, felt tip pen and black
ballpoint pen on paper
11 x 9 ˝
signature in centre at base:
MCampedelli

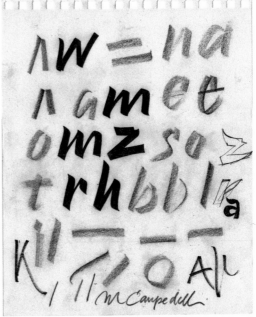

3

CARMI E UBERTIS

Milano-IT

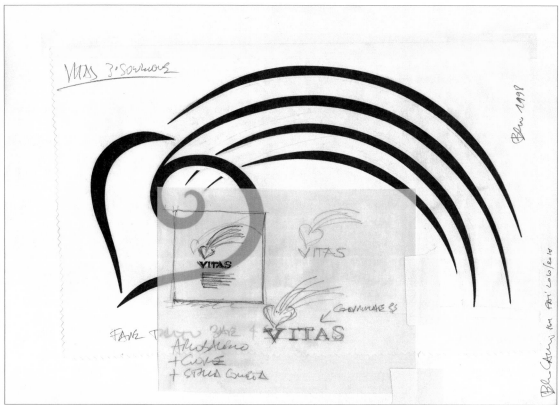

1 Mappamondo
committente: Club Méditerranée
1996, collage e matite colorate
su carta
49 x 57 cm
firma in basso a destra: ECarmi
Mappamondo
client: Club Méditerranée
1996, collage and crayons on paper
19 ¼ x 22 ½ ˝
signature at lower right: ECarmi

2 Vitas
committente: Associazione Ass.za
Domiciliare
1998, matita, inchiostro e penna
rossa su carta
29.7 x 41.5 cm
firma in basso a destra:
ECarmi
Vitas
client: Associazione Ass.za
Domiciliare
1998, pencil, ink and red pen
on paper
11 ¾ x 16 ⅜ ˝
signature at lower right: ECarmi

3 Quattro Diavoletti
committente: Enoteca Caronte
1995, ritagli di carta e matita su carta
33 x 47 cm
firma in basso a destra: ECarmi
Quattro Diavoletti
client: Enoteca Caronte
1995, paper cutouts and pencil on
paper
13 x 18 ½ ˝
signature at lower right: ECarmi

2

3

CARTER

Cambridge-USA

1 Schizzi del carattere Charter 01
committente: Bitstream Inc.
1987, matita su carta da schizzo
22 x 28 cm
Sketches of Charter Typeface 01
client: Bitstream Inc.
1987, pencil on tracing paper
8 ⅟₁₆ x 11˝

2 Schizzi del carattere Charter 02
committente: Bitstream Inc.
1987, matita su carta da schizzo
22 x 28 cm
Sketches of Charter Typeface 02
client: Bitstream Inc.
1987, pencil on tracing paper
8 ⅟₁₆ x 11˝

3 Schizzi del carattere Charter 03
committente: Bitstream Inc.
1987, matita su carta da schizzo
23 x 30.5 cm
Sketches of Charter Typeface 03
client: Bitstream Inc.
1987, pencil on tracing paper
9 x 12˝

2

3

CECCHINI

Milano-IT

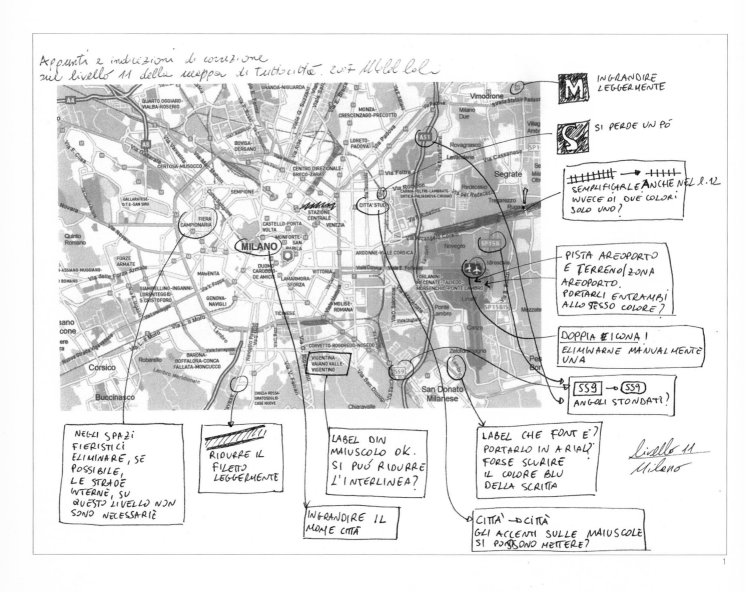

Appunti e indicazioni di correzione sul livello 11 della mappa di Tuttocittà. 2007 *[firma]*

INGRANDIRE LEGGERMENTE

SI PERDE UN PÓ

SEMPLIFICARLE ANCHE NEL l.12 INVECE DI DUE COLORI SOLO UNO?

PISTA AREOPORTO E TERRENO/ZONA AREOPORTO. PORTARLI ENTRAMBI ALLO STESSO COLORE?

DOPPIA ICONA! ELIMINARNE MANUALMENTE UNA

SS9 → SS9 ANGOLI STONDATI?

NEGLI SPAZI FIERISTICI ELIMINARE, SE POSSIBILE, LE STRADE INTERNE, SU QUESTO LIVELLO NON SONO NECESSARIE

RIDURRE IL FILETTO LEGGERMENTE

LABEL DIN MAIUSCOLO OK. SI PUÓ RIDURRE L'INTERLINEA?

INGRANDIRE IL NOME CITTÀ

LABEL CHE FONT E? PORTARLO IN ARIAL? FORSE SCURIRE IL COLORE BLU DELLA SCRITTA

CITTA' → CITTÀ GLI ACCENTI SULLE MAIUSCOLE SI POSSONO METTERE?

livello 11 Milano

1

**1 Modifiche grafiche
del livello 11, mappa TuttoCittà
zona urbana, Milano**
committente: Seat Pagine Gialle
2007, penna nera e blu su stampa
digitale su carta
21 x 29.7 cm
firma in alto al centro:
Michele Cecchini
*Graphic modifications
of the 11th level, TuttoCittà
urban zone map, Milano*
*client: Seat Pagine Gialle
2007, blue and black pen on digital
print on paper
8 ¼ x 11 ˝
signature in centre at top:
Michele Cecchini*

**2 Modifiche grafiche
del livello 11, mappa TuttoCittà
zona urbana, Roma**
committente: Seat Pagine Gialle
2007, penna nera e blu su stampa
digitale su carta
21 x 29.7 cm
firma in basso al centro:
Michele Cecchini
*Graphic modifications
of the 11th level, TuttoCittà
urban zone map, Roma*
*client: Seat Pagine Gialle
2007, blue and black pen on digital
print on paper
8 ¼ x 11 ¾ ˝
signature in centre at base:
Michele Cecchini*

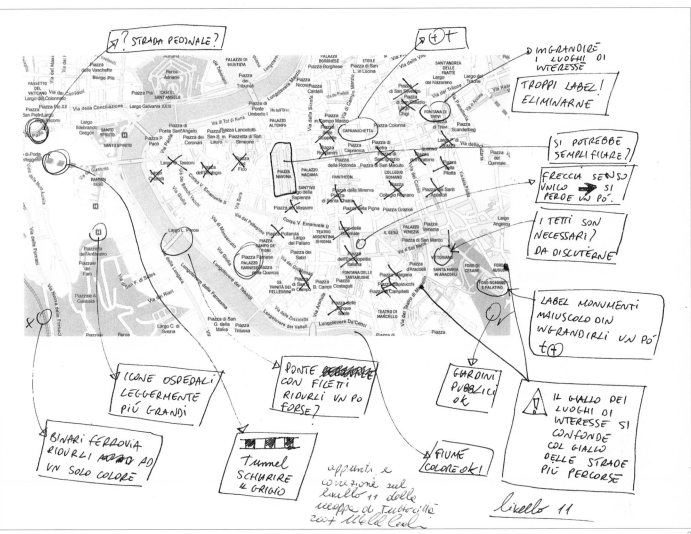

CHIA

Bologna-IT

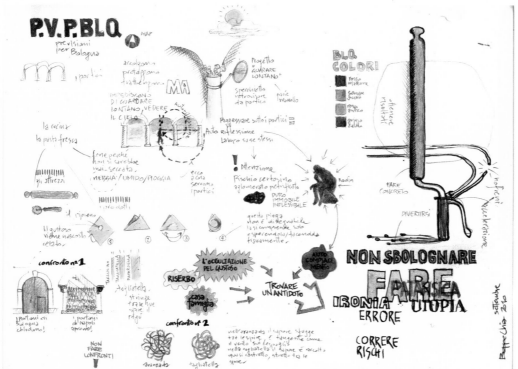

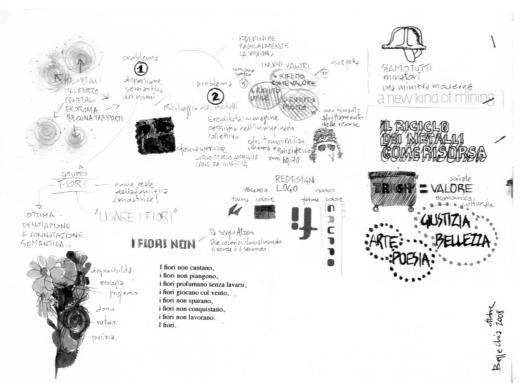

1 Bolognatrice
committente: AIAP, Associazione
Italiana Progettazione Comunicazione
Visiva
2010, matita, acquerello, china,
collage su carta
21 x 39.4 cm
firma in basso a destra: Beppe Chia
Bolognatrice
client: AIAP, Associazione Italiana
Progettazione Comunicazione Visiva
2010, pencil, watercolours, Indian
ink, collage on paper
8 ¼ x 15 ½ "
signature at lower right: Beppe Chia

2 Fiori
committente: Gruppo Fiori / Privato
2008, matita, acquerello, china,
collage su carta
21 x 39.4 cm
firma in basso a destra: Beppe Chia
Fiori
client: Gruppo Fiori / Private
2008, pencil, watercolours, Indian
ink, collage on paper
8 ¼ x 15 ½ "
signature at lower right: Beppe Chia

3 START
committente: Fondazione Marino
Golinelli / Privato
2010, matita, acquerello, china,
collage su carta
21 x 39.4 cm
firma in basso a destra: Beppe Chia
START
client: Fondazione Marino Golinelli
/ Private
2010, pencil, watercolours, Indian
ink, collage on paper
8 ¼ x 15 ½ "
signature at lower right: Beppe Chia

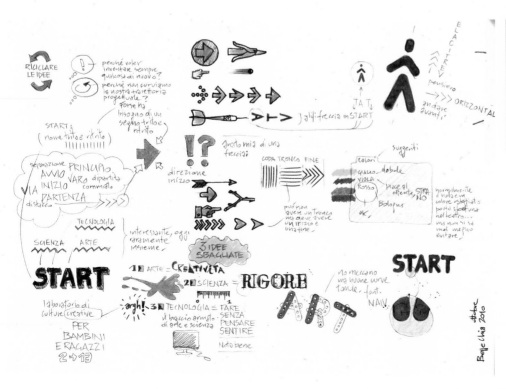

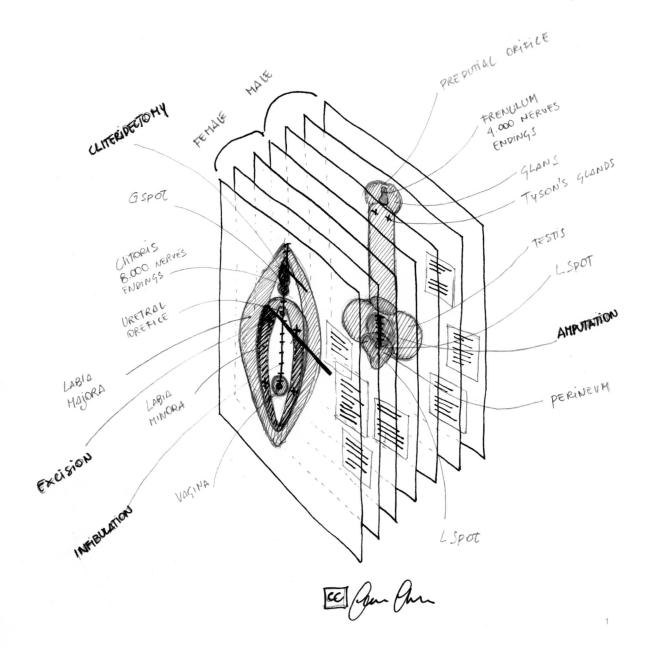

**1 Roses of Flesh,
progetto del sedicesimo
del libro Redwineandgreen**
committente: Redwineandgreen,
Sugo Edition
2004, matita, pennarello rosa
e viola su carta
29.7 x 21 cm
firma in basso al centro:
CC Cristina Chiappini
*Roses of Flesh,
progetto del sedicesimo
del libro Redwineandgreen*
*client: Redwineandgreen, Sugo
Edition*
*2004, pencil, pink and purple felt tip
on paper*
11 ¾ x 8 ¼ "
*signature in centre at base:
CC Cristina Chiappini*

**2 Roses of Flesh,
Female and Male anatomy**
committente: Redwineandgreen,
Sugo Edition
2004, matita, pennarello rosa
e viola su carta
29.7 x 42 cm
firma in basso al centro:
CC Cristina Chiappini
*Roses of Flesh,
Female and Male anatomy*
*client: Redwineandgreen, Sugo
Edition*
*2004, pencil, pink and purple felt tip
on paper*
11 ¾ x 16 ½ "
*signature in centre at base:
CC Cristina Chiappini*

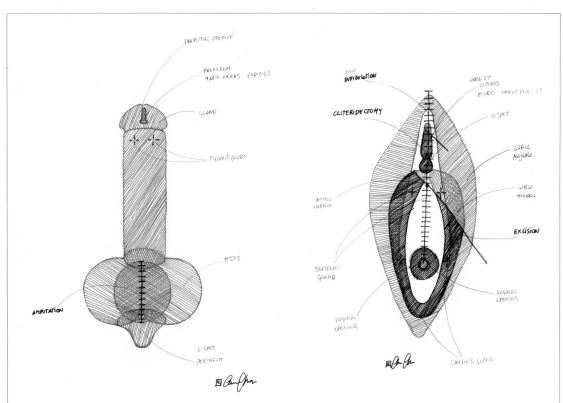

2

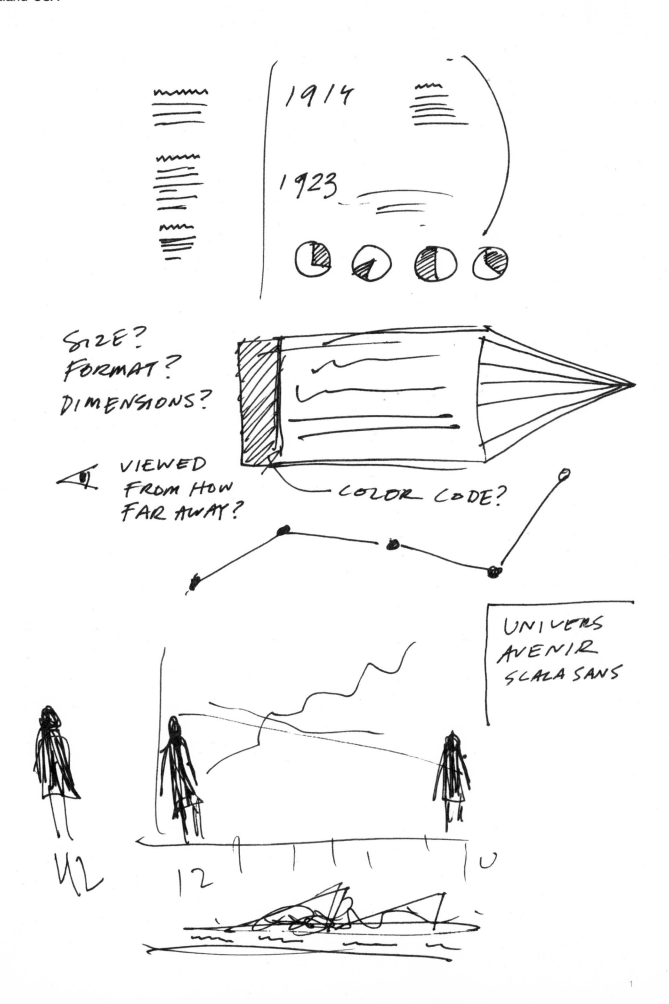

1914

1923

SIZE?
FORMAT?
DIMENSIONS?

VIEWED
FROM HOW
FAR AWAY?

COLOR CODE?

UNIVERS
AVENIR
SCALA SANS

1 Exploration for infographic design
2009, penna nera su carta
21 x 15.5 cm
Exploration for infographic design
2009, black pen on paper
8 ¼ x 5 ⅟₁₆ ″

2 Change Meanings through Labeling
committente: Edizioni Corraini
2008, penna nera su carta
21 x 15.5 cm
Change Meanings through Labeling
client: Corraini Press
2008, black pen on paper
8 ¼ x 5 ⅞ ″

3 Sketches for Spot Illustrations
committente: Winkreative / American Express OPEN
2010, penna nera su carta
21 x 15.5 cm
Sketches for Spot Illustrations
client: Winkreative / American Express OPEN
2010, black pen on paper
8 ¼ x 5 ⅞ ″

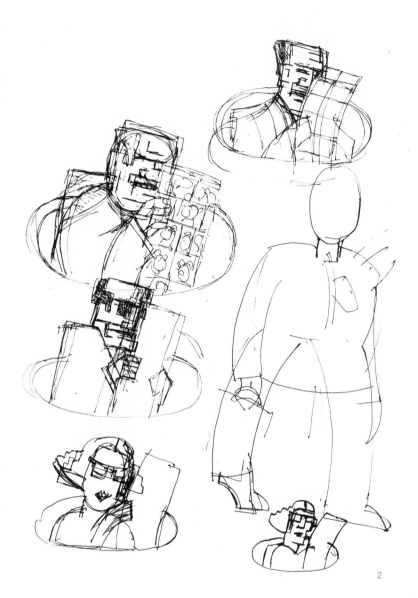

2

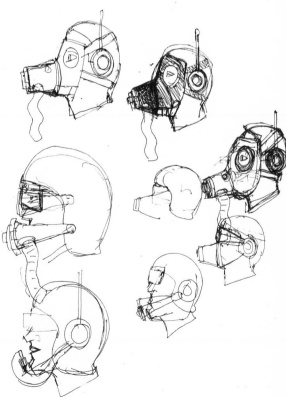

3

1 Rossetti - Logo per musicista
committente: Adriano Rossetti Bonell
2010, inchiostro nero su carta,
collage
29.7 x 21 cm
firma in basso a sinistra: James Clough
Rossetti - Logo for a musician
client: Adriano Rossetti Bonell
2010, black ink on paper, collage
11 ¾ x 8 ¼ "
signature at lower left: James Clough

2 FM - studi di mongramma
committente: Prof. Franco Mariani
2007, inchiostro nero, pennarello
nero e matita su carta
29.7 x 21 cm
firma in basso al centro:
James Clough
FM - studies for a monogram
client: Prof. Franco Mariani
2007, black ink, black felt tip pen
and pencil on paper
11 ¾ x 8 ¼ "
signature in centre at base:
James Clough

3 Shape of my Heart -
Studi per copertina CD
committente: Umberto Nicoletti
2009, inchiostro su carta, collage
21 x 29.7 cm
firma in basso a destra:
James Clough
Shape of my Heart - Studies
for a CD cover
client: Umberto Nicoletti
2009, ink on paper, collage
8 ¼ x 11 ¾ "
signature at lower right:
James Clough

4 Jacopo Stoppa - Evoluzione
di un ex libris
committente: Paola Gallerani
2002, matita su carta, collage
29.7 x 21 cm
firma in basso a destra:
James Clough
Jacopo Stoppa - Evolution
of an ex libris
client: Paola Gallerani
2002, pencil on paper, collage
11 ¾ x 8 ¼ "
signature at lower right:
James Clough

5 Biz factory - Studi per un logo
per un convegno di ragazzi
committente: Junior Achievement
Young Enterprise Italia
2008, pennarello nero e penna a
sfera nera su carta, collage
21 x 29.7 cm
firma in basso a destra:
James Clough
Biz factory - Studies for a logo
for a kids' conference
client: Junior Achievement Young
Enterprise Italia
2008, black felt tip pen and black ball
point pen on paper, collage
8 ¼ x 11 ¾ "
signature at lower right:
James Clough

4

2

3

1 Libera il tuo pensiero
2010, quotidiano d'arte,
grafite su carta
47,4 x 35.3 cm
firma sul retro: Colin
Libera il tuo pensiero
2010, art newspaper,
graphite on paper
18 ¹¹/₁₆ x 13 ⅞ ˝
signature on reverse: Colin

2 Sera 01
2010, grafite e olio su carta
42 x 29.7
firma in basso a destra: Colin
Sera 01
2010, graphite and oil paint on paper
16 ½ x 11 ¾ ˝
signature at lower right: Colin

3 Sera 02
2010, grafite e olio su carta
42 x 29.7
firma in basso a destra: Colin
Sera 02
2010, graphite and oil paint on paper
16 ½ x 11 ¾ ˝
signature at lower right: Colin

CONIDI

London-UK

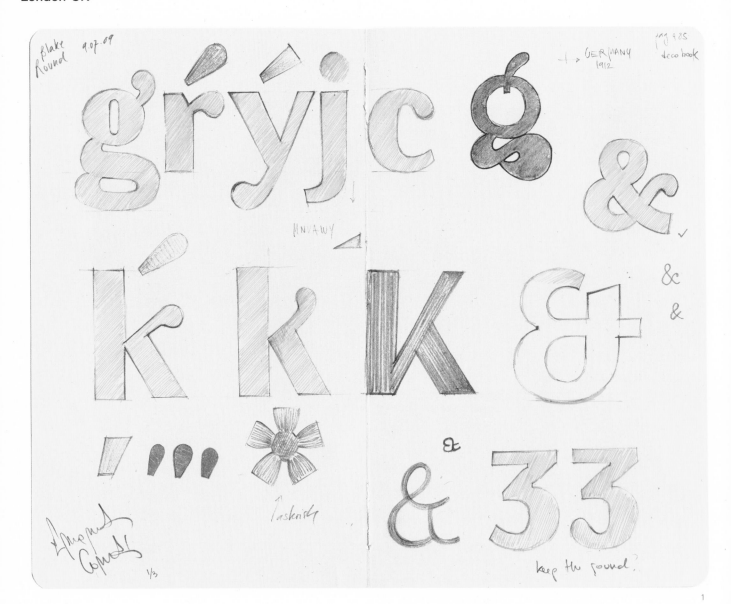

**1 FS Blake Heavy
Sketchbook ideas**
committente: Fontsmith
2009, matita e penne su carta
20.8 x 26 cm
firma in basso a sinistra:
Emanuela Conidi
*FS Blake Heavy
Sketchbook ideas*
client: Fontsmith
2009, pencil and pens on paper
8 ³/₁₆ x 10 ¼ "
signature at lower left:
Emanuela Conidi

**2 FS Blake Heavy Italic
Sketchbook ideas**
committente: Fontsmith
2010, matita e penne su carta
20.8 x 26 cm
firma in basso a destra:
Emanuela Conidi
*FS Blake Heavy Italic
Sketchbook ideas*
client: Fontsmith
2010, pencil and pens on paper
8 ³/₁₆ x 10 ¼ "
signature at lower right:
Emanuela Conidi

**3 FS Blake Light Italic
Sketchbook ideas**
committente: Fontsmith
2010, matita e penne su carta
20.8 x 26 cm
firma in basso a sinistra:
Emanuela Conidi
*FS Blake Light Italic
Sketchbook ideas*
client: Fontsmith
2010, pencil and pens on paper
8 ³/₁₆ x 10 ¼ "
signature at lower left:
Emanuela Conidi

ORPHAN DISEASES SELTENE KRANKHEITEN MALADIES ORPHELINES MALATTIE ORFANE

mouillage

2

3

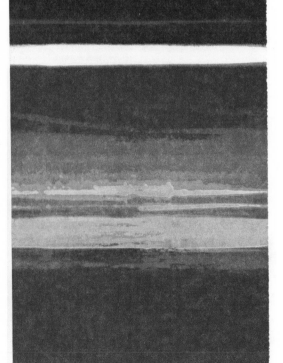

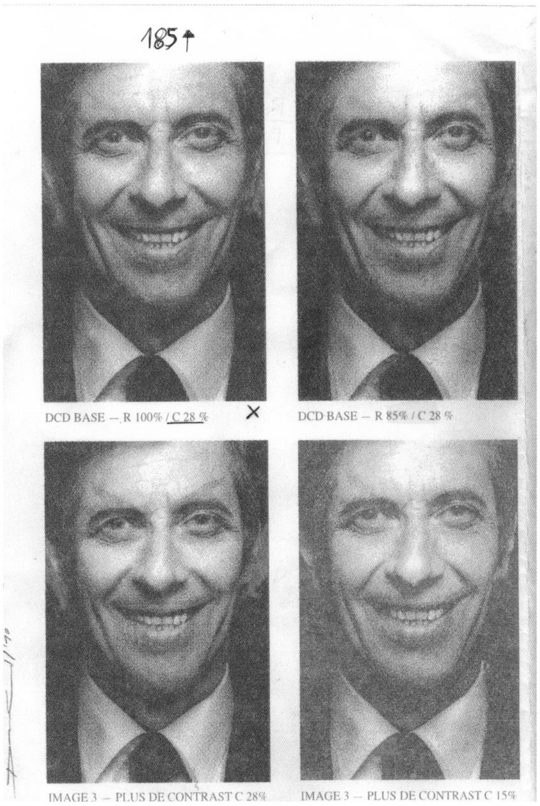

185 ↑

DCD BASE — R 100% / C 28 %   ✗   DCD BASE — R 85% / C 28 %

IMAGE 3 – PLUS DE CONTRAST C 28%   IMAGE 3 – PLUS DE CONTRAST C 15%

4

5

**1 Fondazione BLACKSWAN
prima prova**
committente:
fondazione BLACKSWAN
2010, manipulated offset printing
su carta patinata
25 x 17.5 cm
firma in basso a destra:
Demian Conrad
*BLACKSWAN Foundation
first test*
*client: BLACKSWAN foundation
2010, manipulated offset printing
on coated paper
9 ⅞ x 6 ⅞ ˝
signature at lower right:
Demian Conrad*

**2 Fondazione BLACKSWAN
terza prova**
committente:
fondazione BLACKSWAN
2010 , WROP™ (water random
offset printing) su carta
25 x 17.5 cm
firma in basso a destra:
Demian Conrad
*BLACKSWAN Foundation
third test*
*client: BLACKSWAN foundation
2010, WROP™ (water random
offset printing) on paper
9 ⅞ x 6 ⅞ ˝
signature at lower right:
Demian Conrad*

**3 Fondazione BLACKSWAN
quarta prova 01**
committente:
fondazione BLACKSWAN
2010, WROP™ (water random
offset printing) su carta
25 x 17.5 cm
firma in basso a destra:
Demian Conrad
*BLACKSWAN Foundation
fourth test 01*
*client: BLACKSWAN foundation
2010, WROP™ (water random
offset printing) on uncoated paper
9 ⅞ x 6 ⅞ ˝
signature at lower right:
Demian Conrad*

**4 Fondazione BLACKSWAN
quarta prova 02**
2010, WROP™ (water random
offset printing) su carta
25 x 17.5 cm
firma in basso a destra:
Demian Conrad
*BLACKSWAN Foundation
fourth test 02*
*client: BLACKSWAN foundation
2010, WROP™ (water random
offset printing) on paper
9 ⅞ x 6 ⅞ ˝
signature at lower right:
Demian Conrad*

5 LUFF prova colori
committente: Lausanne Underground
Film & Music Festival
2010, serigrafia su carta
29 x 20.5 cm
firma in basso a destra:
Demian Conrad
LUFF colors test
*client: Lausanne Underground Film
& Music Festival
2010, silkscreen on paper
11 ¾ x 8 ˝
signature at lower right:
Demian Conrad*

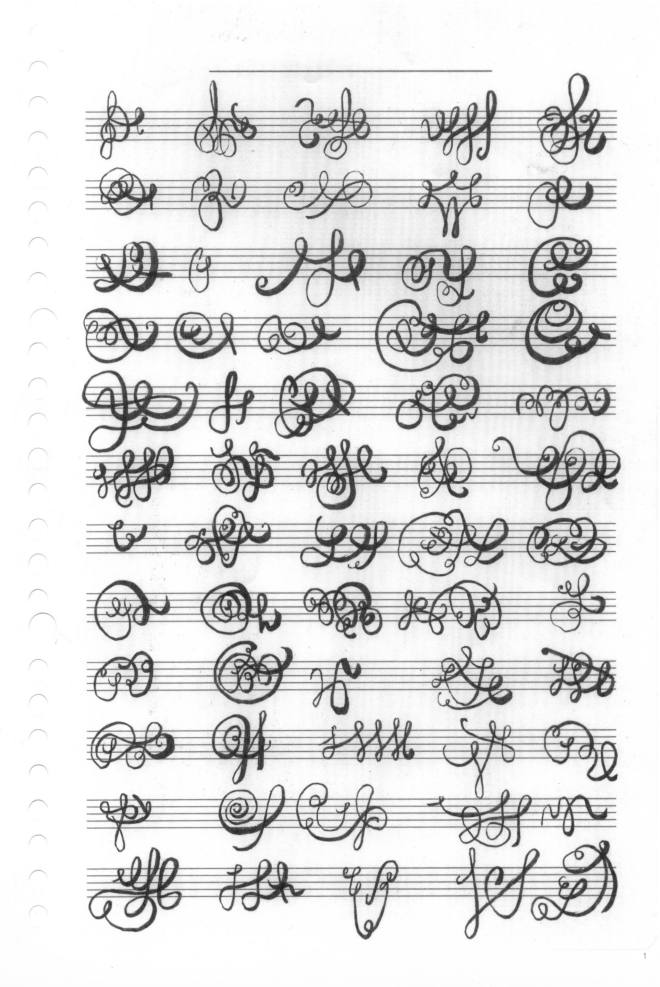

1 Chiavi a mano
2010, inchiostro su carta
25.5 x 18 cm
firma in basso a destra: Pietro Corraini
Chiavi a mano
2010, ink on paper
9 ⅞ x 7 "
signature at lower right: Pietro Corraini

**2 Copertina del libro Art
in process. A work of Persol**
2010, inchiostro e pantone su carta
21 x 25.2 cm
firma in basso a destra: Pietro Corraini
*Cover of the book Art in process.
A work of Persol*
2010, ink and spot colour on paper
8 ¼ x 9 ⅞ "

**3 Supporti della comunicazione
per Mieli Thun**
2010, inchiostro e pantone su carta
29.5 x 21 cm
firma in basso a destra: Pietro Corraini
Media supports for Mieli Thun
2010, ink and spot colour on paper
11 ¾ x 8 ¼ "
signature at lower right: Pietro Corraini

**4 Honey park _
allestimenti per fiera**
2010, disegno a tavoletta grafica
stampato su carta
44.6 x 40 cm
firma in basso a destra: Pietro Corraini
*Honey park _ mountings for
trade fair*
*2010, graphics tablet drawing printed
on paper*
17 ½ x 15 ¾ "
signature at lower right: Pietro Corraini

2

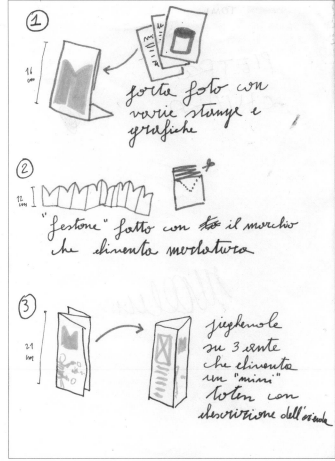

3

4

1 Mandrillo
committente: Massa 29
2007, matita su carta
24.5 x 18.5 cm
firma in basso a destra:
Alessandro Costariol
Mandrillo
client: Massa 29
2007, pencil on paper
9 ⅝ x 7 ¼"
signature at lower right:
Alessandro Costariol

2 Scimmia Dorata
committente: Massa 29
2007, matita su carta
24.5 x 18.5 cm
firma in basso a destra:
Alessandro Costariol
Scimmia Dorata
client: Massa 29
2007, pencil on paper
9 ⅝ x 7 ¼"
signature at lower right:
Alessandro Costariol

3 Casuario
committente: Massa 29
2007, matita su carta
24.5 x 18.5 cm
firma in basso a destra:
Alessandro Costariol
Casuario
client: Massa 29
2007, pencil on paper
9 ⅝ x 7 ¼"
signature at lower right:
Alessandro Costariol

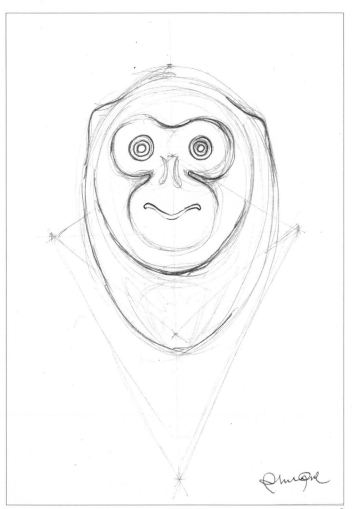

4

2

3

DE MACCHI

Torino-IT

6

7

1 Testata rivista "Grafica"
committente: Edizioni 10/17
1995, inchiostro, pennarello su carta
19 x 49 cm
firma in basso a destra:
Piero De Macchi
"Grafica" magazine headline
client: Edizioni 10/17
1995, ink, felt tip on paper
7 ¼ x 19 ¼"
signature at lower right:
Piero De Macchi

2-5 Cryptophone
committente: Telsy
2002, acquerello, inchiostri su carta
30 x 42 cm
firma in basso a destra:
Piero De Macchi
Cryptophone
client: Telsy
2002, watercolours, inks on paper
11 ⁹⁄₁₆ x 16 ¼"
signature at lower right:
Piero De Macchi

6 Capolettera
committente: IN.ADV Torino
2006, tempera su cartoncino nero
27.5 x 21.5 cm
firma in basso a destra:
Piero De Macchi
Capolettera
client: IN.ADV Torino
2006, tempera on black cardboard
10 ⁵⁄₁₆ x 8 ½"
signature at lower right:
Piero De Macchi

7 Minorca 1558
committente: città di Minorca
2004, inchiostri su cartoncino
65 x 50 cm
firma in basso a destra:
Piero De Macchi
Minorca 1558
client: City of Minorca
2004, inks on card
25 ⅝ x 19 ¹¹⁄₁₆"
signature at lower right:
Piero De Macchi

DISSOCIATE

Milano-IT

ABITO
MANICOTTO
MANI

2

3

1 abito-manicotto
committente: Sartoria Vico
2009 - 2010, stampa digitale,
collage, pennarello nero su carta
29.7 x 21 cm
firma in basso a destra: dissociate
abito-manicotto
client: Sartoria Vico
2009 - 2010, digital print, collage,
black felt-tip on paper
11 ¾ x 8 ¹/₁₄ "
signature at lower right: dissociate

2 panta
committente: Sartoria Vico
2009 - 2010, stampa digitale,
collage, pennarello nero su carta
29.7 x 21 cm
firma in basso a destra: dissociate
panta
client: Sartoria Vico
2009 - 2010, digital print, collage,
black felt-tip on paper
11 ¾ x 8 ¹/₁₄ "
signature at lower right: dissociate

3 lupo
committente: Sartoria Vico
2009 - 2010, stampa digitale,
collage, pennarello nero su carta
29.7 x 21 cm
firma in basso a destra: dissociate
lupo
client: Sartoria Vico
2009 - 2010, digital print, collage,
black felt-tip on paper
11 ¾ x 8 ¹/₁₄ "
signature at lower right: dissociate

DONDINA

Milano-IT

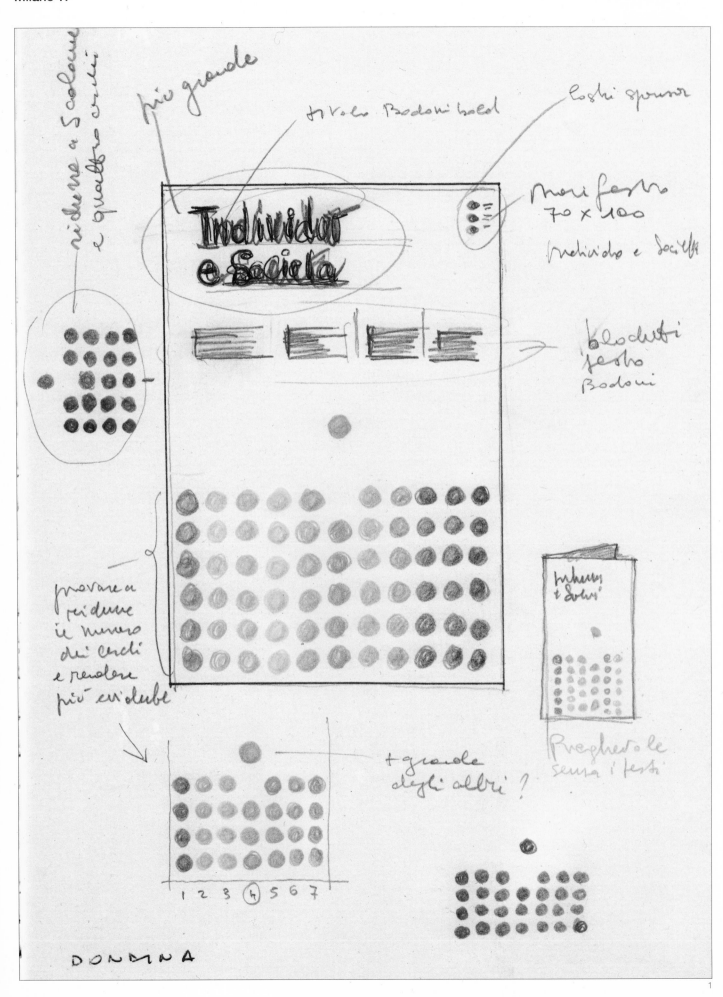

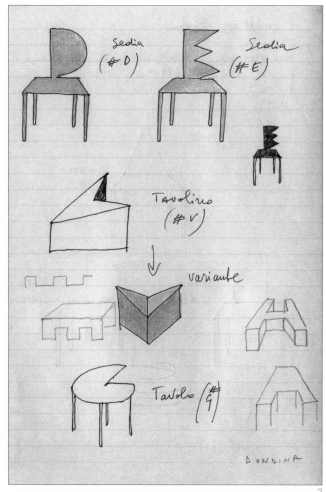

2

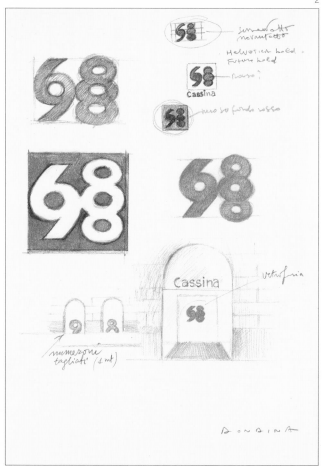

3

1 Individuo e società
committente: Università San Raffele,
Teatro Franco Parenti
2010, matita, pastelli e penna
su carta
25 x 18.5 cm
firma in basso a sinistra: DONDINA
Individuo e società
client: Università San Raffele,
Teatro Franco Parenti
2010, pencil, crayon and pen
on paper
9 ⅞ x 7 ¼ "
signature at lower left: DONDINA

2 Caratteri mobili
committente: Un Sedicesimo,
Corraini editore
2008, matita, pastelli e penna
su carta
21 x 15 cm
firma in basso a destra: DONDINA
Caratteri mobili
client: Un Sedicesimo, Corraini
editore
2008, pencil, crayon and pen
on paper
8 ¼ x 5 ⅞ "
signature at lower right: DONDINA

3 Marchio 30 anni di Cassina
committente: Cassina
1998, matita, pastelli e penna
su carta
27.8 x 20.5 cm
firma in basso a destra: DONDINA
Logo for 30 years of Cassina
client: Cassina
1998, pencil, crayon and pen
on paper
10 ⁵⁄₁₆ x 8 "
signature at lower right: DONDINA

DUE MANI NON BASTANO

Milano-IT

3

4

1 Prove di gatti 1/10
committente: Giangiacomo Feltrinelli Editore
2009, matita su carta schizzi Moleskine
25 x 18 cm
firma in basso a destra: Ilaria Faccioli/ Due mani non bastano
Tests for cats 1/10
client: Giangiacomo Feltrinelli Editore
2009, pencil on Moleskine sketch paper
9 ⅞ x 7 ˝
signature at lower right: Ilaria Faccioli/ Due mani non bastano

2 Prove di gatti 2/10
committente: Giangiacomo Feltrinelli Editore
2009, matita su carta schizzi Moleskine
25 x 18 cm
firma in basso a destra: Ilaria Faccioli/ Due mani non bastano
Tests for cats 2/10
client: Giangiacomo Feltrinelli Editore
2009, pencil on Moleskine sketch paper
9 ⅞ x 7 ˝
signature at lower right: Ilaria Faccioli/ Due mani non bastano

3 I bambini del CAF
committente: CAF
2009, matita su carta
18 x 25 cm
firma in basso a destra: Davide Longaretti/Due mani non bastano
CAF children
client: CAF
2009, pencil on paper
7 x 9 ⅞ ˝
signature at lower right: Davide Longaretti/Due mani non bastano

4 Idee per Slowkids
committente: Slow Food
2010, matita su carta
20 x 30 cm
firma in basso a destra: Nicolò Bottarelli/Due mani non bastano
Ideas for Slowkids
client: Slow Food
2010, pencil on paper
7 ⅞ x 11 ⁹⁄₁₆ ˝
signature at lower right: Nicolò Bottarelli/Due mani non bastano

FANELLI

London-UK

SeRa Fanelli

2

3

1 Uccello
2010, inchiostro su carta
24.5 x 18.2 cm
firma in basso a sinistra: Sara Fanelli
Bird
2010, ink on paper
9 ⁵⁄₈ x 7 ⁹⁄₁₆ "
signature at lower left: Sara Fanelli

2 Grillo
2010, inchiostro su carta
13.5 x 21.2 cm
firma in basso a destra: Sara Fanelli
Cricket
2010, ink on paper
5 ⁵⁄₁₆ x 8 ¼ "
signature at lower right: Sara Fanelli

3 Cane
2010, inchiostro su carta
9 x 22 cm
firma in basso a sinistra: Sara Fanelli
Dog
2010, ink on paper
3 ½ x 8 ¹¹⁄₁₆ "
signature at lower left: Sara Fanelli

FELLA

Los Angeles-USA

**1 Annuncio per la conferenza
di Ed Fella a Venezia**
2002, matita, penna a sfera e collage
su carta
21 x 29.7 cm
firma in basso a destra: Ed Fella
Ed Fella lecture in Venice
announcement
2002, pencil, ballpoint and collage
on paper
8 ½ x 11 ¾ "
signature at lower right: Ed Fella

2 Logo della rivista Sugo
committente: Studio Camuffo
2005, penna a sfera e inchistro
su carta
21 x 29.7 cm
firma in basso: Ed Fella
Sugo Magazine Logotype
client: Studio Camuffo
2005, ballpoint pen and ink
on paper
8 ½ x 11 ¾ "
signature at base: Ed Fella

3 Mozart a Venezia
committente: Studio Camuffo
2006, matite colorate su carta e
collage
21 x 29.7 cm
firma in basso: Ed Fella
Mozart in Venice
client: Studio Camuffo
2006, coloured pencils on paper
and collage
8 ½ x 11 ¾ "
signature at base: Ed Fella

3

FERRO

Los Angeles-USA

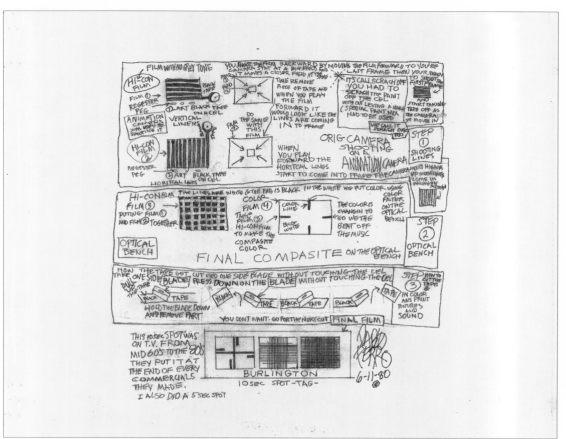

1 Rolling Stones
committente: Rain Drops Films, Inc.
1981, pennarellino nero su carta
firma in basso a destra: Pablo Ferro
Rolling Stones
client: Rain Drops Films, Inc.
1981, black felt tip on paper
signature at lower right: Pablo Ferro

2 Comedy Tonight
& the Alphabete Show
committente: Depablo Productions /
Out Of The Box
2010, pennarellino nero su carta
firma in basso a destra: Pablo Ferro
Comedy Tonight
& the Alphabete Show
client: Depablo Productions /
Out Of The Box
2010, black felt tip on paper
signature at lower right: Pablo Ferro

3 Burlington Mills
committente: Burlington Mills
1965, pennarellino nero su carta
firma in basso a destra: Pablo Ferro
Burlington Mills
client: Burlington Mills
1965, black felt tip on paper
signature at lower right: Pablo Ferro

4 Art by Pablo Ferro
n.d.
pennarellino nero e rosso su carta
firma in basso a destra: Pablo Ferro
Art by Pablo Ferro
n/a
black and red felt tip on paper
signature at lower right: Pablo Ferro

FRAGILE DESIGN

Milano-IT

STUDIO PER COPERTINA

MT 09

1

1 Studio per copertina
committente: Artemide Architectural
2009, penna nera su carta
29.7 x 21 cm
firma in basso a destra: MT
Study for a cover
client: Artemide Architectural
2009, black pen on paper
11 ¾ x 8 ¼ ˝
signature at lower right: MT

2 Studio per poster
committente: Olivetti
2007, penna nera e pastelli su carta
29.7 x 21 cm
firma in basso a destra: MT
Study for a poster
client: Olivetti
2007, black pen and crayons
on paper
11 ¾ x 8 ¼ ˝
signature at lower right: MT

3 Quali mondi?
committente: X Biennale
di Architettura di Venezia
2006, penna nera su carta
29.7 x 42 cm
firma in basso a destra: MT
Which worlds?
client: X Biennale
di Architettura di Venezia
2006, black pen on paper
11 ¾ x 16 ½ ˝
signature at lower right: MT

2

3

GILL

New York-USA

1 Senza titolo
committente: New Yorker Magazine
2009, pennarello nero su carta
21 x 29.7 cm
firma in basso destra: Gill
Untitled
client: New Yorker Magazine
2009, black felt tip on paper
8 ¼ x 11 ¾ "
signature at lower right: Gill

1

GLASER

New York-USA

Bocce

1

Kissing Couple

2

1 Bocce
2010, matite colorate su carta
24 x 30.5 cm
firma in basso: Milton Glaser
Bocce
2010, coloured pencils on paper
9 ¼ x 12 ˝
signature at base: Milton Glaser

2 Kissing Couple
2010, matite colorate su carta
24 x 30.5 cm
firma in basso: Milton Glaser
Kissing Couple
2010, coloured pencils on paper
9 ¼ x 12 ˝
signature at base: Milton Glaser

3 Dancer
2010, matite colorate su carta
24 x 30.5 cm
firma in basso: Milton Glaser
Dancer
2010, coloured pencils on paper
9 ¼ x 12 ˝
signature at base: Milton Glaser

Dancer

GODARD

New York-USA

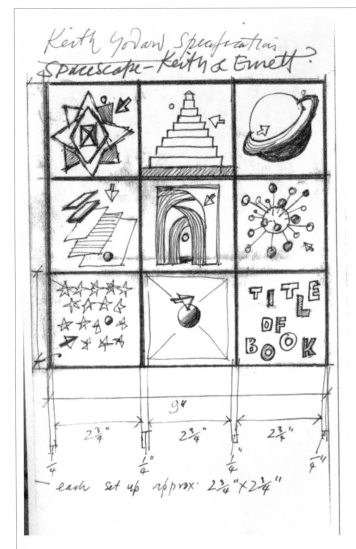

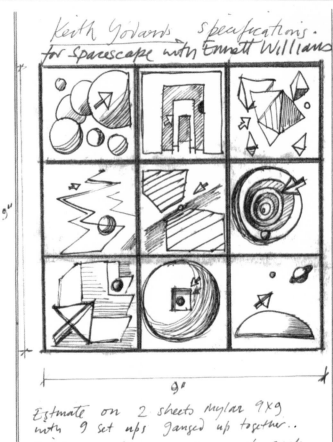

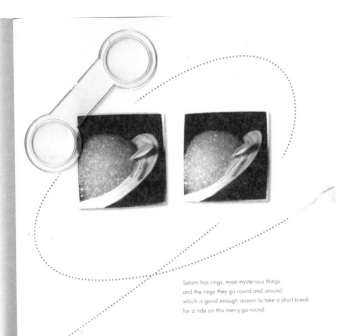

The spheres of the heavens, both known and undreamed of,
spin round on their axes in orbital grace
with new moons and old ones and piles of debris,
relics of Star Wars adventures in space.

Saturn has rings, most mysterious things,
and the rings they go round and around,
which is good enough reason to take a short break
for a ride on this merry-go-round.

1 Spacescape
committente: works editions,
publisher
2008, inchiostro, matita e stampa
litho offset
41 x 43 cm
firma in basso a destra: Keith Godard
Spacescape
client: works editions, publisher
2008, ink, pencil and litho offset print
16 1/8 x 17 5/16 "
signature at lower right: Keith Godard

GOLDBERG

New York-USA

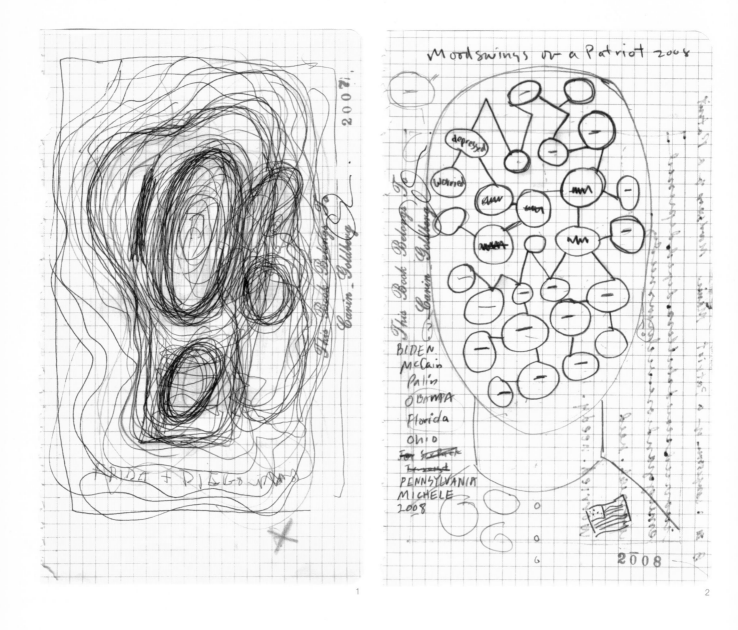

1   2

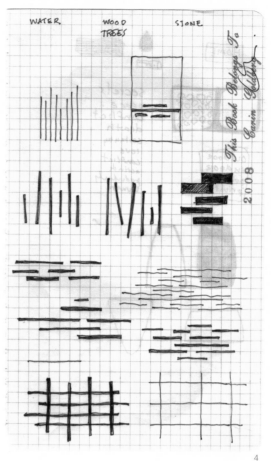

3

4

1 Frida + Diego
schizzo per il poster per il centenario
di Frida+Diego
2007, penna nera su una pagina
di taccuino Moleskine
21 x 12.4 cm
timbro al centro a destra: this book
belongs to Carin Goldberg 2007
Frida + Diego
poster sketch for Frida+Diego: 100
Years
2007, black pen on Moleskine
notebook page
8 ¼ x 4 ⅞"
stamp at centre right: this book
belongs to Carin Goldberg 2007

2 Mood Swings of a Patriot
committente: The Atlantic magazine
2008, penna rossa e grafite su una
pagina di taccuino Moleskine
21 x 12.4 cm
timbro al centro a sinistra: this book
belongs to Carin Goldberg
Mood Swings of a Patriot
client: The Atlantic magazine
2008, red pen and graphite
on Moleskine notebook page
8 ¼ x 4 ⅞"
stamp at centre left: this book
belongs to Carin Goldberg

3 Subway/SVA
committente: School of Visual Arts
2010, penna nera su una pagina
di taccuino Moleskine
21 x 12.4 cm
timbro al centro a sinistra: Carin
Goldberg
Subway/SVA
client: School of Visual Arts
2010, black pen on Moleskine
notebook page
8 ¼ x 4 ⅞"
stamp at centre left: Carin Goldberg

4 Water Wood Trees Stone
schizzo per un libro di architettura
2008, penna nera su una pagina
di taccuino Moleskine
21 x 12.4 cm
timbro al centro a destra: 2008 this
book belongs to Carin Goldberg
Water Wood Trees Stone
sketch for an architecture book
2008, black pen on Moleskine
notebook page
8 ¼ x 4 ⅞"
stamp at centre right: 2008 this book
belongs to Carin Goldberg

GUARNACCIA

New York-USA

1 Falling Men
2007, penna nera e rosso su carta
28.5 x 20 cm
Falling Men
2007, red and black pen on paper
11 ¼ x 7 ⅞"

2 Magritte 16
2007, penna su carta
28.5 x 20 cm
Magritte 16
2007, pen on paper
11 ¼ x 7 ⅞"

3 Facial Features
2007, penna nera su carta
28.5 x 20 cm
Facial Features
2007, black pen on paper
11 ¼ x 7 ⅞"

GUERRIERO

Milano-IT

"CARTA DA PARATA"

ABITI DI CARTA

NABA
2009
AG

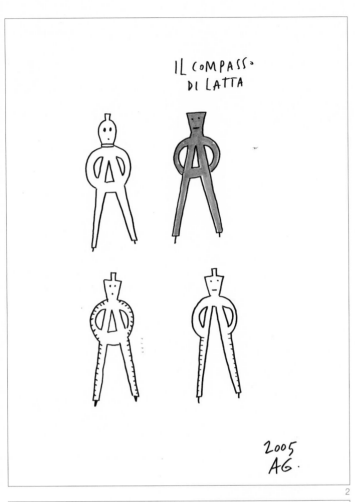

IL COMPASSO DI LATTA

2005
AG.

2

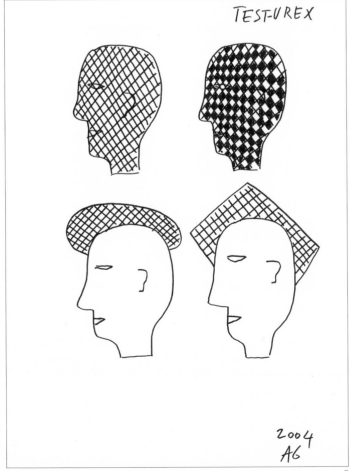

TEST-UREX

2004
AG

3

1 Abiti da parata
committente: Naba
2009, pennarelli colorati su carta
29.7 x 21 cm
firma in basso a destra: AG
Abiti da parata
client: Naba
2009, coloured felt tips on paper
11 ¾ x 8 ¼ "
signature at lower right: AG

2 Compasso di Latta
2005, pennarello nero e grigio
su carta
29.7 x 21 cm
firma in basso a destra: AG
Compasso di Latta
2005, black and grey felt tips
on paper
11 ¾ x 8 ¼ "
signature at lower right: AG

3 Text-ures
2004, pennarello nero su carta
29.7 x 21 cm
firma in basso a destra: AG
Text-ures
2004, black felt tip on paper
11 ¾ x 8 ¼ "
signature at lower right: AG

GUIXÈ

Barcelona-ES

1 Faccia di TONTO,
schizzo per un libro per iPad
committente: Corraini Edizioni
2010, disegno digitale eseguito a
mano stampato su carta
42 x 29.7 cm
firma in alto a destra: Guixé
Faccia di TONTO,
iPad book sketch
client: Corraini Edizioni
2010, digital hand-drawing printed
on paper
16 ½ x 11 ¾ "
signature at upper right: Guixé

H-ART

Treviso-IT

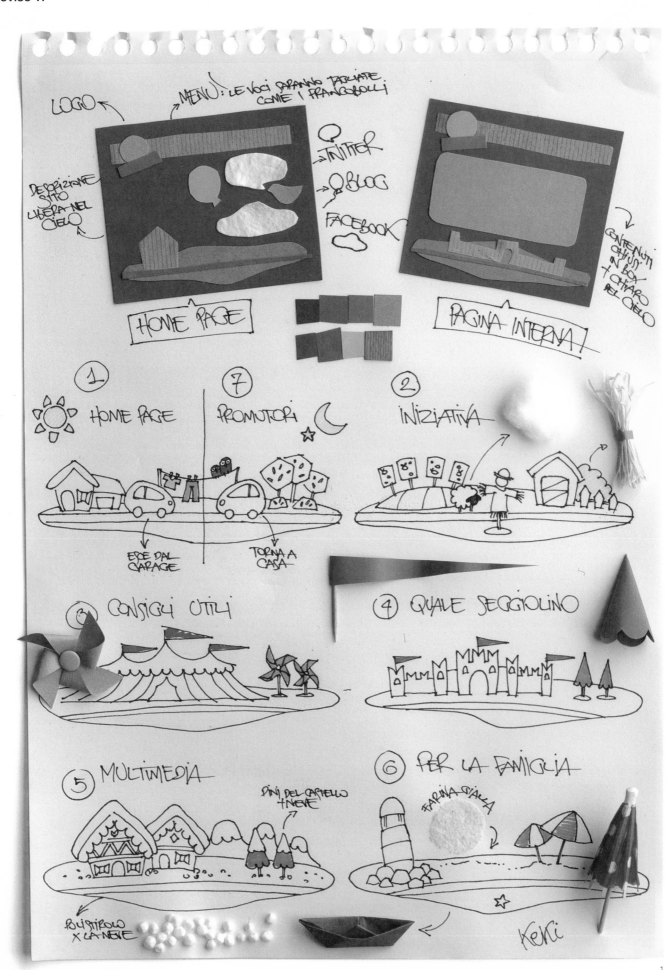

1 www.bimbisicuramente.it
committente: Quintegia
2010, collage e pennarelli colorati
su carta
42 x 29.7 cm
firma in basso a destra: Keki
(Francesca Frossandi)
www.bimbisicuramente.it
client: Quintegia
2010, papercut, collage
and coloured felt tip on paper
16 ½ x 11 ¹¹⁄₁₆˝
signature at lower right: Keki
(Francesca Frossandi)

**2 Applicazione Facebook
"Bikini Ville"**
committente: Wilkinson Sword
2010, matita su carta
16.2 x 22.5 cm
firma in basso a destra: Keki
(Francesca Frossandi)
"Bikini Ville"
Facebook Application
client: Wilkinson Sword
2010, pencil on paper
6 ⅜ x 8 ⅞˝
signature at lower right: Keki
(Francesca Frossandi)

3 www.writethefuture.it
committente: Nike Italy s.r.l.
2010, matita e penna nera su carta
18.5 x 30.5 cm
firma in basso a destra:
Anderson Schimuneck
www.writethefuture.it
client: Nike Italy s.r.l.
2010, pencil and black pen on paper
7 ¼ x 12˝
signature at lower right:
Anderson Schimuneck

2

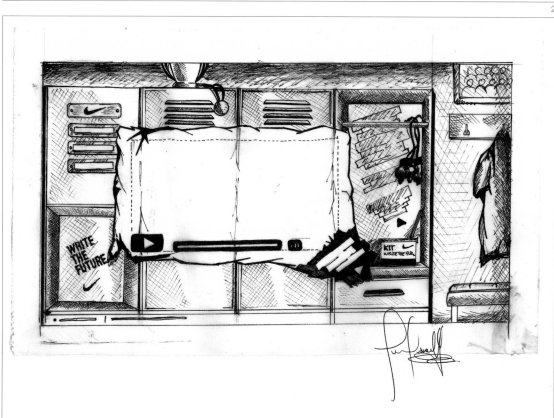

3

HELMO

Montreuil-Sous-Bois-FR

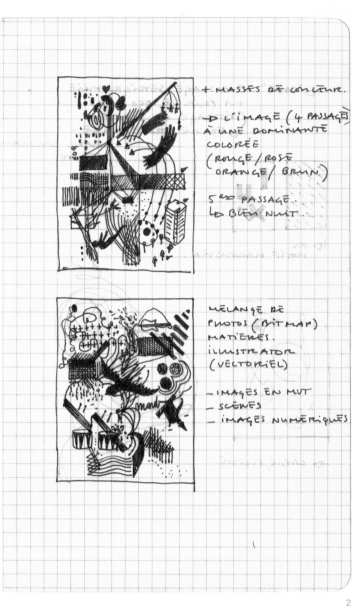

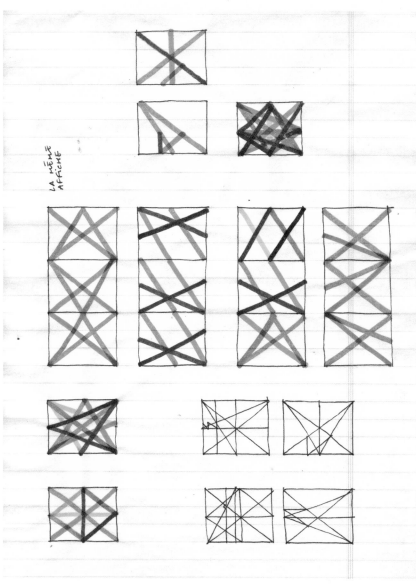

LA MÊME AFFICHE

3

1 Paysage Sonore
committente: Sonorama Festival
2009, pennarello nero su carta
14 x 8 cm
firma sul retro: Helmo
Paysage Sonore
client: Sonorama Festival
2009, black felt tip on paper
5 ½ x 3 ⅛ "
signature on reverse: Helmo

2 Cartographie
commitente: Lux, scène national
de Valence
2007, penna su carta
21 x 13 cm
firma sul retro: Helmo
Cartographie
client: Lux, scène national de Valence
2007, pen on paper
8 ¼ x 5 ⅛ "
signature on reverse: Helmo

3 Lines
committente: Chaumont Festival
2010, pennarelli colorati su carta
29.7 x 21 cm
firma sul retro: Helmo
Lines
client: Chaumont Festival
2010, coloured felt tips on paper
11 ¾ x 8 ¼ "
signature on reverse: Helmo

HOUSE INDUSTRIES

Yorklyn-USA

1

2

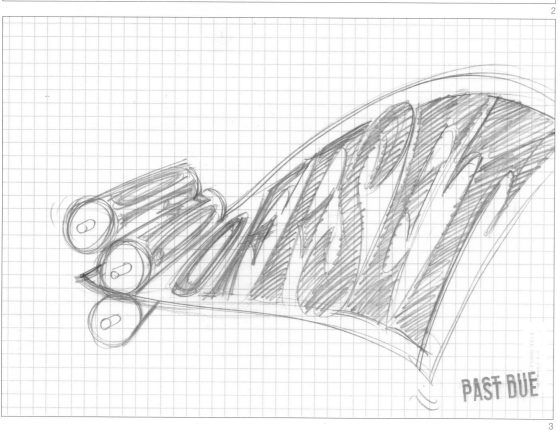

PAST DUE

3

ILIPRANDI

Milano-IT

2

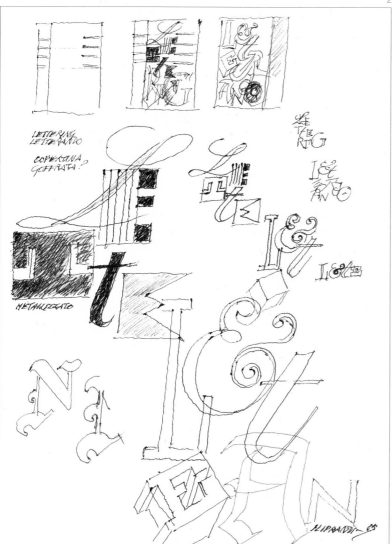

3

**1 Mai più. Progetto per un poster
di contenuto sociale**
committente: Aiap per il giorno
della memoria
2005, penna a sfera su carta
29.7 x 21 cm
firma in basso a destra: Iliprandi
**Never again. Design for a poster
making a social comment**
*client: Aiap for the Memory Day
2005, ballpoint pen on paper
11 ¾ x 8 ¼ "
signature at lower right: Iliprandi*

**2 Schizzi preparatori
per un Exlibris**
committente: Lanfranco Colombo
2002, penna a sfera su carta
24 x 33 cm
firma in basso a destra: Iliprandi
***Preparatory sketches
for an Exlibris***
*client: Lanfranco Colombo
2002, ballpoint pen on paper
9 ⁷/₁₆ x 13 "
signature at lower right: Iliprandi*

**3 Copertina per il volume
Lettering**
committente: Edizioni Corraini
2005, penna a sfera su carta
33 x 24 cm
firma in basso a destra: Iliprandi 2005
Cover of the book Lettering
*client: Edizioni Corraini
2005, ballpoint pen on paper
13 x 9 ⁷/₁₆"
signature at lower right: Iliprandi 2005*

IMBODEN

Buochs-CH

1 Kunst
committente: Chäslager Stans
1997, tecnica mista e stampa
digitale su carta e su acetato
21 x 29.7 cm
firma a sinistra: Melchior Imboden
Kunst
client: Chäslager Stans
1997, mixed media, digital prints
on paper and on transparent folios
8 ¼ x 11 ¾ ″
signature at left: Melchior Imboden

1 Kunst
committente: Chäslager Stans
1997, tecnica mista e stampa
digitale su carta e su acetato
21 x 29.7 cm
firma a sinistra: Melchior Imboden
Kunst
client: Chäslager Stans
1997, mixed media, digital prints
on paper and on transparent folios
8 ¼ x 11 ¾ ″
signature at left: Melchior Imboden

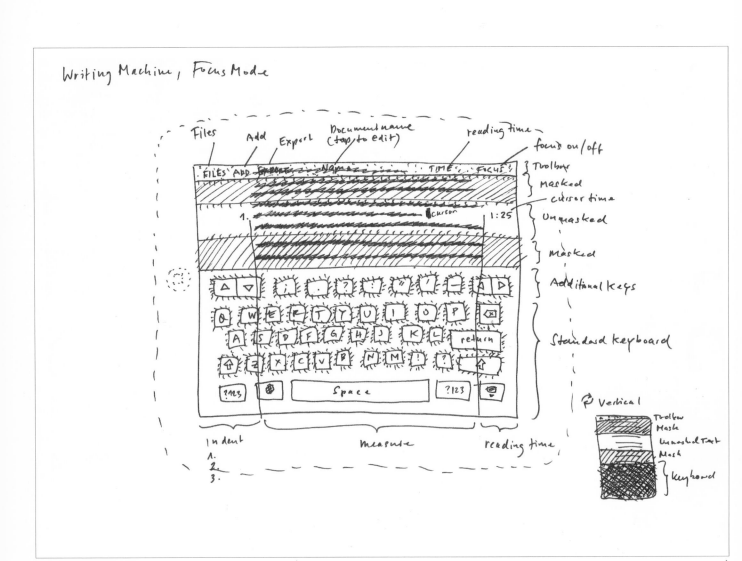

Writing Machine, Focus Mode

1 Writing Machine (iA Writer)
first sketch
2009, pennarello nero su carta
21 x 29.7 cm
firma sul retro: Oliver Reichenstein
Writing Machine (iA Writer)
first sketch
2009, black felt tip on paper
8 ¼ x 11 ¾ ˝
signature on reverse:
Oliver Reichenstein

2 Idea for a facebook application
2006, pennarello nero su carta
21 x 29.7 cm
firma sul retro: Oliver Reichenstein
Idea for a facebook application
2006, black felt tip on paper
8 ¼ x 11 ¾ ˝
signature on reverse:
Oliver Reichenstein

Idea for a facebook desktop application (Web possible, too)

JEKYLL & HYDE

Milano-IT

1 Cuore
committente: Hukapan /
Elio e le Storie Tese
2006, penna nera su carta
21 x 29.7 cm
firma sul retro: jekyll & hyde
Heart
client: Hukapan / Elio e le Storie Tese
2006, black pen on paper
8 ¼ x 11 ¾ ˝
signature on reverse: jekyll & hyde

2 Bozzetti marchio htc
committente: HTC
2006, stampa digitale
21 x 29.7 cm
firma sul retro: jekyll & hyde
Bozzetti marchio htc
client: HTC
2006, digital print
8 ¼ x 11 ¾ ˝
signature on reverse: jekyll & hyde

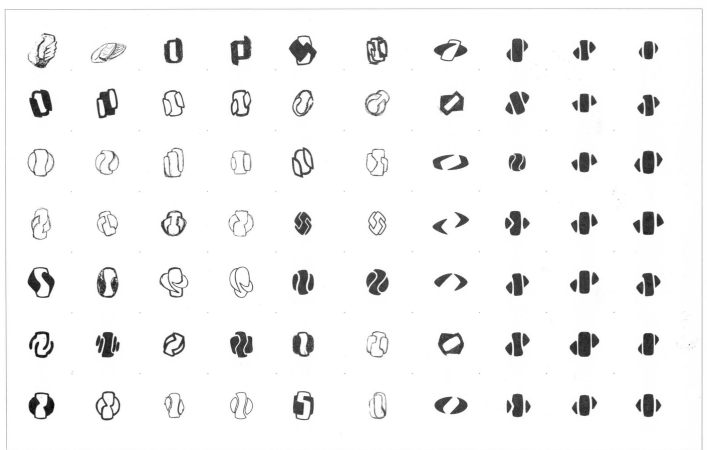

2

JELLYMON

Shanghai-RC

1 Magic Freak 葫芦
2010, penna nera su carta
20.9 x 12.4 cm
firma in basso a destra: Jellymon
Magic Freak 葫芦
2010, black pen on paper
8 ¼ x 4 ⅞"
signature at lower right: Jellymon

2 My 东方明珠
2010, penna nera su carta
20.3 x 12.6 cm
firma in basso a destra: Jellymon
My 东方明珠
2010, black pen on paper
8 x 5"
signature at lower right: Jellymon

JORDAN

Paris-FR

1

2

3

1 Chaumont
committente: International Poster
festival Chaumont 2000
2000, guazzo su cartone
31 x 27 cm
firma in basso a destra: Alex Jordan
Chaumont
*client: International Poster festival
Chaumont 2000*
2000, gouache on carton
12 ¼ x 10 ⅝"
signature at lower right: Alex Jordan

**2 Liberty, brotherhood, equality
when? for whom? 14 july 2007**
committente: Città di Aubervilliers,
Francia
2007, china su carta
21 x 16 cm
firma in basso a destra: Alex Jordan
***Liberty, brotherhood, equality
when? for whom? 14 july 2007***
client: City of Aubervilliers, France
2007, Indian ink on paper
11 ³/₁₆ x 10 ⅝"
signature at lower right: Alex Jordan

3 Migrations
committente: Città di St. Denis,
France
2010, china su carta
24 x 16.5 cm
firma in basso a destra: Alex Jordan
Migrations
client: City of St. Denis, France
2010, Indian ink on paper
9 ½ x 6 ½"
signature at lower right: Alex Jordan

KESSELKRAMER

Amsterdam-NL

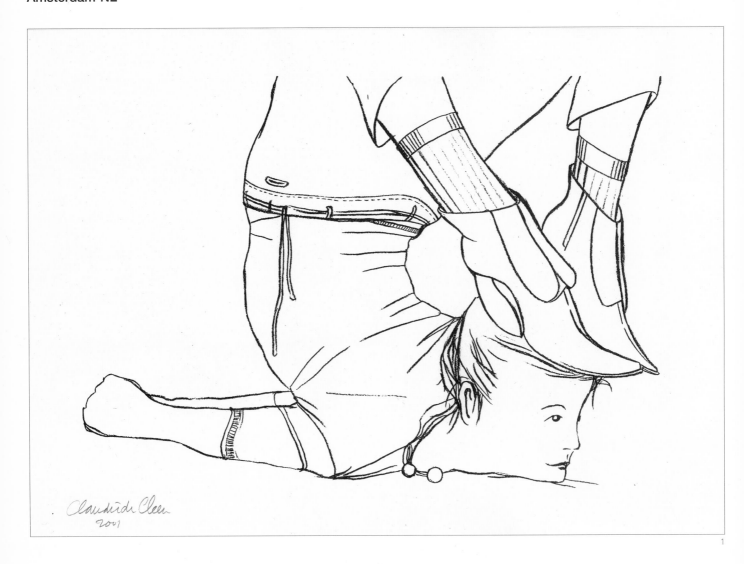

**1 Campagna "Save Yourself"
(practice yoga)**
committente: Diesel
2001, matita su carta
42 x 29.7 cm
firma in basso a sinistra:
Claudie de Cleen
*"Save Yourself" campaign
(practice yoga)*
client: Diesel
2001, pencil on paper
16 ½ x 11 ¾ "
signature at lower left:
Claudie de Cleen

**2 Campagna "Save Yourself"
(drink urine)**
committente: Diesel
2001, matita su carta
42 x 29.7 cm
firma in basso a sinistra:
Claudie de Cleen
*"Save Yourself" campaign
(drink urine)*
client: Diesel
2001, pencil on paper
16 ½ x 11 ¾ "
signature at lower left:
Claudie de Cleen

**3 Campagna "Save Yourself"
(reincarnate)**
committente: Diesel
2001, matita su carta
42 x 29.7 cm
firma in basso a sinistra:
Claudie de Cleen
*"Save Yourself" campaign
(reincarnate)*
client: Diesel
2001, pencil on paper
16 ½ x 11 ¾ "
signature at lower left:
Claudie de Cleen

2

3

KOMAGATA

Tokyo-J

1

2

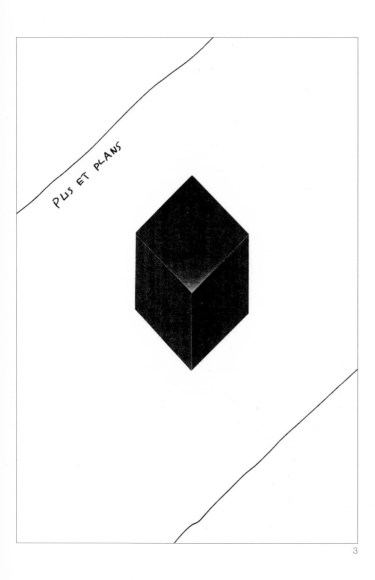

PLIS ET PLANS

3

LAMARCHE

New York-USA

45/100

1

1 The New Hustle
2008, serigrafia 45/100
61 x 46 cm
firma in basso a destra:
Greg Lamarche
The New Hustle
2008, silk screen print 45/100
24 x 18″
signature at lower right:
Greg Lamarche

LANDOR

Milano-IT

1 Studi preparatori per il restyling dell'icona Nostromo 01
committente: Nostromo SpA
2010, matita e china su carta
27.9 x 42 cm
firma in basso a destra: Landor
Studi preparatori per il restyling dell'icona Nostromo 01
client: Nostromo SpA
2010, pencil and Indian ink on paper
11 ¾ x 16 ½ "
signature at lower right: Landor

2 Studi preparatori per il restyling dell'icona Nostromo 02
committente: Nostromo SpA
2010, matita e china su carta
27.9 x 42 cm
firma in basso a destra: Landor
Studi preparatori per il restyling dell'icona Nostromo 02
client: Nostromo SpA
2010, pencil and Indian ink on paper
11 ¾ x 16 ½ "
signature at lower right: Landor

3 Studi preparatori per il restyling dell'icona Nostromo 03
committente: Nostromo SpA
2010, matita su carta
27.9 x 42 cm
firma in basso a destra: Landor
Studi preparatori per il restyling dell'icona Nostromo 03
client: Nostromo SpA
2010, pencil on paper
11 ¾ x 16 ½ "
signature at lower right: Landor

LEE

Seoul-ROK

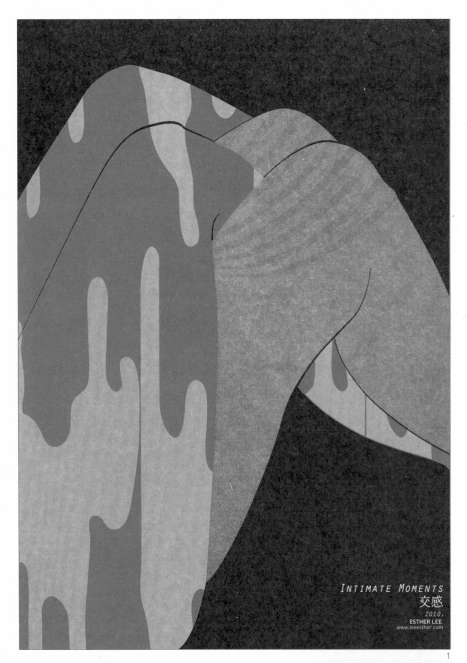

1

2

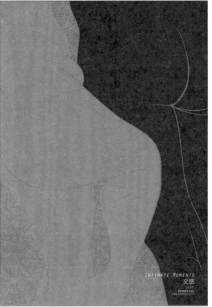

3

4

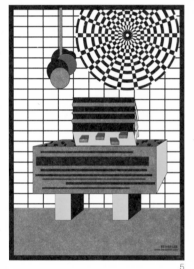

5

6

7

1 Intimate Moments 1
2010, disegno a tavoletta grafica
stampato su carta
49.2 x 34.9 cm
firma in basso a destra: Esther Lee
Intimate Moments 1
2010, graphics tablet drawing
printed on paper
19 ⅜ x 13 ¾ ˝
signature at lower right: Esther Lee

2 Intimate Moments 2
2010, disegno a tavoletta grafica
stampato su carta
49.2 x 34.9 cm
firma in basso a destra: Esther Lee
Intimate Moments 2
2010, graphics tablet drawing
printed on paper
19 ⅜ x 13 ¾ ˝
signature at lower right: Esther Lee

3 Intimate Moments 3
2010, disegno a tavoletta grafica
stampato su carta
49.2 x 34.9 cm
firma in basso a destra: Esther Lee
Intimate Moments 3
2010, graphics tablet drawing
printed on paper
19 ⅜ x 13 ¾ ˝
signature at lower right: Esther Lee

4 My Drawers +++
2010, disegno a tavoletta grafica
stampato su carta
21 x 29.7 cm
firma in basso a destra: Esther Lee
My Drawers +++
2010, graphics tablet drawing
printed on paper
8 ¼ x 11 ¾ ˝
signature at lower right: Esther Lee

5 My Drawers 1
2010, disegno a tavoletta grafica
stampato su carta
29.7 x 21 cm
firma in basso a destra: Esther Lee
My Drawers 1
2010, graphics tablet drawing
printed on paper
11 ¾ x 8 ¼ ˝
signature at lower right: Esther Lee

6 My Drawers 2
2010, disegno a tavoletta grafica
stampato su carta
29.7 x 21 cm
firma in basso a destra: Esther Lee
My Drawers 2
2010, graphics tablet drawing
printed on paper
11 ¾ x 8 ¼ ˝
signature at lower right: Esther Lee

7 My Drawers 3
2010, disegno a tavoletta grafica
stampato su carta
29.7 x 21 cm
firma in basso a destra: Esther Lee
My Drawers 3
2010, graphics tablet drawing
printed on paper
11 ¾ x 8 ¼ ˝
signature at lower right: Esther Lee

LEFTLOFT

Milano-IT

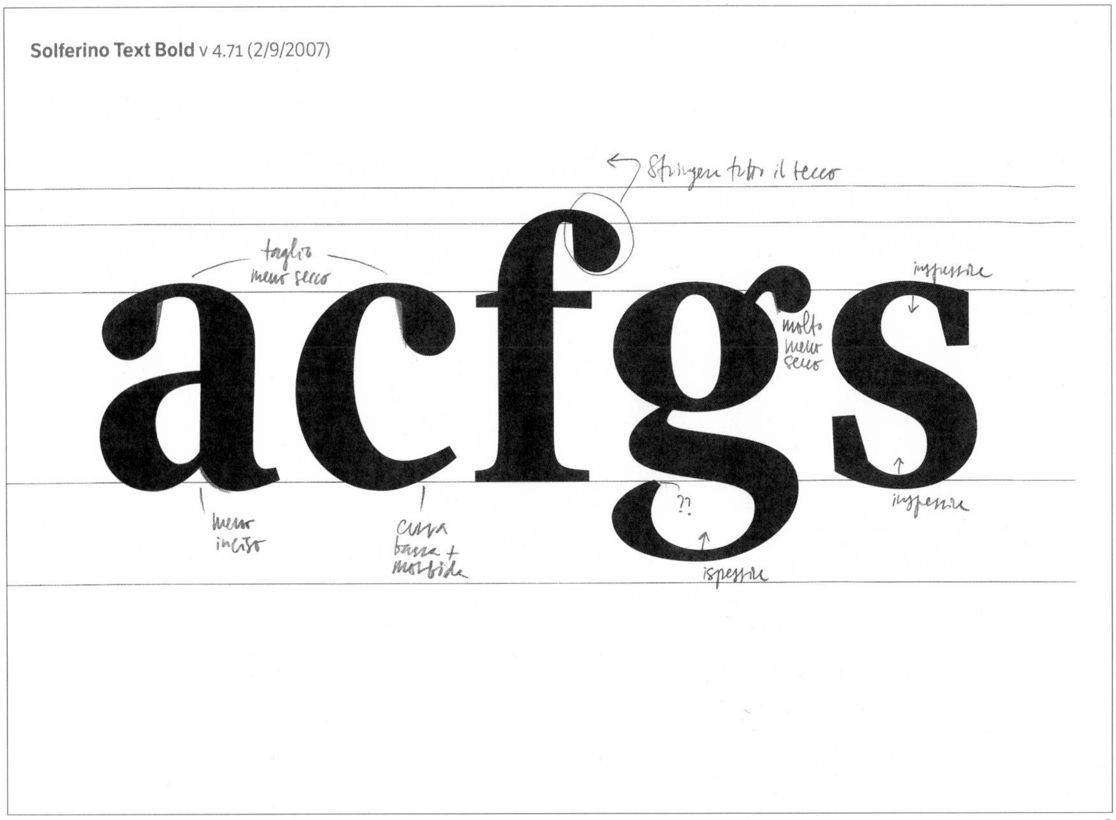

1 Focus 1
committente: Gruner+Jahr/
Mondadori
2009, stampa digitale e matita
su carta
42 x 29.7 cm
timbro in basso a sinistra: Leftloft
Focus 1
client: Gruner+Jahr/Mondadori
2009, digital print and pencil on paper
16 x 11 ¾ ˝
stamp at lower left: Leftloft

2 Focus 2
committente: Gruner+Jahr/
Mondadori
2009, matita su carta riciclata
20 x 30 cm
timbro sul retro: Leftloft
Focus 2
client: Gruner+Jahr/Mondadori
2009, pencil on recycled paper
7 ⅞ x 11 ¾ ˝
stamp on reverse: Leftloft

3 Solferino Text 3
committente: Corriere della Sera
progetto con Molotro
2007, stampa digitale e matita
su carta
29.7 x 42 cm
firma in basso a sinistra: Leftloft
Solferino Text 3
client: Corriere della Sera
design with Molotro
2007, digital print and pencil
on paper
11 3/4 x 16 ½ ˝
signature at lower left: Leftloft

4 Solferino Text 1
committente: Corriere della Sera
progetto con Molotro
2007, stampa digitale
42 x 29.7 cm
timbro in basso a sinistra: Leftloft
Solferino Text 1
client: Corriere della Sera
design with Molotro
2007, digital print
16 ½ x 11 ¾ ˝
stamp at lower left: Leftloft

Solferino Text Bold v 4.71 (2/9/2007)

acfgs

3

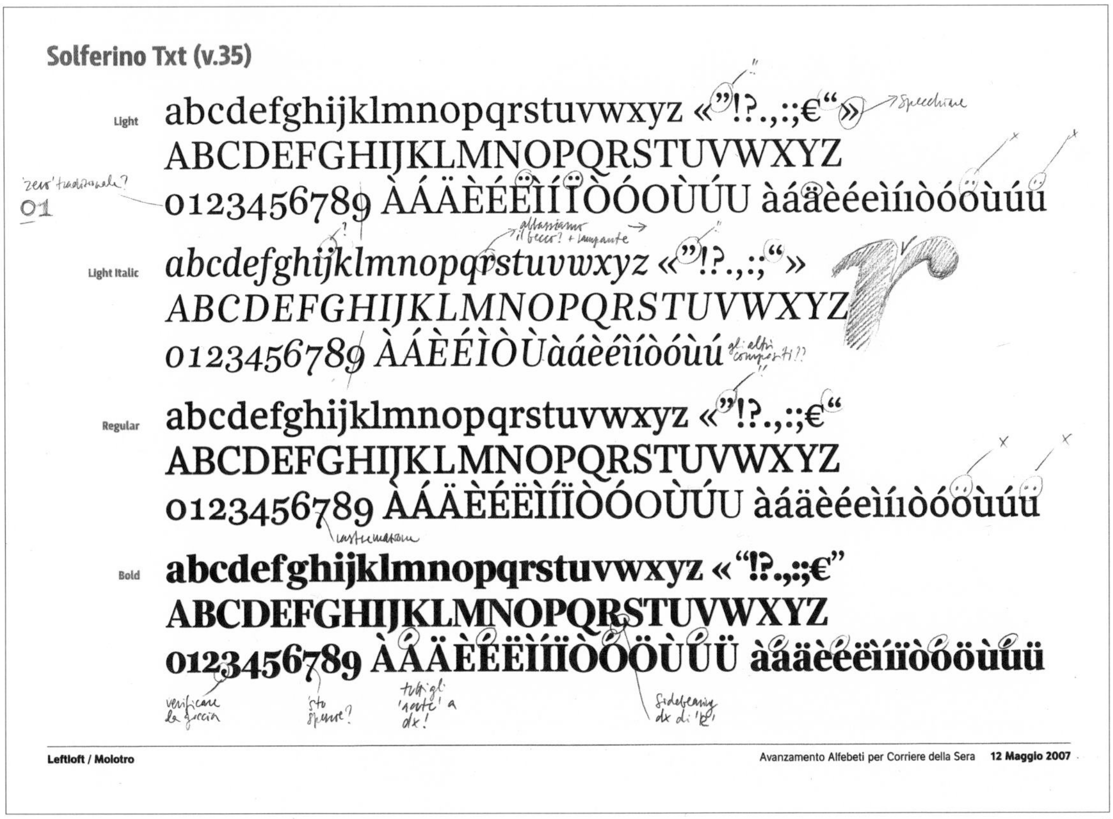

Solferino Txt (v.35)

Light
abcdefghijklmnopqrstuvwxyz «"!?.,:;€"»
ABCDEFGHIJKLMNOPQRSTUVWXYZ
0123456789 ÀÁÄÈÉËÌÍÎÒÓÔÙÚÜ àáäèéëìíîòóôùúü

Light Italic
abcdefghijklmnopqrstuvwxyz «"!?.,:;"»
ABCDEFGHIJKLMNOPQRSTUVWXYZ
0123456789 ÀÁÈÉÌÒÙàáäèéëìíîòóôùú

Regular
abcdefghijklmnopqrstuvwxyz «"!?.,:;€"
ABCDEFGHIJKLMNOPQRSTUVWXYZ
0123456789 ÀÁÄÈÉËÌÍÎÒÓÔÙÚÜ àáäèéëìíîòóôùúü

Bold
abcdefghijklmnopqrstuvwxyz «"!?.,:;€"
ABCDEFGHIJKLMNOPQRSTUVWXYZ
0123456789 ÀÁÄÈÉËÌÍÎÒÓÔÙÚÜ àáäèéëìíîòóôùúü

LEVY

San Francisco-USA

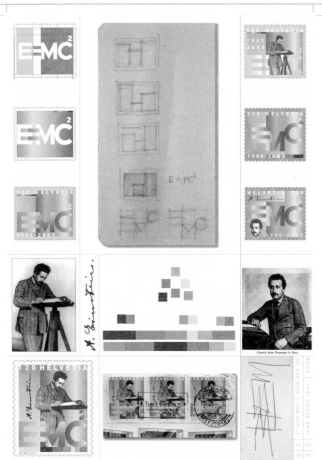

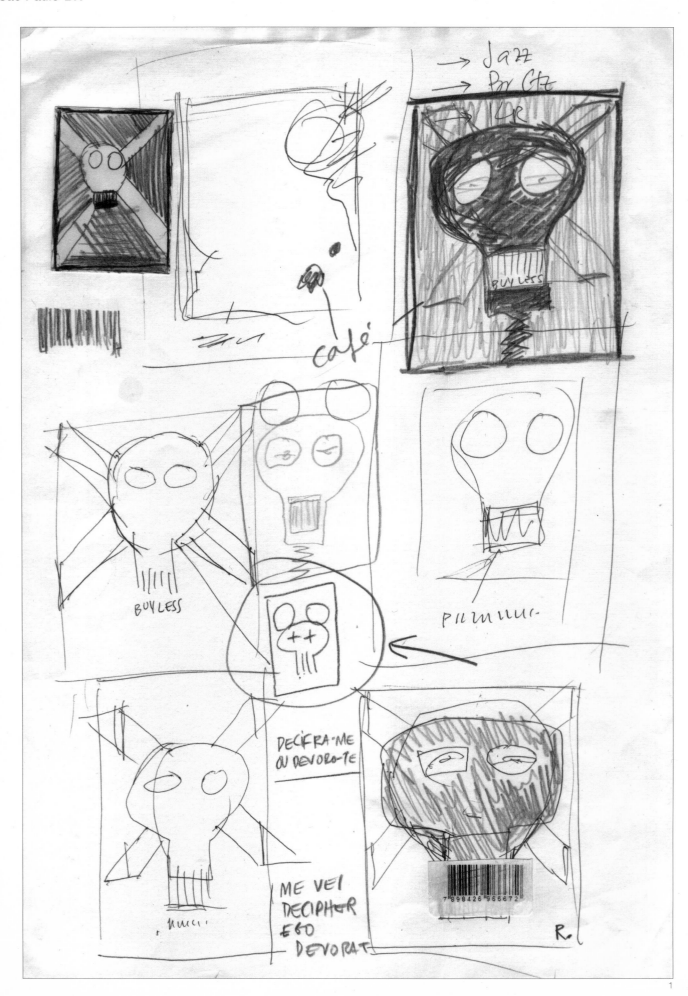

2

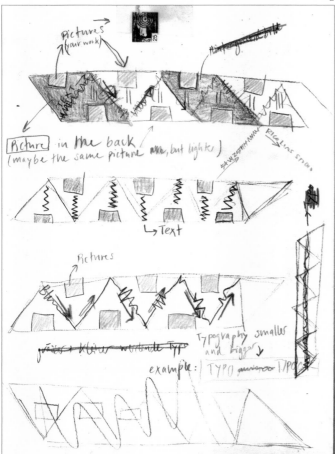

3

LJUBICIC

Zagreb-HR

1991

1 Vukovar
committente: Croatian Post
1991, pennarello su carta da schizzo
29,7 x 21 cm
firma in basso a destra: BLiubicic
Vukovar
client: Croatian Post
1991, felt-tip on sketchpad paper
11 ¾ x 8 ¼ "
signature at lower right: BLiubicic

2 Mljet/national park
committente: National Park Mljet
1997, acquerelli su cartoncino
19,5 x 28 cm
firma in basso a destra: BLiubicic
Mljet/national park
client: Mljet National Park
1997, watercolour on cardboard
7 ¹¹/₁₆ x 11 "
signature at lower right: BLiubicic

3 Croatia
committente: Croatian National
Tourist Board
2000, stampa digitale su carta
21 x 29.7 cm
firma in basso a destra: BLiubicic
Croatia
client: Croatian National Tourist Board
2000, digital print on paper
8 ¹/₁₄ x 11 ¾ "
signature at lower right: BLiubicic

© tutti i diritti riservati
© all rights reserved

2

1997

2000

3

LS GRAPHIC DESIGN

Milano-IT

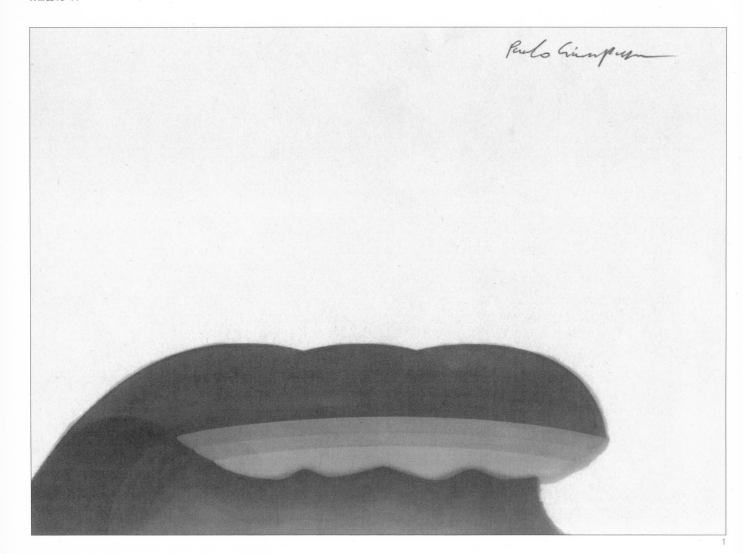

1

2

1 Onda, studio per banner
committente: Gioco Digitale spa
2008, xerocopia e pennarello
su carta
14.8 x 21.1 cm
firma in alto a destra:
Paolo Ciampagna
Onda, study for a banner
client: Gioco Digitale spa
2008, photocopy and felt tip
on paper
5 ⁵/₁₆ x 8 ⁵/₁₆ "
signature at upper right: Paolo
Ciampagna

2 Layout confezione
Caffè Liga Masiva
committente: Liga Masiva - New York
2010, matita e pastelli su carta
24.9 x 18.9 cm
firma in basso a sinistra: Giada
Caffè Liga Masiva
packaging layout
client: Liga Masiva - New York
2010, pencil and pastels on paper
9 ⁵/₁₆ X 7 ⁵/₁₆ "
signature at lower left: Giada

3 Studio per mappa Altra Sede
Regione Lombardia
committente: Regione Lombardia -
Infrastrutture Lombarde spa
2010, matite colorate e penna
su carta
21 x 29.7 cm
firma in basso a destra: M Bernstein
Study for Altra Sede Regione
Lombardia map
client: Regione Lombardia -
Infrastrutture Lombarde spa
2010, coloured pencils and pen
on paper
8 ¼ x 11 ¾ "
signature at lower right: M Bernstein

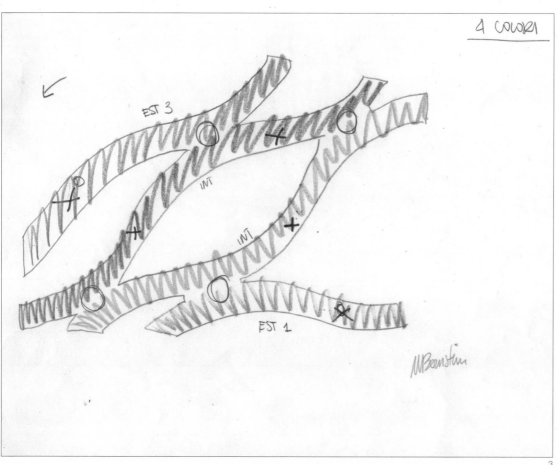

3

LUKOVA

New York-USA

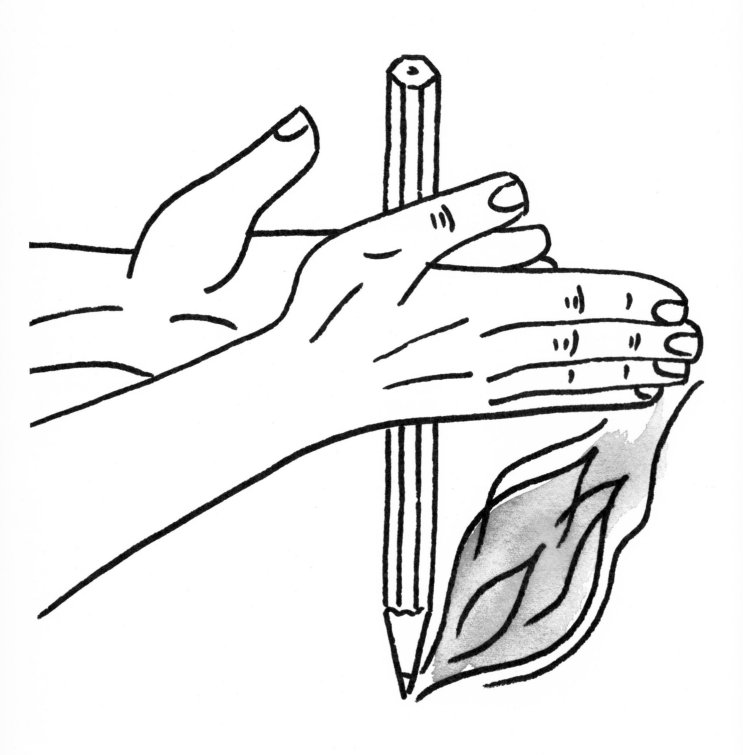

1 Schizzo per poster
"Design Ignites Change"
committente: AED, Washington, DC
2007, pennarello nero e acquerello
su carta
35.5 x 25.4 cm
firma in basso a destra: Lukova
Sketch for a poster
"Design Ignites Change"
Client: AED, Washington, DC
2007, black felt tip and watercolour
on paper
14 x 10˝
Signature at lower right: Lukova

2 Schizzi per "Why We Gave
Liu Xiaobo a Nobel"
committente: The New York Times
2010, pennarello nero e acquerello
su carta
35.5 x 25.4 cm
firma in basso a destra: Lukova
Sketches for "Why We Gave
Liu Xiaobo a Nobel"
client: The New York Times
2010, black felt tip and watercolour
on paper
14 x 10˝
signature at lower right: Lukova

3 Schizzo per poster
"Lukova at SCAD, Atlanta"
committente: Savannah College
of Art and Design, Atlanta
2009, pennarello nero e acquerello
su carta
35.5 x 25.4 cm
firma in basso a destra: Lukova
Sketch for a poster
"Lukova at SCAD, Atlanta"
client: Savannah College of Art
and Design, Atlanta
2009, black felt tip and watercolour
on paper
14 x 10˝
signature at lower right: Lukova

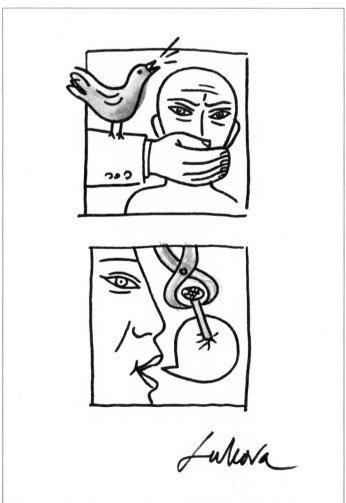

2

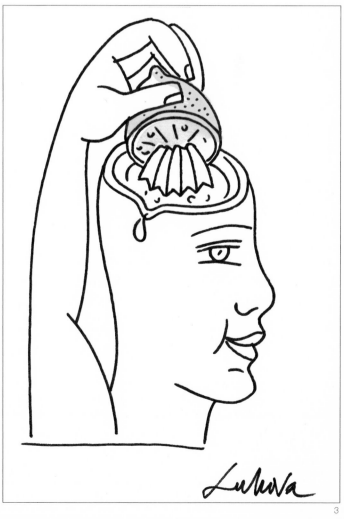

3

LUPI

Milano-IT

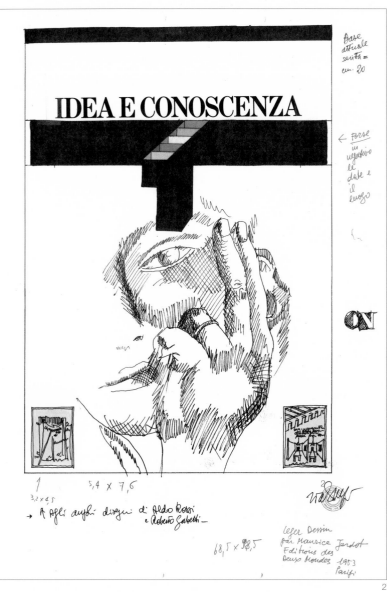

1 Numero speciale di Abitare
committente: Editrice Abitare Segesta
1982, pennarelli nero e rosso,
pantone su carta "pelure"
46 x 30.5 cm
firma e timbro in basso a destra:
Italo Lupi
Special issue of Abitare
client: Editrice Abitare Segesta
1982, black and red felt tips, spot
colour on "pelure" paper
18 ⅛ x 12 "
signature and stamp at lower right:
Italo Lupi

2 Poster per la mostra
"Idea e Conoscenza"
con citazione da un disegno
di Fernand Léger
committente: Triennale di Milano
1980, pennarelli colorati e pantoni
su carta "pelure" e collage
45 x 30.5 cm
firma e timbro in basso a destra:
Italo Lupi
Poster for the "Idea e Conoscenza"
exhibition with quote
from a Fernad Léger drawing
client: Triennale di Milano
1980, coloured felt tips and spot
colour on "pelure" paper and collage
17 ¾ x 12 "
signature and stamp at lower right:
Italo Lupi

3 Poster per "Napoli '99"
committente: Fondazione Napoli '99
1999, pennarelli blu, rossi e neri
e pantone su carta "pelure"
42 x 30.5 cm
firma e timbro in basso a destra:
Italo Lupi
Poster for "Napoli '99"
client: Fondazione Napoli '99
1999, black, red and blue felt tips,
spot colour on "pelure" paper
16 ½ x 12 "
signature and stamp at lower right:
Italo Lupi

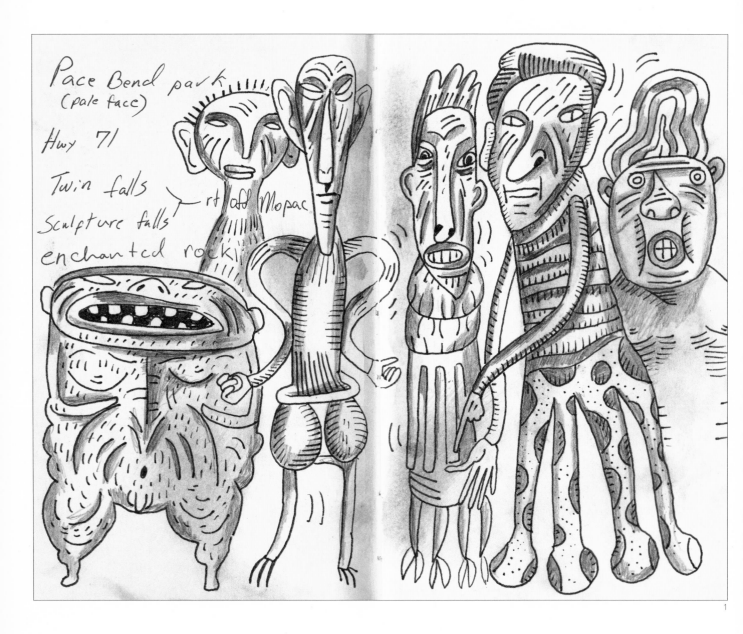

MÁRCHATe , Si tu mentira es alegre, márchate

1 Pale face (Pálido)
2005, inchiostro e pastello grigio
su carta
21 x 26 cm
firma in basso a destra:
Alejandro Magallenes
Pale face (Pálido)
2005, ink and grey pastel on paper
8 ¼ x 10 ¼"
signature at lower right:
Alejandro Magallenes

2 Márchate
2010, penna a sfera nera su carta
21 x 13 cm
firma in basso a destra:
Alejandro Magallenes
Márchate
2010, black ballpoint pen on paper
8 ¼ x 5 ⅛"
signature at lower right:
Alejandro Magallenes

3 Música
2008, inchiostro su carta
21 x 13 cm
firma in basso a destra:
Alejandro Magallenes
Música
2008, ink on paper
8 ¼ x 5 ⅛"
signature at lower right:
Alejandro Magallenes

WEDNESDAY
January
6

☀ AT · EL · ES · FI · HR · IT · RU · SE · SK

8
9
10
11
12
13
14
15
16
17
18
19
20

week 1

2

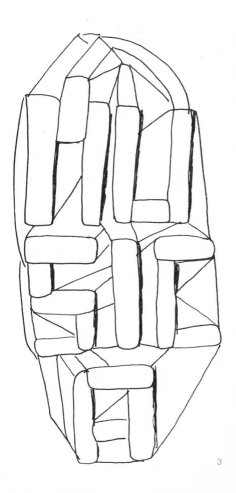

3

MAGGIONI

Milano-IT

1

2

3

4

1 Kakheti,
progetto di etichette per vino
2008, acquerello, china e matita
su cartoncino
35 x 50 cm
firma in basso a destra: FMaggioni
Kakheti, wine labels design
2008, watercolours, Indian ink
and pencil on card
13 ¾ x 19 ¹¹/₁₆ "
signature at lower right: FMaggioni

2 Kakheti,
progetto di etichette per vino
2008, acquerello, china e matita
su cartoncino
35 x 50 cm
firma in basso a destra: FMaggioni
Kakheti, wine labels design
2008, watercolours, Indian ink
and pencil on card
13 ¾ x 19 ¹¹/₁₆ "
signature at lower right: FMaggioni

3 Kakheti,
progetto di etichette per vino
2008, acquerello, china e matita
su cartoncino
35 x 50 cm
firma in basso a destra: FMaggioni
Kakheti, wine labels design
2008, watercolours, Indian ink
and pencil on card
13 ¾ x 19 ¹¹/₁₆ "
signature at lower right: FMaggioni

4 Kakheti,
progetto di etichette per vino
2008, acquerello, china e matita
su cartoncino
35 x 50 cm
firma in basso a destra: FMaggioni
Kakheti, wine labels design
2008, watercolours, Indian ink
and pencil on card
13 ¾ x 19 ¹¹/₁₆ "
signature at lower right: FMaggioni

MASSIN

Paris-FR

2

1 The Bald Soprano.
Trasposizione grafica dell'opera
di Eugène Ionesco.
Traduzione americana
committente: Grove Press, Inc.
New York,
1965, stampa offset
21 x 27 cm
The Bald Soprano.
Graphical translation of the play
by Eugène Ionesco.
American translation
client: Grove Press, Inc. New York
1965, offset print
8 ¼ x 10 ⅝ ˝

2 Poster Sarajevo
committente: Centre André Malraux,
Sarajevo, Bosnia-Herzegovina
2006, stampa offset
180 x 120 cm
Sarajevo Poster
client: Centre André Malraux,
Sarajevo, Bosnia-Herzegovina
2006, offset print
70 ¹³/₁₆ x 47 ¼ ˝

MATSUNAGA

Tokyo-J

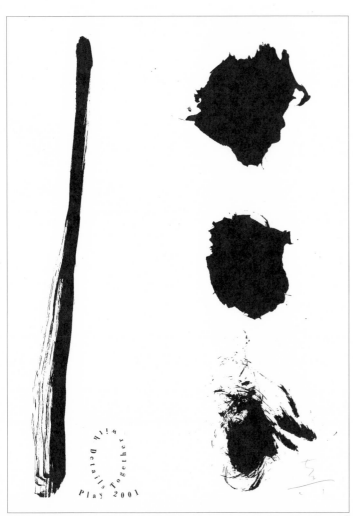

2

3

MAURER

Amsterdam-NL

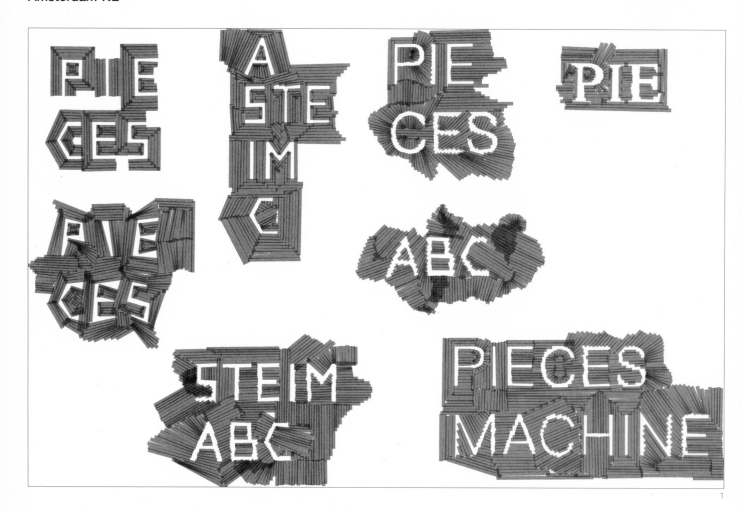

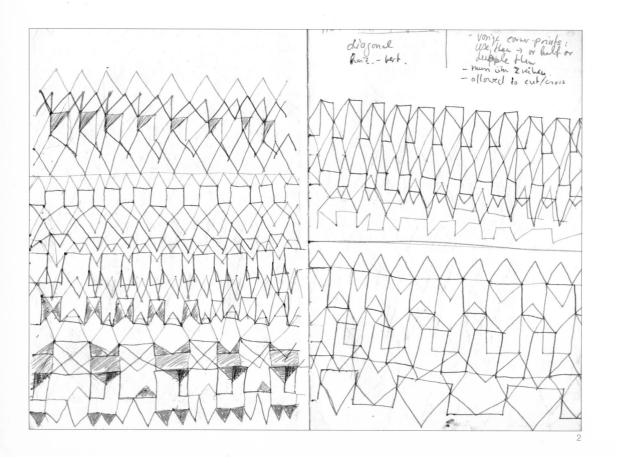

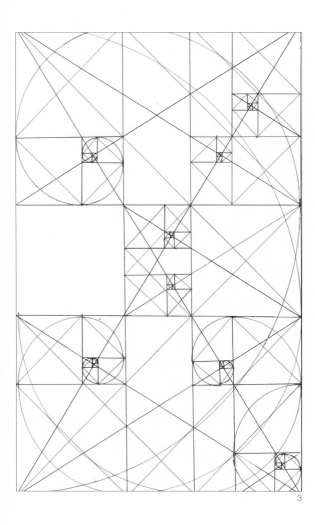

3

1 Crackle Type Tool
committente: Steim, Amsterdam
2010, stampa laser in bianco e nero
su carta
21 x 29.7 cm
firma in basso a destra: Luna Maurer
Crackle Type Tool
client: Steim, Amsterdam
2010, black and white laser print
on paper
8 ¼ x 11 ¾ "
signature at lower right: Luna Maurer

2 Drop Fringe Garland
Red Green Blue
committente: rivista "Items"
2010, penna a sfera rossa, blue
e verde su pagine di taccuino
21 x 29.7 cm
firma in basso a destra: Luna Maurer
Drop Fringe Garland
Red Green Blue
client: 'Items' magazine
2010, red, green and blue ballpoint
pen on sketchpad paper
8 ¼ x 11 ¾ "
signature at lower right: Luna Maurer

3 Arti Flyer
committente: Arti Et Amicitiae
2010, penna Rotring nera, rossa
e verde su carta fotografica lucida
19 x 29.7 cm
firma in basso a destra: Luna Maurer
Arti Flyer
Client: Arti Et Amicitiae
2010, black, red and green Rotring
pen on glossy photographic paper
7 ½ x 11 ¾ "
signature at lower right: Luna Maurer

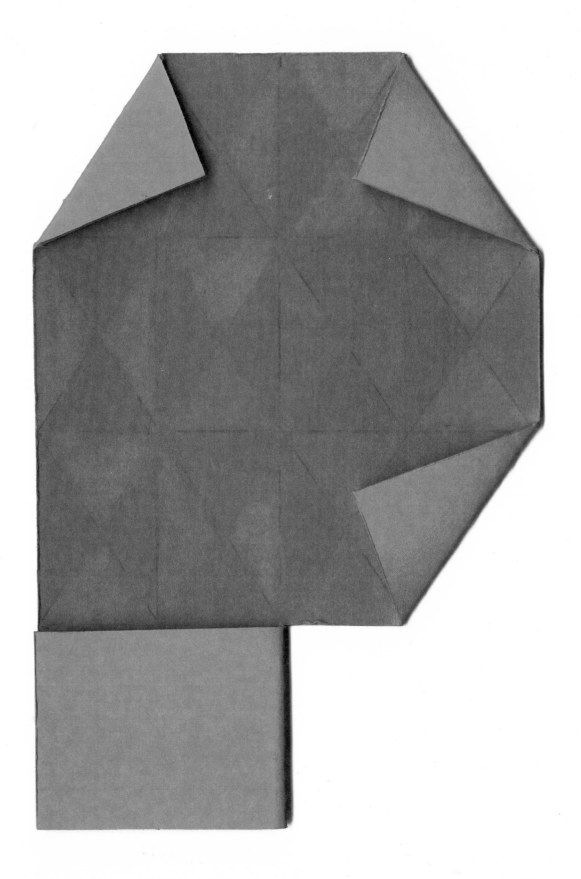

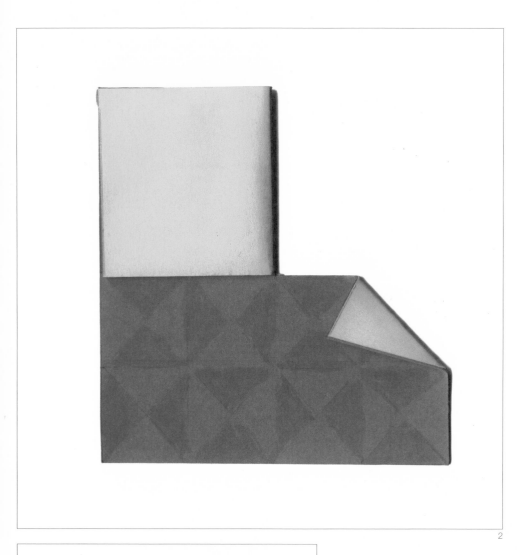

2

1 Multipli - P
2010, carta colorata piegata
e pennarello
12 x 8 cm
firma sul retro: Fanette Mellier
Multipli - P
2010, folded coloured paper
felt tip pen
4 ¾ x 3 ⅛ "
signature on reverse: Fanette Mellier

2 Multipli - L
2010, carta colorata piegata
e pennarello
12 x 8 cm
firma sul retro: Fanette Mellier
Multipli - L
2010, folded coloured paper
felt tip pen
4 ¾ x 3 ⅛ "
signature on reverse: Fanette Mellier

3 Multipli - I
2010, carta colorata piegata
e pennarello
12 x 8 cm
firma sul retro: Fanette Mellier
Multipli - I
2010, folded coloured paper, felt tip
4 ¾ x 3 ⅛ "
signature on reverse: Fanette Mellier

3

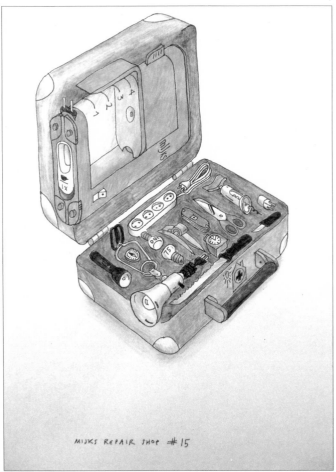

MIJKS REPAIR SHOP #15

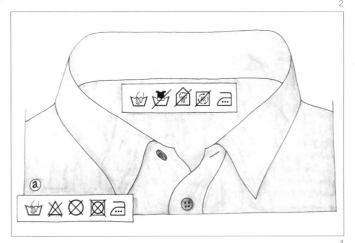

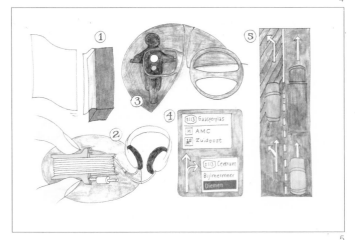

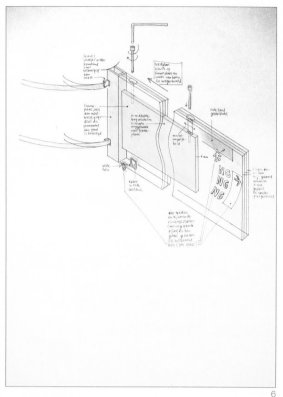

6

7

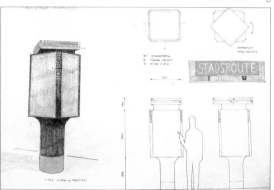

8

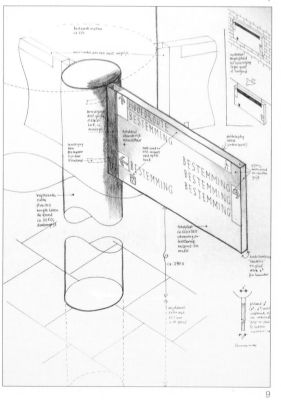

9

1 Geen muziek
committente: NRC Handelsblad
2004, matite colorate e pennarello
nero su carta
21 x 29.7 cm
Geen muziek
client: NRC Handelsblad
2004, coloured pencils and black
felt tip on paper
8 ¼ x 11 ¾"

2 Klokhuis in strandemmertje
committente: NRC Handelsblad
2004, matite colorate e pennarello
nero su carta
21 x 29.7 cm
Klokhuis in strandemmertje
client: NRC Handelsblad
2004, coloured pencils and black
felt tip on paper
8 ¼ x 11 ¾"

3 Veilig op vakantie
committente: NRC Handelsblad
2005, matite colorate e pennarello
nero su carta
21 x 29.7 cm
iscrizione in basso al centro: Mijks
Veilig op vakantie
client: NRC Handelsblad
2005, coloured pencils and black
felt tip on paper
8 ¼ x 11 ¾"
inscription in centre at base: Mijks

4 De rebus in de was
committente: NRC Handelsblad
2005, matite colorate e pennarello
nero su carta
21 x 29.7 cm
iscrizione in basso a destra: Mijks
De rebus in de was
client: NRC Handelsblad
2005, colour pencils and black
felt tip on paper
8 ¼ x 11 ¾"
inscription at lower right: Mijks

5 Laatste Klusjes
committente: NRC Handelsblad
2005, matite colorate e pennarello
nero su carta
21 x 29.7 cm
iscrizione in basso a destra: Mijks
Laatste Klusjes
client: NRC Handelsblad
2005, colour pencils and black
felt tip on paper
8 ¼ x 11 ¾"
inscription at lower right: Mijks

**6-9 VVV Tourist wayfinding
system**
committente: città di Amsterdam
1993, matite colorate e penna nera
su carta
29.7 x 21 cm
VVV Tourist wayfinding system
client: City of Amsterdam
1993, coloured pencils and black
pen on paper
11 ¾ x 8 ¼"

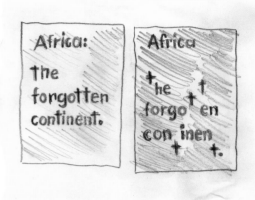

1 Poster War-Peace
committente: United Nations New York per il 60° anniversario
2003, collage su cartoncino blu
29.7 x 21 cm
firma in basso a destra: Armando Milani
Poster War-Peace
client: United Nations New York
for the 60th anniversary celebration
2003, collage on blue card
11 ¾ x 8 ¼ "
signature at lower right: Armando Milani

2 Poster Mandela, African Legacy
committente: Indaba Cape Town
2010, pasteli colorati su carta
29.7 x 21 cm
firma in alto a destra: Armando Milani
Poster Mandela, African Legacy
client: Indaba Cape Town
2010, coloured pastel on paper
11 ¾ x 8 ¼ "
signature at upper right: Armando Milani

3 Poster Africa:
the forgotten country 03
committente: Cespi Foundation, Rome
2007, pastello colorato su cartoncino
grigio scuro
21 x 28 cm
firma in alto a destra: Armando Milani
Poster Africa: the forgotten
country 03
client: Cespi Foundation, Rome
2007, cloured pencil on dark grey card
8 ¼ x 11 ¾ "
signature at upper right: Armando Milani

4 Poster Africa: the forgotten
country 02
committente: Cespi Foundation, Rome
2007, pastello nero e rosso su carta
da schizzo
14.7 x 20.2 cm
firma in alto a destra: Armando Milani
Poster Africa:
the forgotten country 02
client: Cespi Foundation, Rome
2007, black and red pencil
on sketchpad paper
5 ¾ x 8 "
signature at upper right: Armando Milani

5 Poster Africa: the forgotten
country 01
committente: Cespi Foundation, Rome
2007, matita su carta da schizzo
15.5 x 15; 16 x 12.3 cm
firma in basso a destra: Armando Milani
Poster Africa: the forgotten
country 01
client: Cespi Foundation, Rome
2007, pencil on sketchpad paper
6 x 5 ⅞ "; 6 ¼ x 4 ¾ "
signature at lower right: Armando Milani

6 Logo Uomo Moda 01
committente: ICE New York
1990, matita su carta da schizzo
16.5 x 14 cm
firma in basso a sinistra: Armando Milani
Logo Uomo Moda 01
client: ICE New York
1990, black pencil on sketchpad paper
6 ½ x 5 ½ "
signature at lower left: Armando Milani

7 Logo Uomo Moda 02
committente: ICE New York
1990, pastello nero su carta
da schizzo
21 x 29.7 cm
firma in basso a destra: Armando Milani
Logo Uomo Moda 02
client: ICE New York
1990, black pencil on sketchpad paper
8 ¼ x 11 ¾ "
signature at lower right: Armando Milani

8 Logo Uomo Moda 03
committente: ICE New York
1990, pastello nero e rosso su carta
21 x 29.7 cm
firma in alto a sinistra: Armando Milani
Logo Uomo Moda 03
client: ICE New York
1990, black and red pencil on paper
8 ¼ x 11 ¾ "
signature at upper left: Armando Milani

MINOGGIO

Milano-IT

Energia
luce
calore
Forza

Ambiente
natura
Ecologia
Vitalità

Molteplicità
di servizi
che si sviluppano
da un unico ceppo

Reti, collegamenti.
Presenza sul territorio.
Radicamento
e continua espansione

2

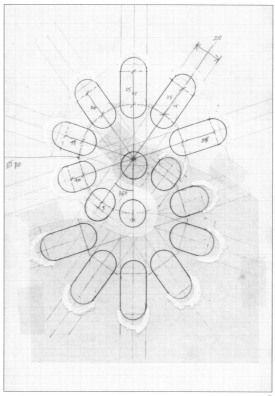

3

**1 Schizzi per la progettazione
del marchio Enel**
committente: Enel
pastello nero e collage su carta
29.7 x 21 cm
firma sul retro: Maurizio Minoggio
*Sketches for the design
of the Enel logo*
client: Enel
black crayon and collage on paper
11 ¾ x 8 ¼″
signature on reverse: Maurizio Minoggio

**2 Schizzo per la proposta
marchio Seabo**
committente: Seabo,
Società energia ambiente, Bologna
matita, pastelli, stampa digitale
e collage su carta
29.7 x 21 cm
firma sul retro: Maurizio Minoggio
*Sketches for the design
of the Seabo logo*
*client: Seabo, Società energia
ambiente, Bologna*
*pencil, crayon, digital print
and collage on paper*
11 ¾ x 8 ¼″
signature on reverse: Maurizio Minoggio

3 Disegno per il marchio Seabo
committente: Seabo, Società energia
ambiente, Bologna
matita, pennarello rosso su carta
millimetrata e carta da lucido
29.7 x 21 cm
firma sul retro: Maurizio Minoggio
Drawing for the Seabo logo
*client: Seabo, Società energia
ambiente, Bologna*
*pencil, red felt tip on graph paper
and tracing paper*
11 ¾ x 8 ¼″
signature on reverse: Maurizio Minoggio

MIULLI ASSOCIATI

Pesaro-IT

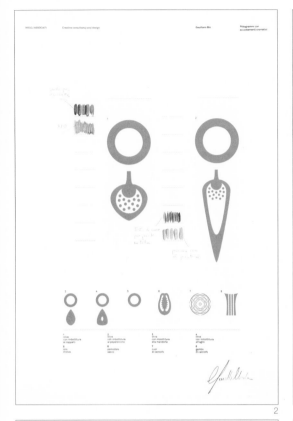

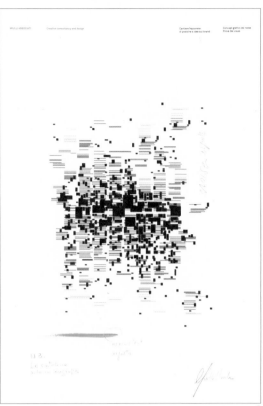

1 Carciofo Royal Fruit
2008, stampa quadricromica
e matita su cartoncino
46 x 32 cm
firma in basso a destra: Nicola Miulli
Carciofo Royal Fruit
2008, four-colour print, pencil on card
18 x12 ˝
signature at lower right: Nicola Miulli

2 Linea Bio
committente: Gaudiano Bio
2009, stampa quadricromica, acrilico
e matita su cartoncino
46 x 32 cm
firma in basso a destra: Nicola Miulli
Linea Bio
client: Gaudiano Bio
2009, four-colour print, acrylic
and pencil on card
18 x 12 ½˝
signature at lower right: Nicola Miulli

3 Noise
committente: Università degli Studi
di Urbino Carlo Bo, Facoltà
di Sociologia, Centro ImageLab
2010, stampa quadricromica,
acrilico e matita su cartoncino
46 x 32 cm
firma in basso a destra: Nicola Miulli
Noise
client: Università degli Studi di Urbino
Carlo Bo, Facoltà di Sociologia,
Centro ImageLab
2010, four-colour print, acrylic
and pencil on card
18 x 12 ½˝
signature at lower right: Nicola Miulli

4 C'è ancora molto da sapere
committente: Istituto Statale
di Istruzione Secondaria Superiore
Michele Dell'aquila
2010, stampa quadricromica
e matita su cartoncino
46 x 32 cm
firma in basso a destra: Nicola Miulli
C'è ancora molto da sapere
client: Istituto Statale di Istruzione
Secondaria Superiore Michele
Dell'aquila
2010, four-colour print and pencil
on card
18 x 12 ½˝
signature at lower right: Nicola Miulli

5 Impara a leggere
committente: Università degli Studi
di Urbino Carlo Bo - Facoltà
di Sociologia
2008, stampa quadricromica
e matita su cartoncino
46 x 32 cm
firma in basso a destra: Nicola Miulli
Impara a leggere
client: Università degli Studi di Urbino
Carlo Bo - Facoltà di Sociologia
2008, four-colour print, pencil on card
18 x 12 ½˝
signature at lower right: Nicola Miulli

2

3

MUNN

Oakland-USA

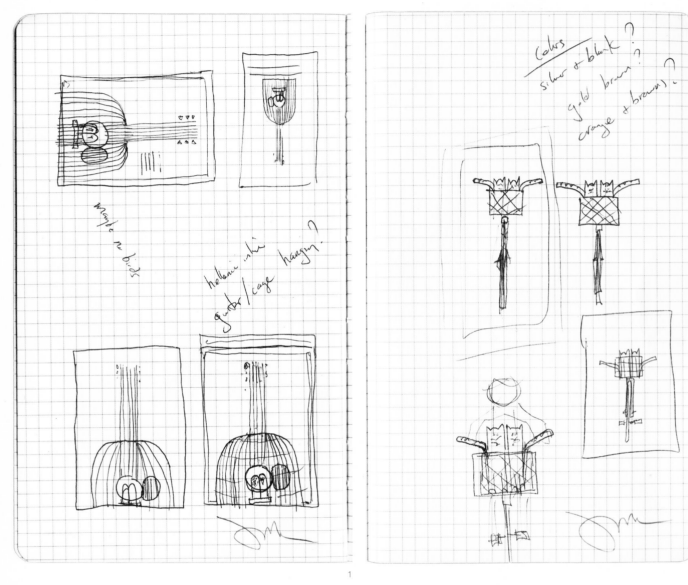

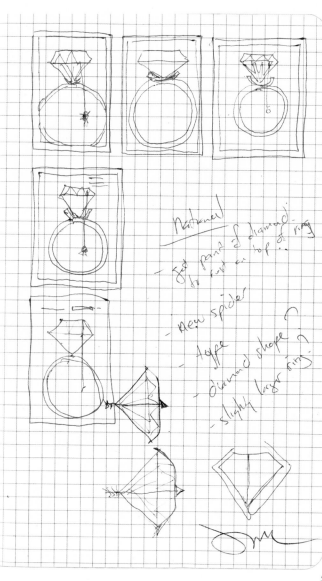

3

1 Flight of the Conchords
committente: Flight of the Conchords
2010, penna a sfera nera
su taccuino a quadretti
21 x 13 cm
firma in basso a destra: JMunn
Flight of the Conchords
client: Flight of the Conchords
2010, black ballpoint pen on squared
notebook paper
8 ¼ x 5 ⅛ "
signature at lower right: JMunn

2 Bike and Cats
committente: Poster Cabaret
2010, penna a sfera nera
su taccuino a quadretti
21 x 13 cm
firma in basso a destra: JMunn
Bike and Cats
client: Poster Cabaret
2010, black ballpoint pen on squared
notebook paper
8 ¼ x 5 ⅛ "
signature at lower right: JMunn

3 The National
committente: The National
2010, penna a sfera blu su taccuino
a quadretti
21 x 13 cm
firma in basso a destra: JMunn
The National
client: The National
2010, blue ballpoint pen on squared
notebook paper
8 ¼ x 5 ⅛ "
signature at lower right: JMunn

NACOKI

Honk Kong-HK

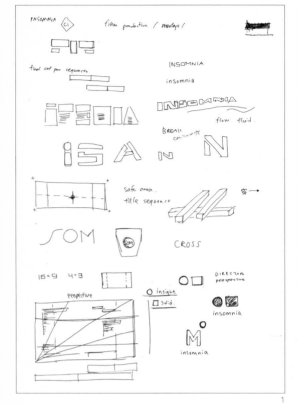

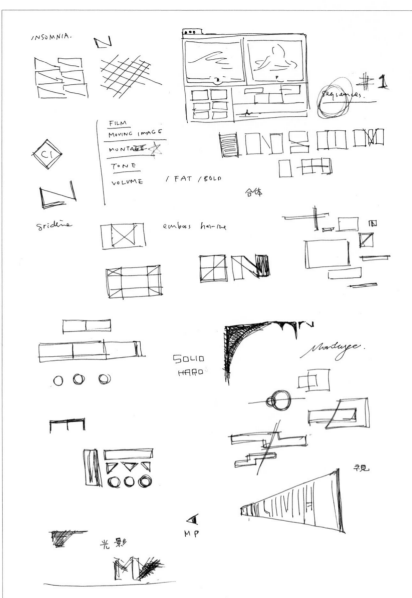

1 INSOMNIA Identity 2
committente: INSOMNIA
2010, penna nera su carta
29.7 x 21 cm
INSOMNIA Identity 2
client: INSOMNIA
2010, black pen on paper
11 ¾ x 8 ¼"

2 INSOMNIA Identity 3
committente: INSOMNIA
2010, penna nera su carta
29.7 x 21 cm
INSOMNIA Identity 3
client: INSOMNIA
2010, black pen on paper
11 ¾ x 8 ¼"

3 INSOMNIA Identity 1
committente: INSOMNIA
2010, penna nera su carta
29.7 x 21 cm
INSOMNIA Identity 1
client: INSOMNIA
2010, black pen on paper
11 ¾ x 8 ¼"

MONTAGE SEQUENCES
TIMELINE IN FINAL CUT PRO

INSOMNIA

D1

D2

D3

3

NAKAJIMA

Tokyo-J

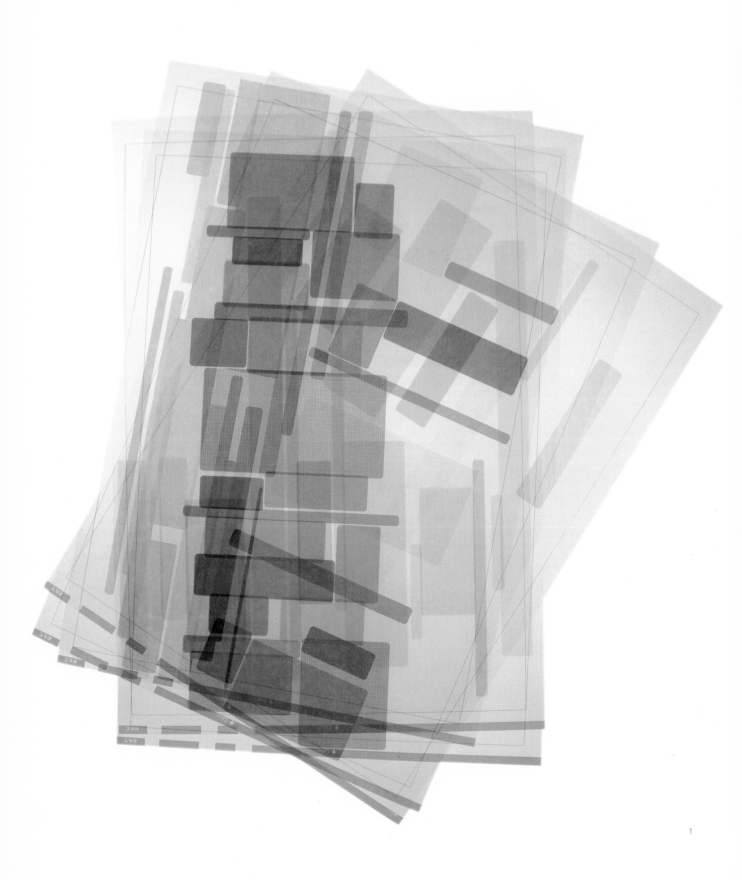

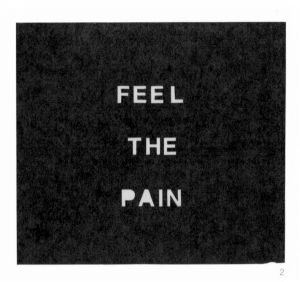

2

1 Cut
2005, stampa laser su 10 fogli
di acetato
42 x 29.7cm
firma in alto a destra: Hideki Nakajima
Cut
2005, laser prints on 10 transparent
folios
16 ½ x 11 ¾"
signature at upper right: Hideki Nakajima

2 Feel the Pain
2007, ritagli su cartoncino nero
35.5 x 41.6 cm
firma in basso a destra: Hideki Nakajima
Feel the Pain
2007, cutout on black card
14 x 16 ⅜"
signature at lower right: Hideki Nakajima

3 Minority Report
2002, tecnica mista: matita e stampa
laser su cartoncino
36.4 x 51.3 cm
firma in basso a sinistra: Hideki Nakajima
Minority Report
2002, mixed media pencil and laser
print on cardboard
14 ⅜ x 20 ⁹⁄₁₆"
signature at lower left: Hideki Nakajima

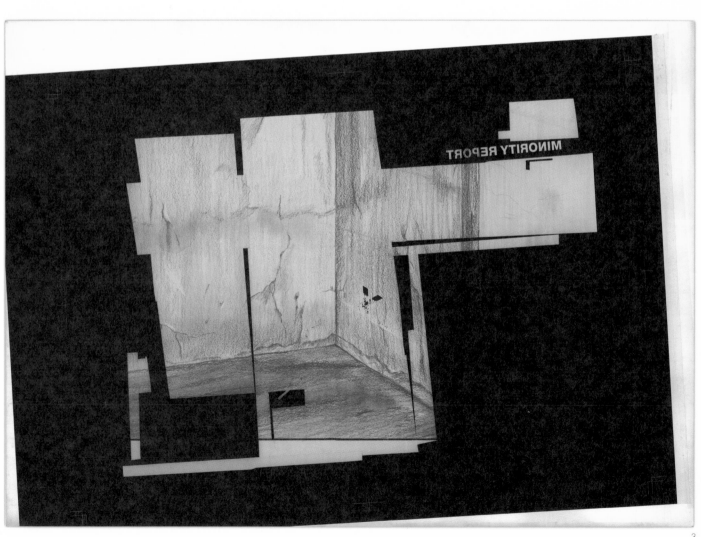

3

NAVONE

Milano-IT

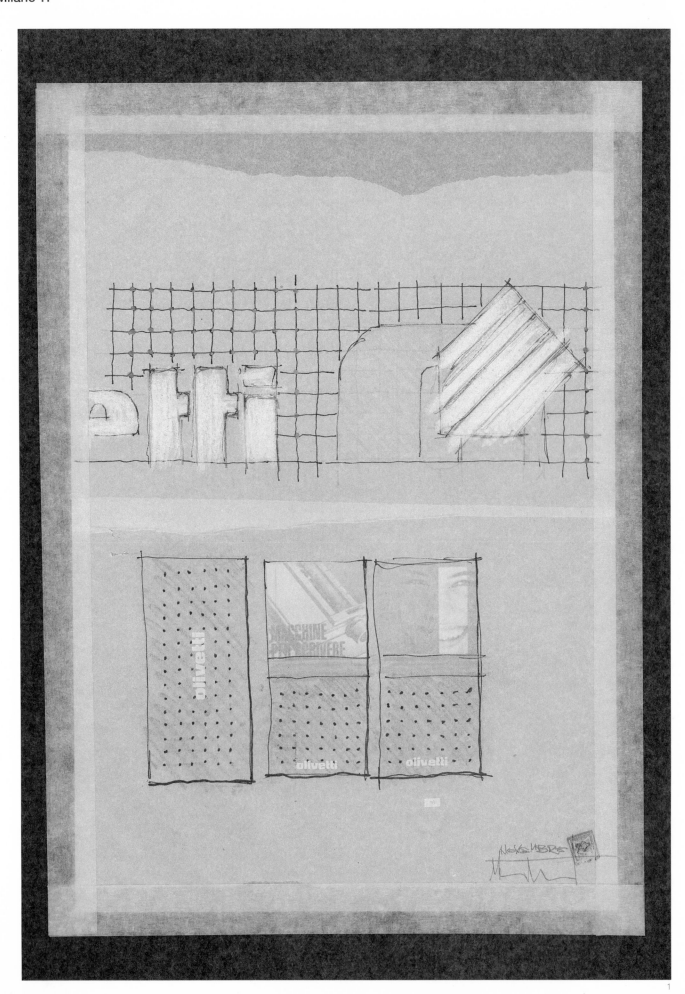

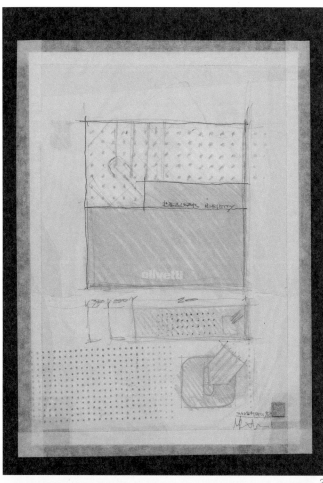

2

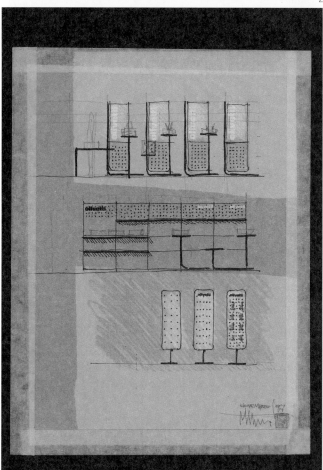

3

**1 Channel Identity Olivetti –
Communication system**
committente: Olivetti
1999, tecnica mista
29.7 x 21 cm
firma in basso a destra: MNavone
*Olivetti Channel Identity –
Communication system*
client: Olivetti
1999, mixed media
11 ¾ x 8 ¼ ˝
signature at lower right: MNavone

**2 Channel Identity Olivetti –
CD cover/signs**
committente: Olivetti
1999, tecnica mista
29.7 x 21 cm
firma in basso a destra: MNavone
*Olivetti Channel Identity –
CD cover/signs*
client: Olivetti
1999, mixed media
11 ¾ x 8 ¼ ˝
signature at lower right: MNavone

**3 Channel Identity Olivetti –
BTL tools**
committente: Olivetti
1999, tecnica mista
29.7 x 21 cm
firma in basso a destra: MNavone
*Olivetti Channel Identity –
BTL tools*
client: Olivetti
1999, mixed media
11 ¾ x 8 ¼ ˝
signature at lower right: MNavone

PALLADINO

Torino-IT

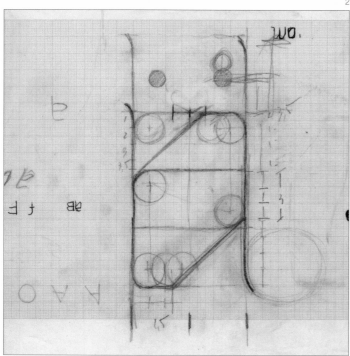

1 La sensazione del verde
committente: Torino2008 World
Design Capital
2007, inchiostro su stampa
fotografica
20.7 x 27.6 cm
firma sul retro: Pietro Palladino
The feeling of green
*client: Torino2008 World Design
Capital*
2007, ink on photographic print
8 ⅛ x 10 "
signature on reverse: P. Palladino

2 Il carattere Wdc 1.0 / 1.1
committente: Torino2008 World
Design Capital
2007, collage e china su stampa
27.4 x 22 cm
firma sul retro: P. Palladino
The Wdc 1.0 / 1.1 type
*client: Torino2008 World Design
Capital*
*2007, collage pellicola and Indian ink
on digital print*
10 ¾ x 8 ¹¹/₁₆ "
signature on reverse: P. Palladino

3 Matrice del carattere Wdc 1.0
committente: Torino2008 World
Design Capital
2006, matita su carta millimetrata
21 x 21 cm
firma sul retro: P. Palladino
Wdc 1.0 type matrix
*client: Torino2008 World Design
Capital*
2006, pencil on graph paper
8 ¹/₁₄ x 8 ¼ "
signature on reverse: P. Palladino

PETERS

London-UK

1

2

3

1 Fall in Love
committente: Un Sedicesimo,
Corraini
2010, matite colorate su cartoncino
29.7 x 21 cm
firma sul retro: Anthony Peters
Fall in Love
client: Un Sedicesimo, Corraini
2010, coloured pencil on card
11 ¾ x 8 ¼"
signature on reverse: Anthony Peters

2 Panic
committente: East End Arts Club
2009, penna nera e matite colorate
su cartoncino
29.7 x 21 cm
firma sul retro: Anthony Peters
Panic
client:East End Arts Club
2009, black pen and coloured pencil
on card
11 ¾ x 8 ¼"
signature on reverse: Anthony Peters

3 Call your mother
committente: Un Sedicesimo,
Corraini
penna nera e matite colorate
su cartoncino
29.7 x 21 cm
firma sul retro: Anthony Peters
Call your mother
client: Un Sedicesimo, Corraini
black pen and coloured pencil
on card
11 ¾ x 8 ¼"
signature on reverse: Anthony Peters

PIAZZA

Milano-IT

1 Senza titolo
committente: Lothar
2005, tecnica mista su carta
29.7 x 21 cm
firma in basso a destra: mpiazza
Untitled
client: Lothar
2005, mixed media on paper
11 ¾ x 8 ¹⁄₁₄"
signature at lower right: mpiazza

2 La forza dei matti
committente: Enaip Lombardia
1983, tecnica mista su carta
29.7 x 21 cm
firma in basso a destra: mpiazza
La forza dei matti
client: Enaip Lombardia
1983, mixed media on paper
11 ¾ x 8 ¹⁄₁₄"
signature at lower right: mpiazza

3 Accendino
committente: RCS
2009, tecnica mista su carta
29.7 x 21 cm
firma in basso al centro: mpiazza
Lighter
client: RCS
2009, mixed media on paper
11 ¾ x 8 ¹⁄₁₄"
signature in centre at base: mpiazza

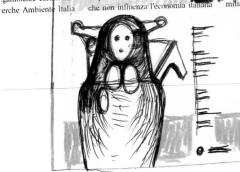

PITIS

Milano-IT

1

2

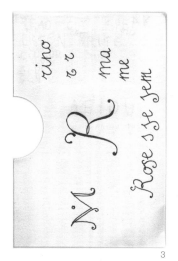

3

4

5

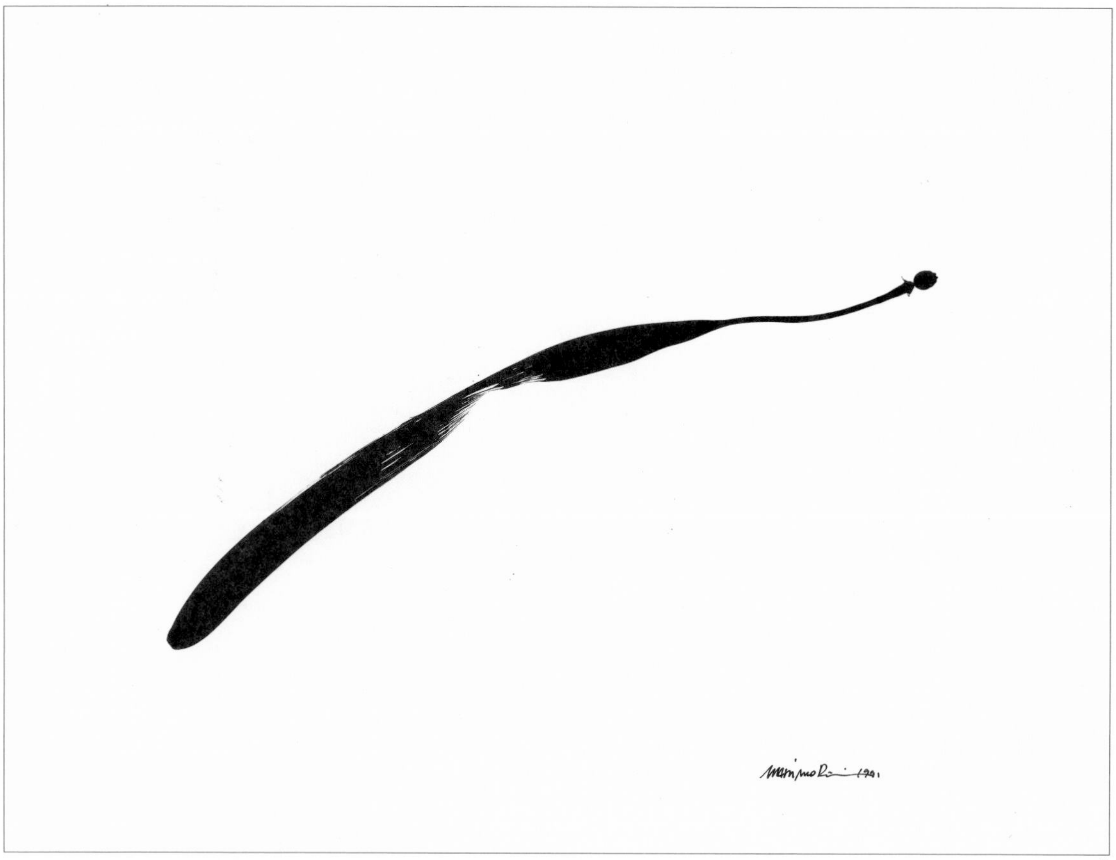

6

7

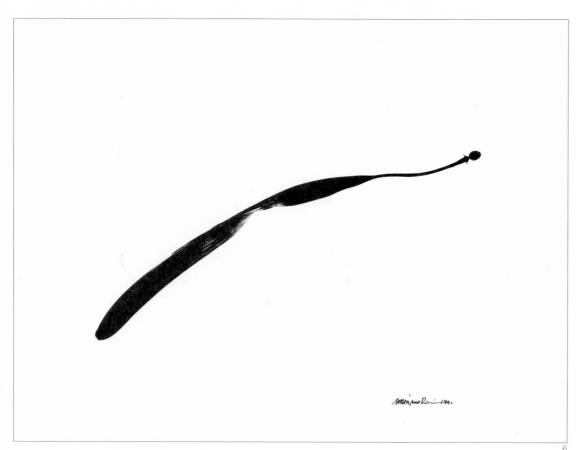

1 Esercizio di composizione n°5
committente: Esperia
1993, inchiostro sumi su carta velina
25.8 x 20 cm
firma in basso a destra: Massimo Pitis
Composition Exercise n°5
client: Esperia
1993, sumi ink on tissue paper
10 x 7 7/8″
signature at lower right: Massimo Pitis

2 Il grande amico
committente: Mondadori
2009, penna su carta
15 x 10.3 cm
firma in basso a destra: Massimo Pitis
The great friend
client: Mondadori
2009, pen on paper
5 5/16 x 4″
signature at lower right: Massimo Pitis

3 R M
committente: Rose Marino
2009, penna su carta
15 x 10.3 cm
firma in basso a destra: Massimo Pitis
R M
client: Rose Marino
2009, pen on paper
5 5/16 x 4″
signature at lower right: Massimo Pitis

4 Orgoglio e pregiudizio 1
committente: Mondadori
2009, pennarello su carta
15 x 10.3 cm
firma in basso a destra: Massimo Pitis
Orgoglio e pregiudizio 1
client: Mondadori
2009, felt tip on paper
5 5/16 x 4″
signature at lower right: Massimo Pitis

5 Orgoglio e pregiudizio 2
committente: Mondadori
2009, penna su carta
15 x 10.3 cm
firma in basso a destra: Massimo Pitis
Orgoglio e pregiudizio 2
client: Mondadori
2009, pen on paper
5 5/16 x 4″
signature at lower right: Massimo Pitis

6 Feather
committente: lavoro personale
1990, inchiostro sumi su cartoncino
45.7 x 61 cm
firma in basso a destra: Massimo Pitis
Feather
client: personal work
1990, sumi ink on cardboard
18 x 24″
signature at lower right: Massimo Pitis

7 Senza titolo (macchia)
committente: Esperia
2007, inchiostro sumi su carta
35 x 50 cm
firma in basso a destra: Massimo Pitis
Untitled (stain)
client: Esperia
2007, sumi ink on cardboard
13 3/4 x 19 3/4″
signature at lower right: Massimo Pitis

8 consigli a un giovane designer

Sii curioso, tocca e smonta le cose con le mani gli occhi e le mani, vedrai che le capirai meglio.

Metti tutto in discussione, comprese le domande che ti vengono poste. Non temere di mettere in discussione anche te stesso.

sempre
Tieni presente che non puoi sapere tutto, quindi non stancarti mai di chiedere.

Sii generoso e non temere che ti copino.

Sii comunicativo e non sentirti inferiore se non padroneggi una lingua. Parla, parla e vedrai che verrai capito.

Prova e sperimenta prima di parlare. Verifica sempre quello che fai.

Sii esigente, anche con te stesso. Non ti accontentare della prima soluzione, lavora in profondità.

Ascolta. Non avere paura della carta stampata, leggi.

Kuno Prey, marzo 2009

curve morbide
"innevate"

alberello unibz
filo di acciaio per molle prezincato - sgrassato -
Ø ca. 0,8 mm _
piegatrice CNC _

cartoncino 270 gr/mf MATT _   pls prova impaginazione:

60% _ DIN come sempre

Frohe Festtage - Buone Feste - Season's greetings

21/10/2009   + LOGO UNIBZ _
               + www.unibz.it

2

inizio filo   fine filo

alberello unibz
esecuzione in filo acciaio per molle (C70) prezincato del diametro di 1,0 mm.
disegno in scala 1:1
fa riferimento la versione digitale in DXF (allegato)
si raccomanda una esatta riproduzione del disegno dell'alberello.
29/10/2009

design unibz.it | kuno prey
facoltà di design e arti
libera università di bolzano

3

1 Otto consigli a un giovane designer
committente: Libera Università
di Bolzano, Facoltà di Design e Arti
2009, fine-liner 0.5 nero su carta
bianca
29.7 x 21 cm
firma in basso a sinistra: Kuno Prey
Otto consigli a un giovane designer
*committente: Libera Università
di Bolzano, Facoltà di Design e Arti
2009, black fine-liner 0.5
on white paper
11 ¾ x 8 ¼˝
signature at lower left: Kuno Prey*

2 Alberello unibz Schizzi della graffetta alberello
committente: Libera Università
di Bolzano
2009, fine-liner 0.5 nero su carta
bianca
29.7 x 21 cm
firma in basso a sinistra: Kuno Prey
*Alberello unibz Schizzi
della graffetta alberello*
*client: Libera Università di Bolzano
2009, black fine-liner 0.5 on white
paper
11 ¾ x 8 ¼˝
signature at lower left: Kuno Prey*

3 Alberello unibz Schizzi con dettagli per la produzione
committente: Libera Università
di Bolzano
2009, fine-liner 0.5 nero su carta
bianca
29.7 x 21 cm
firma in basso a sinistra: Kuno Prey
*Alberello unibz Schizzi
con dettagli per la produzione*
*client: Libera Università di Bolzano
2009, black fine-liner 0.5 on white
paper
11 ¾ x 8 ¼˝
signature at lower left: Kuno Prey*

4 Alberello unibz cartolina con l'alberello-graffetta
committente: Libera Università
di Bolzano
2009, stampa offset su cartoncino
naturale non patinato e filo di acciaio
per molle prezincato da 1mm piegato
con CNC.
9.8 x 20.8 cm
firma sul retro: Kuno Prey
*Alberello unibz cartolina
con l'alberello-graffetta*
*client: Libera Università di Bolzano
2009, offset print on natural
uncoated cardboard and steel wire
3 ⅞ x 8 ⁹⁄₁₆˝
signature on reverse: Kuno Prey*

quando verrà Natale?

Frohe Festtage · Buone Feste · Season's greetings   www.unibz.it

4

RAUCH

Arezzo-IT

2

3

1 Molière
committente: Teatro Stabile
di Bolzano
2010, acrilici su stampa digitale
42 x 30 cm
firmato in basso a destra: ARauch
Molière
client: Teatro Stabile di Bolzano
2010, acrylic on digital print
16 ½ x 11 ⁵⁄₁₆″
signature at lower right: ARauch

**2 Tutti gli uomini nascono liberi
e uguali...**
committente: Artis 89, Paris
1988, collage, ecoline
30 x 22.5 cm
Firma sul retro: ARauch
*Tutti gli uomini nascono liberi
e uguali...*
Artis 89, Paris
1988, collage, ecoline
11 ⅞ x 8 ⅞″
signature on reverse: ARauch

3 Red and wine green
committente: Teach me, Venezia
1999, acrilici su stampa digitale
42 x 30 cm
firmato in basso a destra: ARauch
Red and wine green
client: Teach me, Venezia
1999, acrylic on digital print
16 ½ x 11 ⅞″
signature at lower right: ARauch

2

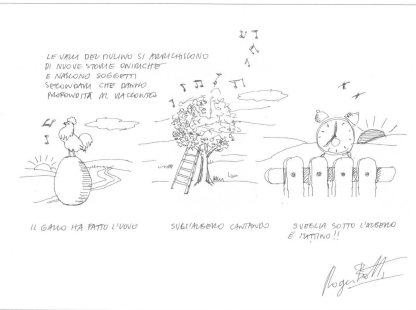

3

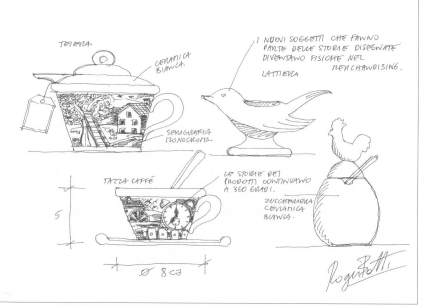

4

1 Studio preliminare marchio FIAT
committente: Fiat Group
2006, matita, pennarelli colorati
e collage su carta
21 x 29.7 cm
firma in basso a destra: Giuliano Dell'Orto
Preliminary study for FIAT logo
client: Fiat Group
2006, pencil, cloured felt tips
and collage on paper
8 ¼ x 11 ¾"
signature at lower right: Giuliano
Dell'Orto

2 Questa storia inizia con… /1
committente: Mulino Bianco - Barilla
2010, penna a sfera nera su carta
21 x 29.7 cm
firma in alto a destra: Roger Botti
Questa storia inizia con… /1
client: Mulino Bianco - Barilla
2010, black ballpoint pen on paper
8 ¼ x 11 ¾"
signature at upper right: Roger Botti

3 Questa storia inizia con… /2
committente: Mulino Bianco - Barilla
2010, penna a sfera nera su carta
21 x 29.7 cm
firma in basso a destra: Roger Botti
Questa storia inizia con… /2
client: Mulino Bianco - Barilla
2010, black ballpoint pen on paper
8 ¼ x 11 ¾"
signature at lower right: Roger Botti

4 Questa storia inizia con… /3
committente: Mulino Bianco - Barilla
2010, penna a sfera nera su carta
21 x 29.7 cm
firma in basso a destra: Roger Botti
Questa storia inizia con… /3
client: Mulino Bianco - Barilla
2010, black ballpoint pen on paper
8 ¼ x 11 ¾"
signature at lower right: Roger Botti

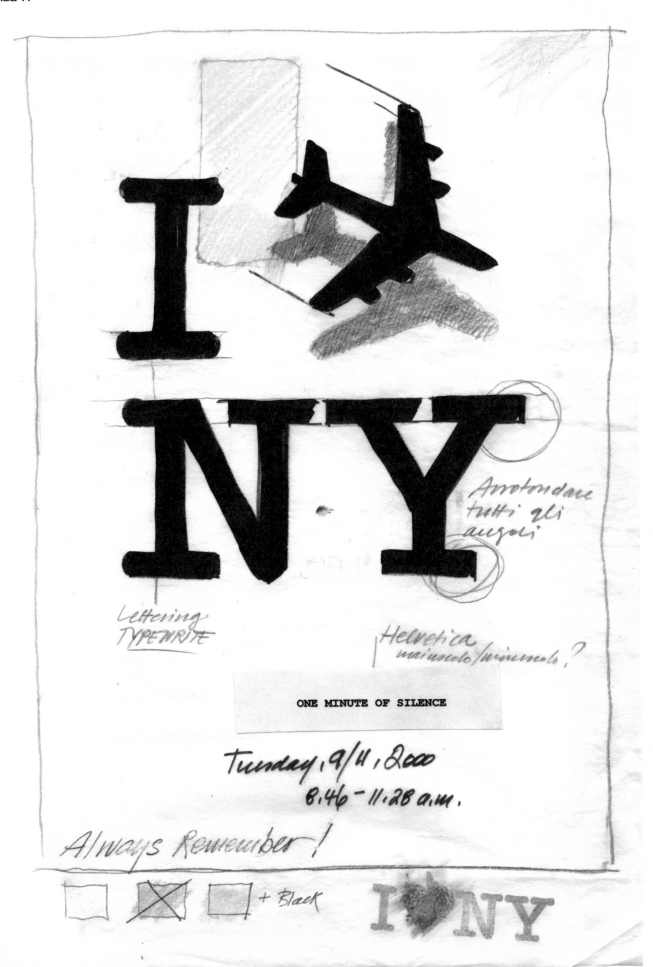

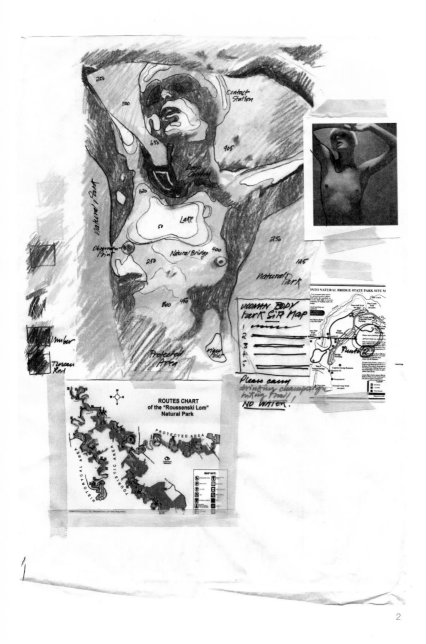

1

1 I...NY
Committente: GraphicFirstAid
2009, pennarelli, pastelli e collage su
carta da lucido
33.5 x 23 cm
firma in alto a destra: Joseph Rossi
I...NY
client: GraphicFirstAid
2009, felt tip pen, crayon and collage
on tracing paper
13 ¼ x 9 ˝
signature at upper right: Joseph
Rossi

2 Body Map
Committente: GraphicFirstAid
2007, pennarelli, pastelli e collage su
carta da lucido
48 x 33.5 cm
firma in alto a sinistra: Joseph Rossi
Body Map
client: GraphicFirstAid
2007, felt tip pen, crayon and collage
on tracing paper
19 x 13 ˝
signature at upper left: Joseph Rossi

3 Black Book
Committente: GraphicFirstAid
2010, pennarelli, pastelli e collage su
carta da lucido
33.5 x 25.5 cm
firma in alto a sinistra: Joseph Rossi
Black Book
client: GraphicFirstAid
2010, felt tip pen, crayon and collage
on tracing paper
13 x 10 ˝
signature at upper left: Joseph Rossi

2

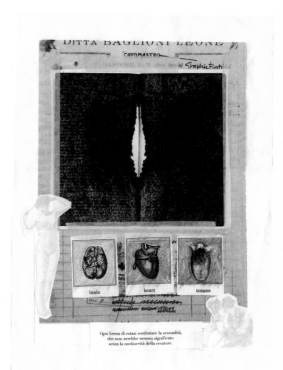

3

Saffron is very valuable

Soffritto

Soffritto

Soffritto

tostatura

stock

soft and creamy

bite

STOCK being absorbed

RICE

|18|-|2O|

18-20 mins

Mantecatura

Milan

· MILAN

Milanese Risotto

1 Milanese Risotto
committente: Phaidon press
2009, penna, pastelli, acquerelli
e collage su carta color crema
42 x 29.7 cm
firma in basso a sinistra: Harriet Russel
Milanese Risotto
client: Phaidon press
2009, pen, pastels, watercolour and
collage on cream-coloured paper
16 ½ x 11 ¼ ˝
signature at lower left: Harriet Russel

2 An Endangered Species
committente: Canadian Centre
for Architecture
2007, penna nera su carta color
crema
42 x 29.7 cm
firma in basso a destra: Harriet Russel
An Endangered Species
client: Canadian Centre
for Architecture
2007, black pen on cream-coloured
paper
16 ½ x 11 ¼ ˝
signature at lower right: Harriet Russel

3 The Great Big Veg Challenge
committente: Smith & Gilmour
for Vermilion publishing
2008, penna nera e matita su carta
color crema
29.7 x 42 cm
firma in basso a sinistra: Harriet Russel
The Great Big Veg Challenge
client: Smith & Gilmour for Vermilion
publishing
2008, black pen and pencil
on cream-coloured paper
11 ¼ x 16 ½ ˝
signature at lower left: Harriet Russel

2

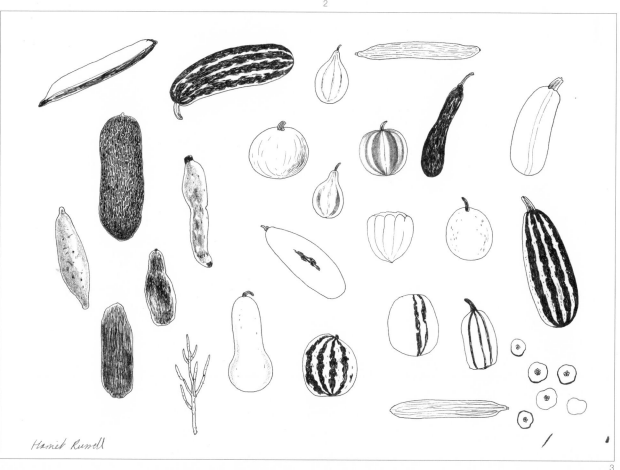

3

SANG SOO

Seoul-ROK

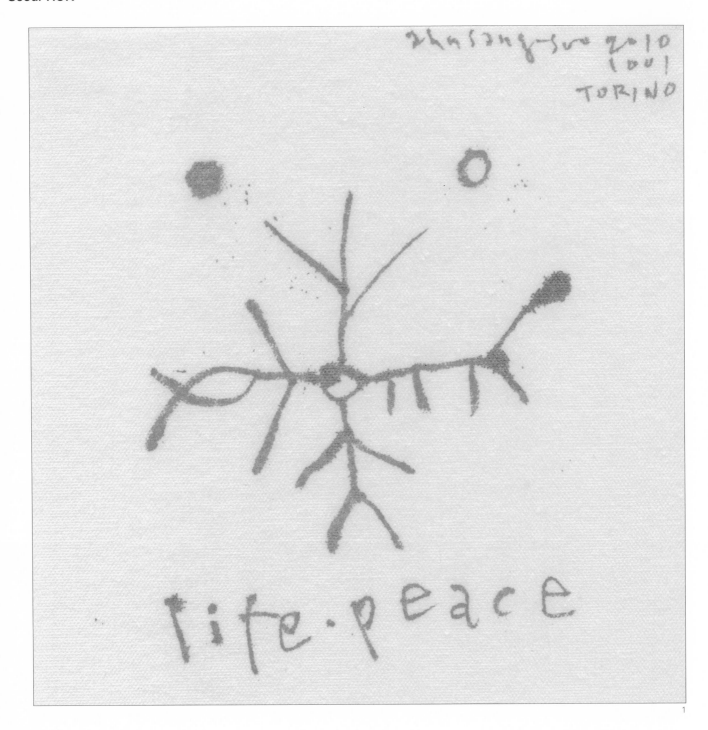

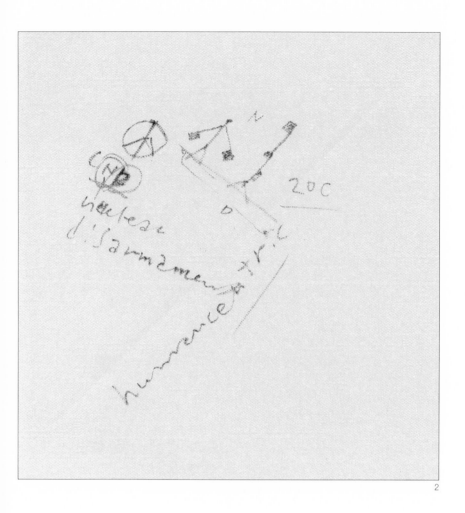

2

1 Life Peace symbol
2010, pennarello arancione
su tovagliolino di carta
20.5 x 20.5 cm
firma in alto a destra: Ahn Sang Soo
Life Peace symbol
2010, orange felt tip on paper
serviette
8 ¹/₁₆ x 8 ¹/₁₆ "
signature at upper right: Ahn Sang
Soo on paper serviette

2 Peace symbol genesis
2010, pennarello nero su tovagliolino
di carta
20.5 x 20.5 cm
Life Peace symbol
2010, black felt tip on paper serviette
8 ¹/₁₆ x 8 ¹/₁₆ "

SCARABOTTOLO

Mialno-IT

2007
ATHENS & EPIDAURUS FESTIVAL

ΑΘΗΝΩΝ ΕΠΙΔΑΥΡΟΥ ΦΕΣΤΙΒΑΛ

SCARABOTTOL

1 Athens & Epidaurus Festival
committente: Athens & Epidaurus
Festival
2007, matita su carta
29.7 x 21 cm
firma in basso a destra: Scarabottolo
Athens & Epidaurus Festival
client: Athens & Epidaurus Festival
2007, pencil on paper
11 ¾ x 8 ¼ "
signature at lower right: Scarabottolo

2 Rumore Bianco
committente: Tucker Film
2008, matita su carta
29.7 x 21 cm
firma in basso a destra: Scarabottolo
Rumore Bianco
client: Tucker Film
2008, pencil on paper
11 ¾ x 8 ¼ "
signature at lower right: Scarabottolo

3 Carlo Goldoni 1707-2007
committente: Regione Veneto
2007, matita e inchiostro su carta
29.7 x 21 cm
firma in basso a destra: Scarabottolo
Carlo Goldoni 1707-2007
client: Regione Veneto
2007, pencil and ink on paper
11 ¾ x 8 ¼ "
signature at lower right: Scarabottolo

2

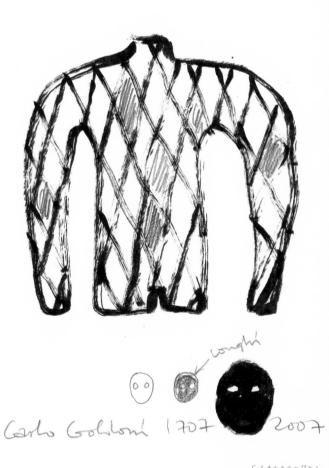

3

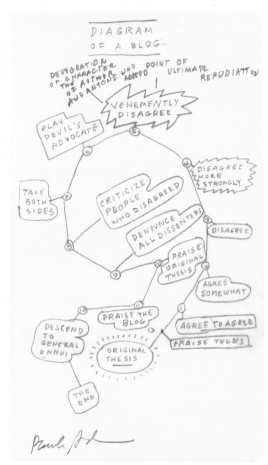

1 Hamlet and Hair
committente: Shakespeare
nel Parco, The Public Theater
2008, carboncino su pagina
di taccuino per gli schizzi
14 x 8.9 cm
firma in basso a sinistra: Paula Scher/
Pentagram
Hamlet and Hair 1
client: Shakespeare in the Park,
The Public Theater
2008, charcoal on white sketckpad
paper
5 ½ x 3 ½ "
signature at lower left: Paula Scher/
Pentagram

2 Identity for the New York
Philharmonic
committente: New York Philharmonic
2009, pennarello nero su carta
20 x 12.7 cm
firma in basso a sinistra: Paula Scher/
Pentagram
Identity for the New York
Philharmonic
client: New York Philharmonic
2009, black felt tip pen on paper
8 x 5 "
signature at lower left: Paula Scher/
Pentagram

3 Diagram of a Blog
committente: The New York Times
Op-Ed Section
2007, pennarello nero su carta
20 x 12.7 cm
firma in basso a sinistra: Paula Scher/
Pentagram
Diagram of a Blog
client: The New York Times Op-Ed
Section
2007, felt tip on paper
8 x 5 "
signature at lower left: Paula Scher/
Pentagram

2

3

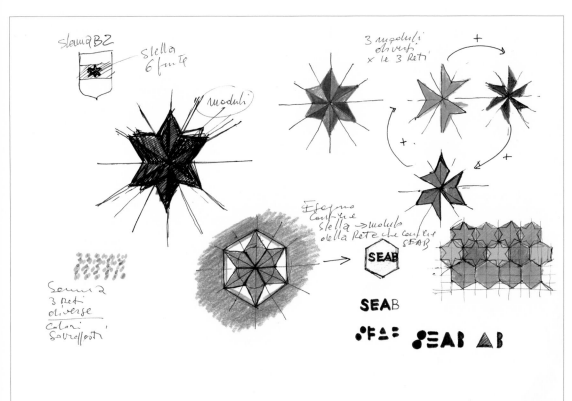

1 PCI
committente: Fondazione Istituto
Gramsci e Fondazione Cespe
2010, penna a sfera, pennarelli
colorati e matite colorate su carta
21 x 29.7 cm
firma sul retro in basso a destra:
LSonnoli
PCI
client: Fondazione Istituto Gramsci
and Fondazione Cespe
2010, ballpoint pen, coloured felt tips
and couloured pencils on paper
8 ¼ x 11 ¾"
signature on reverse at lower right:
LSonnoli

2 SEAB
committente: Seab Bolzano
2010, penna a sfera, pennarelli
colorati e matite colorate su carta
21 x 29.7 cm
firma sul retro in basso a destra:
LSonnolii
SEAB
client: Seab Bolzano
2010, ballpoint pen, coloured felt tips
and couloured pencils on paper
8 ¼ x 11 ¾"
signature on reverse at lower right:
LSonnoli

3 928
committente: azienda vinicola
Rocca dei Venti
2010, penna a sfera, pennarelli
colorati e matite colorate su carta
21 x 29.7 cm
firma sul retro in basso a destra:
LSonnoli
928
client: azienda vinicola
Rocca dei Venti
2010, ballpoint pen, coloured felt tips
and couloured pencils on paper
8 ¼ x 11 ¾"
signature on reverse at lower right:
LSonnoli

2

3

SPEASMAKER

New York-USA

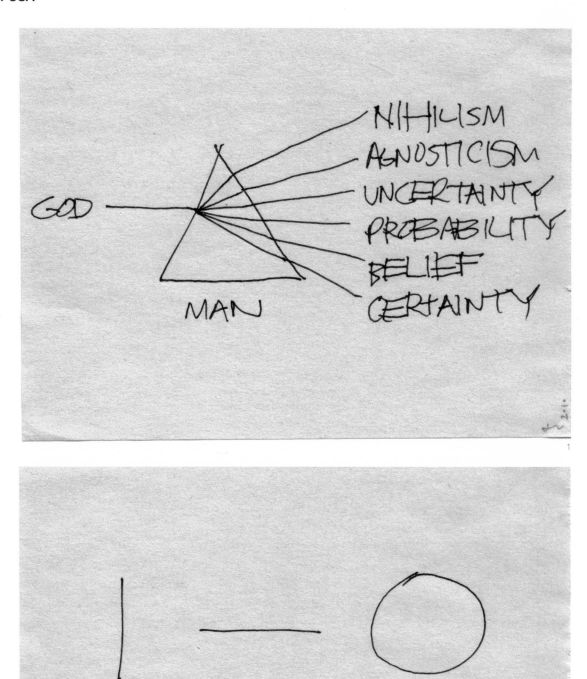

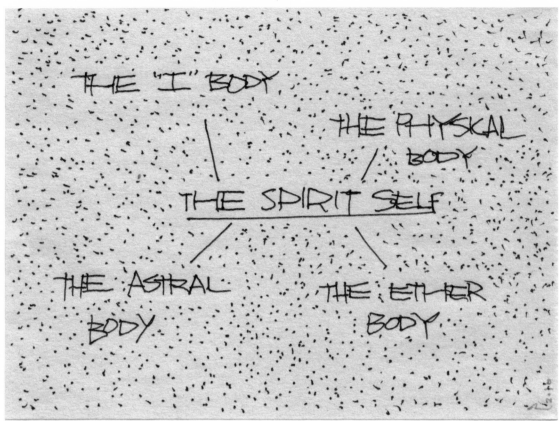

3

1 Appunti 1
2010, inchiostro su carta da giornale
10 x 14 cm
firma in basso a destra: jhs
Notes 1
2010, ink on newsprint
3 ⁵/₁₆ x 5 ½"
signature at lower right: jhs

2 Appunti 2
2010, inchiostro su carta da giornale
10 x 14 cm
firma in basso a destra: jhs
Notes 2
2010, ink on newsprint
3 ⁵/₁₆ x 5 ½"
signature at lower right: jhs

3 Appunti 3
2010, inchiostro su carta da giornale
10 x 14 cm
firma in basso a destra: jhs
Notes 3
2010, ink on newsprint
3 ⁵/₁₆ x 5 ½"
signature at lower right: jhs

SPIEKERMANN

Berlin-D

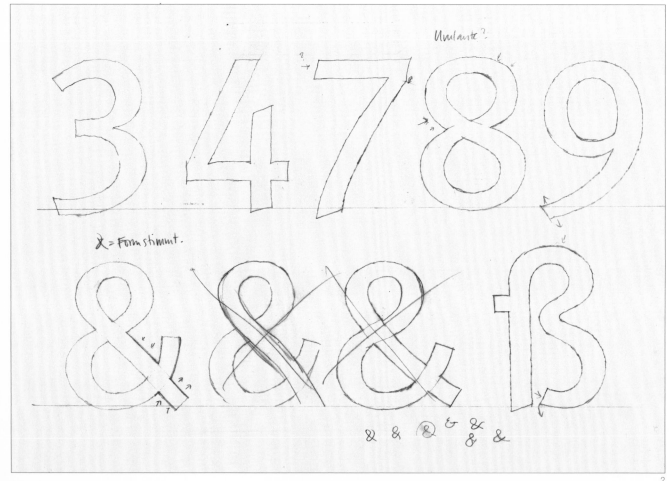

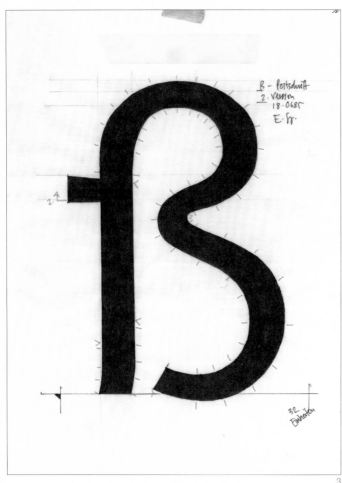

3

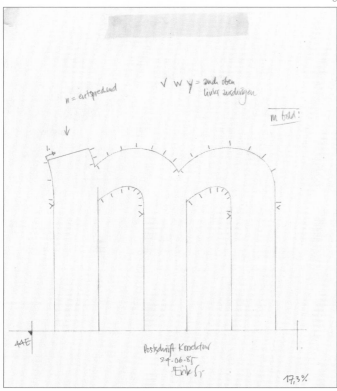

4

1 Sketch for FF Meta: Early rough drawings, letters m and n
committente: Bundespost / FontShop International
1985, matita su carta da lucido
29 x 21 cm
sigla in basso a destra: ESp
Sketch for FF Meta: Early rough drawings, letters m and n
client: Bundespost / FontShop International
1985, pencil on transparent paper
11 ¾ x 8 ¼ "
initials al lower right: ESp

2 Sketch for FF Meta: figures, &, ß
committente: Bundespost / FontShop International
1985, matita su rotolo di carta da lucido
42 x 29 cm
Sketch for FF Meta: figures, &, ß
client: Bundespost / FontShop International
1985, pencil on transparent paper roll
16 ½ x 11 ¾ "

3 Sketch for FF Meta: letter ß
committente: Bundespost / FontShop International
1985, pennarello e penna rossa su carta da lucido
21 x 29 cm
iniziali in alto a destra: ESp
Sketch for FF Meta: letter ß
client: Bundespost / FontShop International
1985, felt tip and red pen on transparent paper
8 ¼ x 11 ¾ "
initials at upper right: ESp

4 Sketch for FF Meta: letter m
committente: Bundespost / FontShop International
1985, matita e penna rossa su carta da lucido
29 x 29 cm
Bundespost / FontShop International
sigla in basso al centro: Erik Sp
Sketch for FF Meta: letter m
client: Bundespost / FontShop International
1985, pencil and red pen on transparent paper
11 ¾ x 11 ¾ "
initials in centre at base: Erik Sp

STEINER

Milano-IT

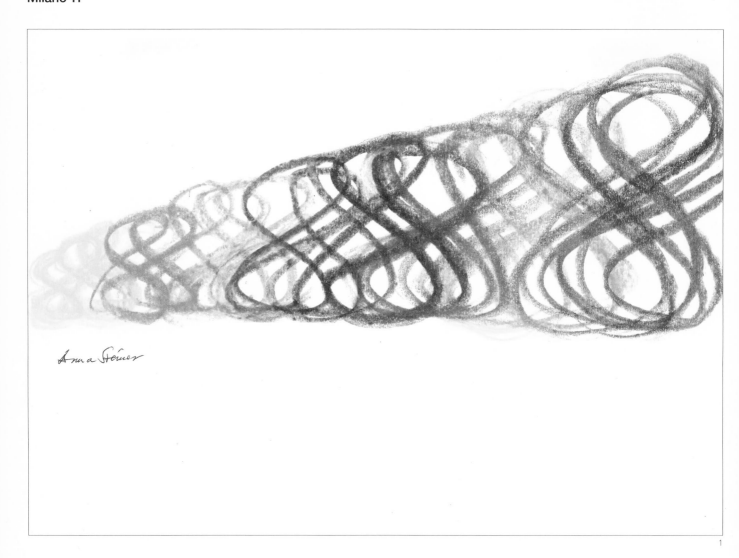

2

**1 8 marzo, La condizione della
donna misura di cilviltà**
committente: Partito Comunista
Italiano
1986, pastelli a cera su carta
21 x 29.7 cm
firma in basso a sinistra: Anna Steiner
*8th March, The woman's
condition measure of civility*
client: Partito Comunista Italiano
1986, coloured crayon on paper
11 ¾ x 8 ¼ ″
signature at lower left: Anna Steiner

2 L'uomo Nero
committente: Università degli Studi
di Milano
2003, pennarello nero su carta
patinata lucida
29.7 x 21 cm
firma in basso a destra: Anna Steiner
L'uomo Nero
client: Università degli Studi di Milano
2003, black felt tip on glossy coated
paper
11 ¾ x 8 ¼ ″
signature at lower right: Anna Steiner

**3 Per le strade di Milano, guida
estate 2005**
committente: Comune di Milano
2005, pastelli a cera su carta bianca
29.7 x 42 cm
firma in alto a destra: Anna Steiner
*Through the streets of Milan,
summer 2005 guide*
client: Milan City Council
2005, coloured crayon on white
paper
11 ¾ x 16 ½ ″
signature at upper right: Anna Steiner

3

STUDIO BOOT

Hertogenbosch-NL

1

2

3

4

5

6

7

8

9

10

11

12

13

14

15

16

17

18

19

1 Oilily / Dutch Design Series 01
committente: Oilily/BNO
1996, inchiostro blu su carta
29.7 x 21 cm
firma in basso a destra: Boot, Edwin
Oilily / Dutch Design Series 01
client: Oilily/BNO
1996, blue ink on paper
11 ¾ x 8 ¼ "
signature at lower right: Boot, Edwin

2 Oilily / Dutch Design Series 02
committente: Oilily/BNO
1996, inchiostro blu su carta
35 x 25 cm
firma in basso a destra: Boot, Edwin
Oilily / Dutch Design Series 02
client: Oilily/BNO
1996, blue ink on paper
13 ¾ x 9 ⅞ "
signature at lower right: Boot, Edwin

3 Oilily / Dutch Design Series DEF
committente: Oilily/BNO
1996, inchiostro blu su carta
25 x 35 cm
firma in basso a destra: Boot, Edwin
Oilily / Dutch Design Series DEF
client: Oilily/BNO
1996, blue ink on paper
9 ⅞ x 13 ¾ "
signature at lower right: Boot, Edwin

4-10 Year of the rat
2008, penna, matita su carta
e sottobicchieri
29.7 x 21 cm
firma in basso a destra: Boot, Edwin
Year of the rat
2008, pen, pencil on paper
and beer-coasters
11 ¾ x 8 ¼ "
signature at lower right: Boot, Edwin

11-19 Year of the dog
2006, penna, matita e inchiostro
su carta
29.7 x 21 cm
firma in basso a destra: Boot, Edwin
Year of the dog
2006, pen, pencil and ink on paper
11 ¾ x 8 ¼ "
signature at lower right: Boot, Edwin

STUDIO FM

Milano-IT

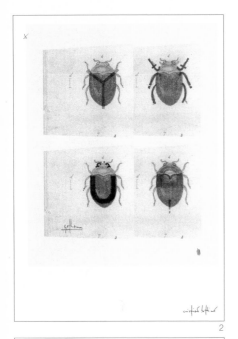

2

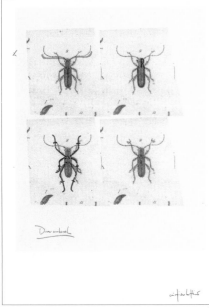

3

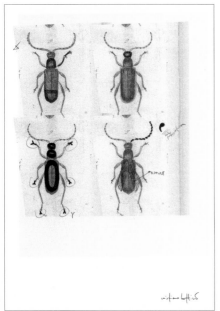

4

5

1 Veduta
committente: LAC / Lugano Arti
Contemporanee
2010, matita, pastello, acquerelli
su carta
33 x 24 cm
firma in basso a destra: Barbara Forni
View
client: LAC / Lugano Arti
Contemporanee
2010, pencil, watercolour, pastel,
on paper
13 x 9 ¼ ˝
signature at lower right: Barbara Forni

2 Entomologia Tipografica 1
2009, matite colorate, pennarelli
ed evidenziatori su fotocopia
29.7 x 21 cm
firma in basso a destra:
Cristiano Bottino
Typographic Entomology 1
2009, coloured pencils, felt tips
and highlighters on photocopy
11 ¾ x 8 ¼ ˝
signature at lower right:
Cristiano Bottino

3 Entomologia Tipografica 2
2009, matite colorate, pennarelli
ed evidenziatori su fotocopia
29.7 x 21 cm
firma in basso a destra:
Cristiano Bottino
Typographic Entomology 2
2009, coloured pencils, felt tips
and highlighters on photocopy
11 ¾ x 8 ¼ ˝
signature at lower right:
Cristiano Bottino

4 Entomologia Tipografica 3
2009, matite colorate, pennarelli
ed evidenziatori su fotocopia
29.7 x 21 cm
firma in basso a destra:
Cristiano Bottino
Typographic Entomology 3
2009, coloured pencils, felt tips
and highlighters on photocopy
11 ¾ x 8 ¼ ˝
signature at lower right:
Cristiano Bottino

5 Disegnini
committente: Urmet Group
2006, penna e pennarelli su carta
18.5 x 18.5 cm
firma in basso a destra:
Sergio Menichelli
Little drawings
client: Urmet Group
2006, pen and felt tips on paper
7 ¼ x 7 ¼ ˝
signature at lower right:
Sergio Menichelli

2

1 Senza titolo 1
committente: La Biennale di Venezia
2001, grafite su carta pergamenata
15.6 x 17.7 cm
firma in basso a sinistra:
PG Pescolderung Gianluigi
Untitled 1
client: La Biennale di Venezia
2001, graphite on vellum paper
6 1/8 x 6 5/16 ˝
signature at lower left:
PG Pescolderung Gianluigi

2 Senza titolo 3
committente: La Biennale di Venezia
2001, grafite su carta pergamenata
15.6 x 17.7 cm
firma in basso a sinistra:
PG Pescolderung Gianluigi
Untitled 3
client: La Biennale di Venezia
2001, graphite on vellum paper
6 1/8 x 6 5/16 ˝
signature at lower left:
PG Pescolderung Gianluigi

3 Senza titolo 2
committente: La Biennale di Venezia
2001, grafite su carta pergamenata
19.3 x 18.1 cm
firma in basso a sinistra:
PG Pescolderung Gianluigi
Untitled 2
client: La Biennale di Venezia
2001, graphite on vellum paper
7 5/8 x 7 1/8 ˝
signature at lower left:
PG Pescolderung Gianluigi

3

Qwerty, Ui o Fghjk & Lzxc

+spx.

CONTINUA SU DOPPIA

Velvetica

Cosolan Helic

Nmqwer ty, uio pa sdfghj k:
Lz xcv bnm 564, 12.

Qw erty ui;
OP. ASDF& (Ghj klzxcvb)

Gothic Moodboard   NUOVO TITOLO

Testi Italiano

2

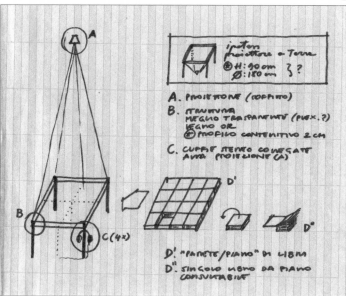

3

1 giallo su giallo
committente: Manuel Bonfanti
2007, penna a sfera, stampa a getto
d'inchiostro su carta colorata
29.7 x 21 cm
firma in basso a sinistra:
Studio Temp - Marco Fasolini -
Fausto Giliberti - Guido Daminelli - T
giallo su giallo
client: Manuel Bonfanti
2007, ballpoint pen, inkjet print
on coloured paper
11 ¾ x 8 ¼"
signature at lower left:
Studio Temp - Marco Fasolini -
Fausto Giliberti - Guido Daminelli - T

2 hey man...
committente: Emilio Bertuletti
2010, pennarello e penna a sfera
su carta, stampa risograph su carta
29.7 x 21 cm
firma in basso a sinistra:
Studio Temp - Marco Fasolini -
Fausto Giliberti - Guido Daminelli - T
hey man...
client: Emilio Bertuletti
2010, felt tip and ballpoint pen
on paper, risograph print on paper
11 ¾ x 8 ¼"
signature at lower left:
Studio Temp - Marco Fasolini -
Fausto Giliberti - Guido Daminelli - T

3 tecnograph buongiorno!
committente: Graphic Design
Worlds, Triennale di Milano
2010, pennarello su carta a righe
16 x 19.5 cm
firma in alto a sinistra:
Studio Temp - Marco Fasolini -
Fausto Giliberti - Guido Daminelli - T
tecnograph buongiorno!
client: Graphic Design Worlds,
Triennale di Milano
2010, felt tip on ruled paper
6 ¼ x 7 ¹¹/₁₆"
signature at upper left:
Studio Temp - Marco Fasolini -
Fausto Giliberti - Guido Daminelli - T

SUPERMUNDANE

London-UK

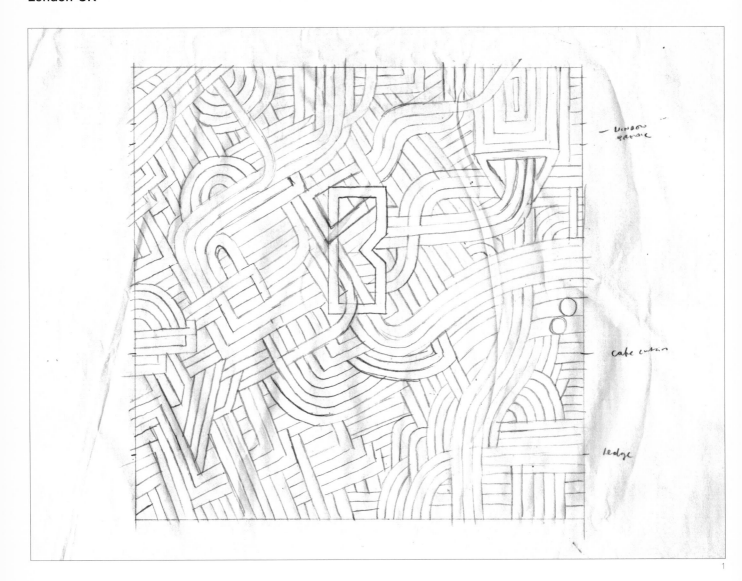

window
garage

cafe window

ledge

1 Bob Bob Ricard - B 1
committente: ristorante Bob Bob
Ricard, Soho, London
2008, matita su carta da schizzo
42 x 29.7 cm
timbro e firma in basso a sinistra:
Supermundane
Bob Bob Ricard - B 1
client: Bob Bob Ricard resturant,
Soho, London
2008, pencil on sketchpad paper
16 ½ x 11 ¾ ˝
stamp and signature at lower left:
Supermundane

2 Bob Bob Ricard - B 2
committente: ristorante Bob Bob
Ricard, Soho, London
2008, matita su carta da schizzo
42 x 29.7 cm
timbro e firma in basso a sinistra:
Supermundane
Bob Bob Ricard - B 2
client: Bob Bob Ricard resturant,
Soho, London
2008, pencil on sketchpad paper
16 ½ x 11 ¾ ˝
stamp and signature at lower left:
Supermundane

3 Bob Bob Ricard - R
committente: ristorante Bob Bob
Ricard, Soho, London
2008, matita su carta da schizzo
42 x 29.7 cm
timbro e firma in basso a sinistra:
Supermundane
Bob Bob Ricard - R
client: Bob Bob Ricard resturant,
Soho, London
2008, pencil on sketchpad paper
16 ½ x 11 ¾ ˝
stamp and signature at lower left:
Supermundane

2

3

TANKBOYS

Venezia-IT

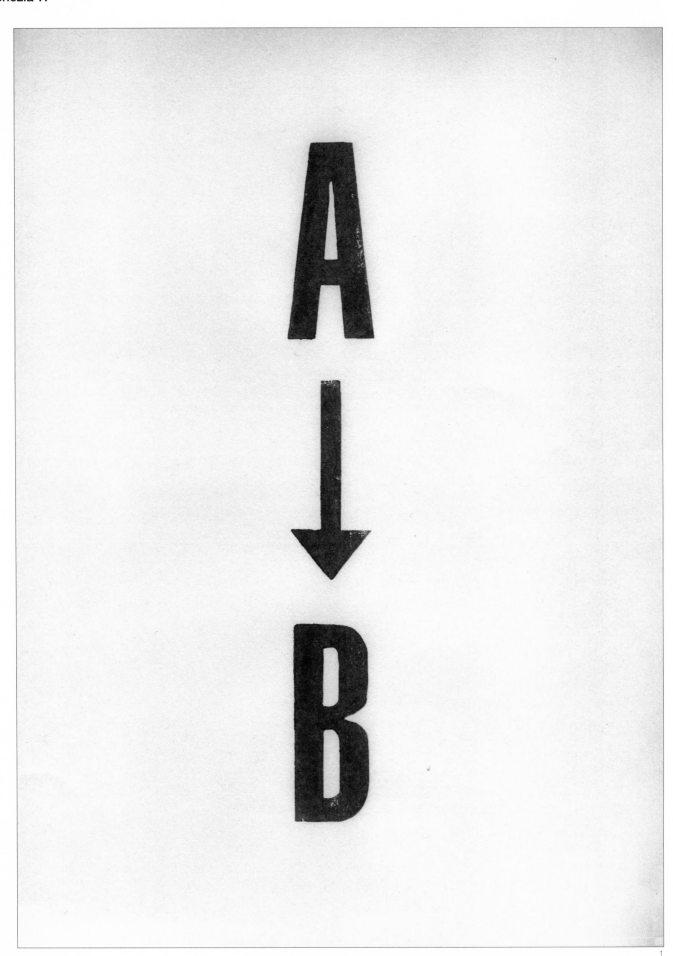

2

1 A determina B,
prova di manifesto
2009, stampa Linoleum
firma in basso a destra: Tankboys
30 x 22 cm
A determina B,
prova di manifesto
2009, print Linoleum
11 ⁹/₁₆ x 8 ¹¹/₁₆ ˝
signature at lower right: Tankboys

2 Ailati, sistema di moduli
committente: La Biennale di Venezia
2010, matita su carta a quadretti
29,7 x 21 cm
firma in basso a destra: Tankboys
Ailati, sistema di moduli
client: La Biennale di Venezia
2010, pencil on squared paper
11 ⅔ x 8 ¼ ˝
signature at lower right: Tankboys

3 Hey! Hey! Hey! Look at Me
committente: Pitti Immagine,
progetto non realizzato
2010, matita e penna su carta
21 x 29.7
Hey! Hey! Hey! Look at Me
client: Pitti Immagine,
unrealized project
2010, pencil and pen on paper
8 ¼ x 11 ¾ ˝

3

1 The Record's
committente: edizione limitata CD
The Record's
2010, inchiostro su legno
13 x 15 cm
firma sul retro: Stefano Temporin
The Record's
client: limited-edition CD The Record's
2010, ink on wooden plank
5 ⅛ x 5 ⁵⁄₁₆ "
signature on reverse: Stefano Temporin

2 R
committente: edizione limitata CD
The Record's
2010, inchiostro su legno
13 x 15 cm
firma sul retro: Stefano Temporin
R
client: limited-edition CD The Record's
2010, ink on wooden plank
5 ⅛ x 5 ⁵⁄₁₆ "
signature on reverse: Stefano Temporin

3 Flora et Fauna
committente: edizione limitata CD
The Record's
2010, grafite su legno
13 x 15 cm
firma sul retro: Stefano Temporin
Flora et Fauna
client: limited-edition CD The Record's
2010, graphite on wooden plank
5 ⅛ x 5 ⁵⁄₄ "
signature on reverse: Stefano Temporin

2

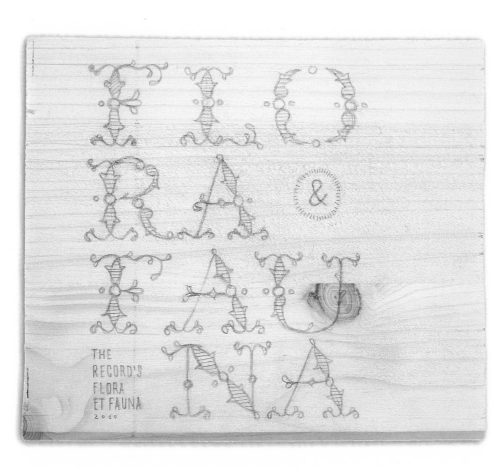

3

TENAZAS DESIGN

New York-USA

2

3

1 Schizzi per annuncio Art Space
committente: Art Space, San Francisco
(no longer in existence)
1987, matita e inchiostro
su pergamena
14 x 14 cm
firma in basso a destra:
Lucille L. Tenazas
Sketch for Art Space announcement
client: Art Space, San Francisco
(no longer in existence)
1987, pencil and ink on vellum
5 ½ x 5 ½"
signature at lower right:
Lucille L. Tenazas

**2 Schizzi digitali per Wadsworth
Anthology of Poetry**
committente: Wadsworth Publishing.p
2004, stampa digitale su carta
114 x 81 cm
firma in basso a destra:
Lucille L. Tenazas
*Digital sketches for Wadsworth
Anthology of Poetry*
client: Wadsworth Publishing.p
2004, digital print on paper
40 ½ x 32"
signature at lower right:
Lucille L. Tenazas

3 It's Always About the Accidents
committente: School of Constructed
Environments, Parsons The New
School for Design
2008, stampa digitale su carta
103 x 81 cm
firma in basso a destra:
Lucille L. Tenazas
It's Always About the Accidents
*client: School of Constructed
Environments, Parsons The New
School for Design*
2008, digital print on paper
45 x 32"
signature at lower right:
Lucille L. Tenazas

TOMATO

London-UK

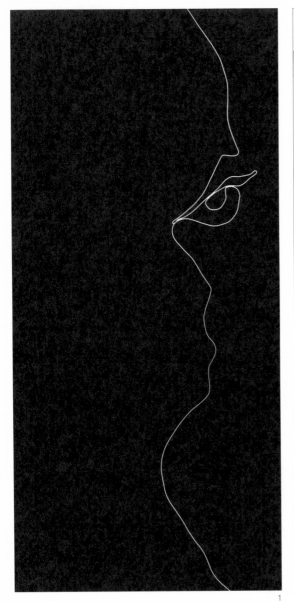

1

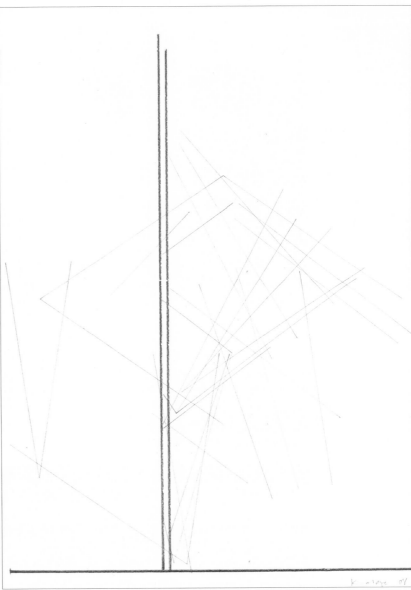

2

3

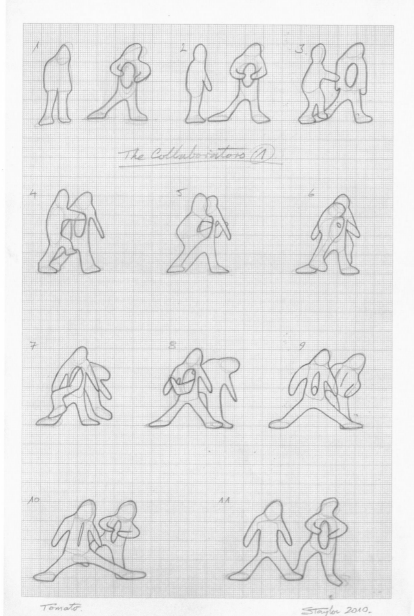

4

1 Orson
2010, PhotogramSize
30.4 x 15 cm
firma sul retro in basso a sinistra:
Dylan Kendle
Orson
2010, PhotogramSize
12 x 5 ⅞"
signature on reverse at lower felt:
Dylan Kendle

2 Jack
2008, matita su carta
24 x 29,7 cm
firma in basso a destra: Jason Kedgley
Jack
2008, pencil on paper
16 x 11 ¾"
signature at lower right: Jason Kedgley

3 Erice
2004, pastelli conté su carta
24 x 32 cm
firma in basso a destra: Simon Taylor
Erice
2004, Conté crayon on paper
9 ½ x 12 ⁹/₁₆"
signature at lower right: Simon Taylor

4 The Collaborators
2010, matita su carta millimetrata
34 x 23 cm
firma sul retro in basso:
Tomato Simon Taylor
The Collaborators
2010, pencil on graph paper
13 ⅜ x 9"
signature on reverse at base:
Tomato Simon Taylor

1 Pull down the wall
2003, china, matita e acquerello
su cartoncino
29.7 x 21 cm
firma e timbro su retro in basso
a destra: U_3 Undesign
Pull down the wall
2003, Indian ink, pencil
and watercolour on cardboard
11 ¾ x 8 ˝
signature on reverse at lower right:
U_3 undesign

2 Build the bridge
2003, china, matita e aquerello
su cartoncino
29.7 x 21 cm
firma e timbro su retro in basso
a destra: U_3 undesign
Build the bridge
2003, Indian ink, pencil
and watercolour on cardboard
11 ¾ x 8 ¼ ˝
signature on reverse at lower right:
U_3 undesign

3 Give Joy
2003, china, matita e aquerello
su cartoncino
29.7 x 21 cm
firma e timbro su retro in basso
a destra: U_3 undesign
Give Joy
2003, Indian ink, pencil
and watercolour on cardboard
11 ¾ x 8 ¼ ˝
signature on reverse at lower right:
U_3 undesign

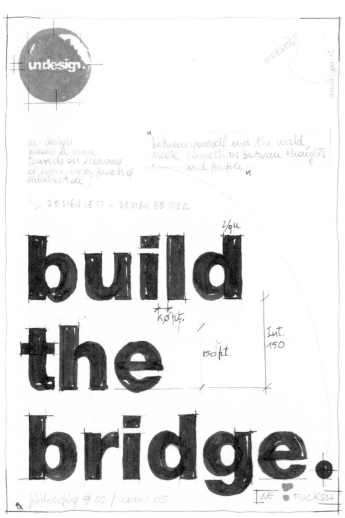

2

3

VULPINARI

Treviso-IT

1 Fuck War
committente: Nava
2008, inchiostro nero su carta
34.5 x 48.5 cm
firma in alto a destra: O. Vulpinari
Fuck War
client: Nava
2008, black ink on paper
13 ⅝ x 15 ¼ ˝
signature at upper right: O. Vulpinari

1

1 Brno Biennial Poster 01
committente: Moravian Gallery
in Brno, CZ
2010, stampa digitale su carta
59.4 x 42 cm
firma in basso a destra: Adam
Machacek, Sebastien Bohner
Brno Biennial Poster 01
client: Moravian Gallery in Brno, CZ
2010, digital print on paper
23 ⅜ x 16 ½ ″
signature at lower right: Adam
Machacek, Sebastien Bohner

2 Brno Biennial Poster 02
committente: Moravian Gallery
in Brno, CZ
2010, stampa digitale su carta
59.4 x 42 cm
firma in basso a destra: Adam
Machacek, Sebastien Bohner
Brno Biennial Poster 02
client: Moravian Gallery in Brno, CZ
2010, digital print on paper
23 ⅜ x 16 ½ ″
signature at lower right: Adam
Machacek, Sebastien Bohner

ZAGNOLI

Milano-IT

OZ

1 The New York Times "The Scoop"
iPhone Application. 01
committente: The New York Times |
John Niedermeyer
2010, matita su carta
21 x 14.8 cm
firma in basso a destra: OZ
The New York Times "The Scoop"
iPhone Application. 01
client: The New York Times |
John Niedermeyer
2010, pencil on paper
8 ¼ x 5 ⁵/₁₆"
signature at lower right: OZ

2 The New York Times "The Scoop"
iPhone Application. 02
committente: The New York Times |
John Niedermeyer
2010, matita su carta
21 x 14.8 cm
firma in basso a destra: OZ
The New York Times "The Scoop"
iPhone Application. 02
client: The New York Times |
John Niedermeyer
2010, pencil on paper
8 ½ x 5 ⁵/₁₆"
signature at lower right: OZ

3 The New York Times "The Scoop"
iPhone Application. 03
committente: The New York Times |
John Niedermeyer
2010, matita su carta
21 x 14.8 cm
firma in basso a destra: OZ
The New York Times "The Scoop"
iPhone Application. 03
client: The New York Times |
John Niedermeyer
2010, pencil on paper
8 ¼ x 5 ⁵/₁₆"
signature at lower right: OZ

2

3

ZAHEDI

Teheran-IR

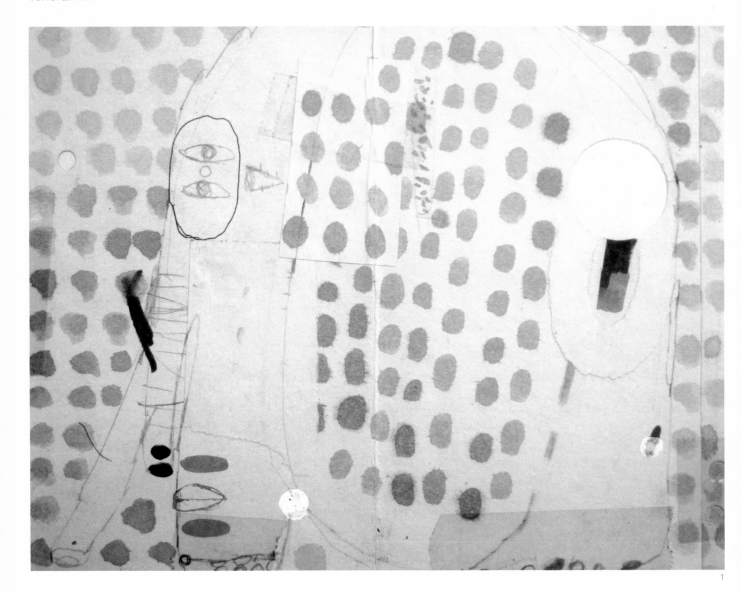

1

2

3

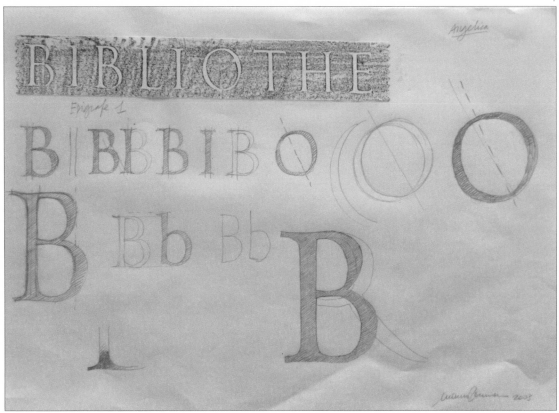

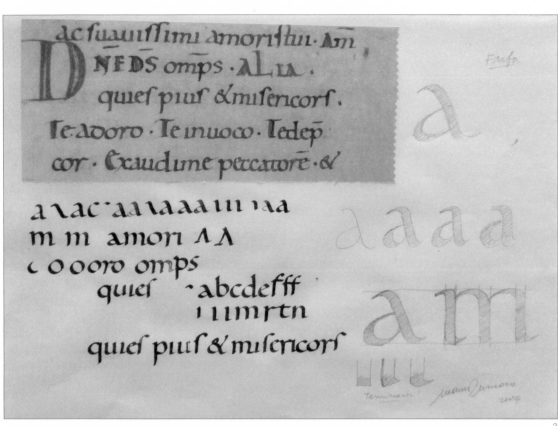

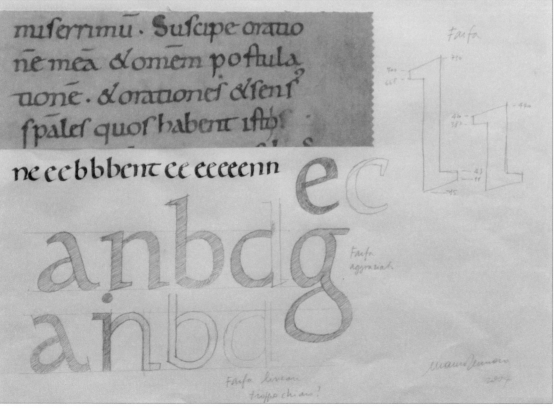

1 Studi per il progetto
del carattere Angelica 01
committente: Biblioteca Angelica, Roma
2003, collage e matite su carta
29.7 x 42 cm
firma in basso a destra: Mauro Zennaro
*Studies for the design
of typeface Angelica 01*
*client: Biblioteca Angelica, Rome
2003, collage and pencil on paper
11 ¾ x 16 ½"
signature at lower right: Mauro Zennaro*

2 Studi per il progetto
del carattere Angelica 02
committente: Biblioteca Angelica, Roma
2003, collage e matite su carta
29.7 x 42 cm
firma in basso a destra: Mauro Zennaro
*Studies for the design
of typeface Angelica 02*
*client: Biblioteca Angelica, Rome
2003, collage and pencil on paper
11 ¾ x 16 ½"
signature at lower right: Mauro Zennaro*

3 Studi per il progetto
del carattere Farfa 01
committente: Comune di Fara in
Sabina, Rieti
2007, collage, inchiostro e matita
su carta
29.7 x 42 cm
firma in basso a destra: Mauro Zennaro
*Studies for the design
of typeface Farfa 01*
*client: Comune di Fara in Sabina, Rieti
2007, collage, ink and pencil on paper
11 ¾ x 16 ½"
signature of lower right: Mauro Zennaro*

4 Studi per il progetto
del carattere Farfa 02
committente: Comune di Fara in
Sabina, Rieti
2007, collage, inchiostro e matita
su carta
29.7 x 42 cm
firma in basso a destra: Mauro Zennaro
*Studies for the design
of typeface Farfa 02*
*client: Comune di Fara in Sabina, Rieti
2007, collage, ink and pencil on paper
11 ¾ x 16 ½"
signature at lower right: Mauro Zennaro*

3

4

ZEROPERZERO

Seoul-ROK

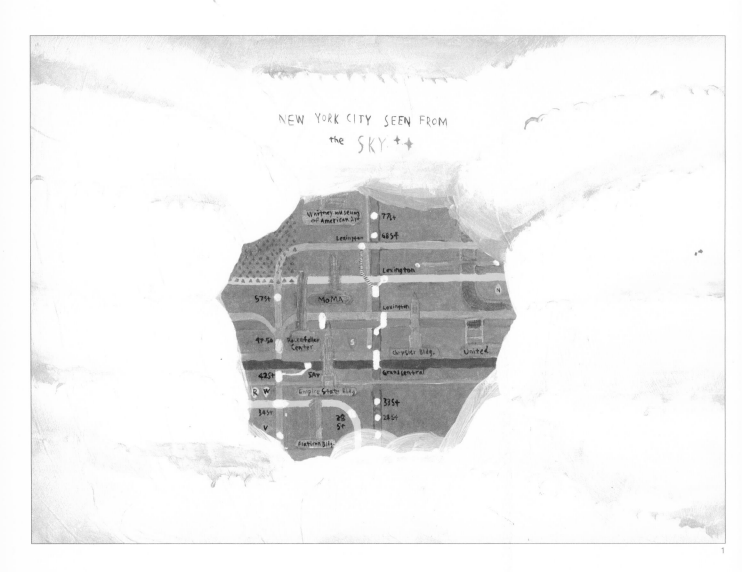

1 New York City seen from the SKY
2009, acrilici su carta cotonata
28 x 37 cm
firma sul retro: Zero per zero
New York City seen from the SKY
2009, acrylic on cotton paper
11 x 14 ½ ″
signature on reverse: Zero per zero

2 Statue of Liberty
2010, inchiostro colorato
su carta cotonata
28 x 20 cm
firma sul retro: Zero per zero
Statue of Liberty
2010, ink on cotton paper
11 x 7 ⅞ ″
signature on reverse: Zero per zero

3 Central Park NYC
2010, inchiostro colorato
su carta cotonata
20 x 28 cm
firma sul retro: Zero per zero
Central Park NYC
2010, coloured ink on cotton paper
7 ⅞ x 11 ″
signature on reverse: Zero per zero

2

3

ZETALAB

Milano-IT

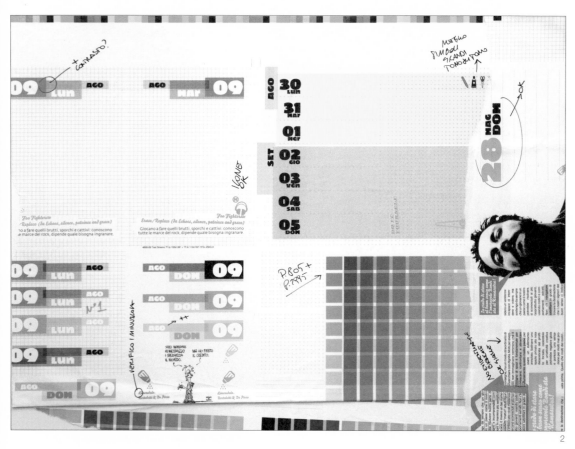

2

1 Moleskine City Notebook Card
committente: Moleskine
2005, matita, penne e nastro
adesivo su stampa digitale su carta
21 x 29.7 cm
adesivo sul retro: Zetalab
Moleskine City Notebook Card
client: Moleskine
2005, pencil, pen and adesive tape
on digital print on paper
8 ¼ x 11 ¾"
sticker on reverse: Zetalab

2 Prova stampa Smemoranda 2010
committente: Smemo Media
Corporation
2008, penna e matita su stampa
Offset con colori speciali
37 x 50 cm
adesivo sul retro: Zetalab
Prova stampa Smemoranda 2010
client: Smemo Media Corporation
2008, pencil and pen on Offset print
with special colours
14 ½ x 19 ¹¹⁄₁₆"
sticker on reverse: Zetalab

Biografie *Biographies*

ACHILLI GHIZZARDI ASSOCIATI

Fondata a Milano nel 1985 da Franco Achilli e Guglielmo Ghizzardi, è un'agenzia indipendente che opera nei diversi ambiti della comunicazione e dell'identità dell'impresa, dalla visual identity al corporate advertising, dall'exhibit design alla grafica per gli eventi culturali. Franco Achilli, architetto, ha studiato con Alfred Hohenegger e alla School of Visual Art di New York; è docente alla Naba di Milano, al Master in Editoria dell'Università degli Studi e all'Università Iulm di Milano. Guglielmo Ghizzardi ha studiato con Albe Steiner ed è stato allievo di AG Fronzoni all'Istituto d'Arte di Monza, insegnando per diversi anni graphic design all'Accademia di Comunicazione di Milano. Tra i principali clienti: gruppi industriali e bancari, enti culturali, case editrici, società finanziarie. Progetti dell'agenzia sono apparsi sulle più importanti riviste italiane e internazionali (tra cui "Lineagrafica", "Novum", "Graphis") e su rassegne sul design italiano contemporaneo (tra cui Graphis Annual, Grafici italiani, ADI Index, La grafica in Italia).

Founded in Milan in 1985 by Franco Achilli and Guglielmo Ghizzardi, Achilli Ghizzardi Associati is an independent agency that operates in various fields of communication and corporate identity: its services encompass everything from visual identity to corporate advertising, exhibition design and graphic design for cultural events. Architect Franco Achilli studied with Alfred Hohenegger and at the School of Visual Art in New York; he lectures at the NABA in Milan, on the Masters in Publishing at Milan University and at the IULM University in Milan. Guglielmo Ghizzardi studied with Albe Steiner and was a student of AG Fronzoni at the Monza Art Institute; he taught graphic design at the Accademia di Comunicazione in Milan for several years. The practice's main clients include industrial and banking groups, cultural bodies, publishing houses and financial companies, and its designs have appeared in the leading Italian and international journals (including "Lineagrafica", "Novum" and "Graphis") and in reviews of contemporary Italian design (including Graphis Annual, Grafici italiani, ADI Index and La grafica in Italia).

ALIZARINA

È uno studio di comunicazione visiva fondato a Milano nel 2005 da Raffaella Colutto e Silvia Sfligiotti. Lo studio progetta sistemi di identità, prodotti editoriali, allestimenti multimediali, siti web, campagne ed eventi culturali. Nel corso degli anni il lavoro di Alizarina ha ricevuto numerosi riconoscimenti (tra cui la selezione al XX Compasso d'Oro e alla XXIII Biennale della grafica di Brno). Raffaella Colutto è una designer e art director con grande esperienza nella progettazione di riviste, multimedia e siti web. Silvia Sfligiotti è una graphic designer e critica della comunicazione visiva; insegna alla Facoltà di Design e Arti della Libera Università di Bolzano e alla Scuola Politecnica di Design di Milano.

Alizarina is a visual communication studio that was founded in 2005 by Raffaella Colutto and Silvia Sfligiotti. The studio designs brand identity systems, editorial solutions, multimedia exhibitions, websites, cultural campaigns and events. Through the years, Alizarina's work has received widespread recognition (it was shortlisted for the 20th Compasso d'Oro and 23th Graphic Design Biennale in Brno, amongst other successes). Raffaella Colutto is a designer and art director specialising in magazine, multimedia and web design. Silvia Sfligiotti is a graphic designer and visual communication critic; she currently teaches in the Faculty of Design and Art of the Free University of Bozen/Bolzano, and at the Scuola Politecnica di Design in Milan.

GAIL ANDERSON

Ex direttrice creativa per il design alla SpotCo. Dal 1987 fino agli inizi del 2002 è stata senior art director della rivista Rolling Stone. Il suo lavoro, che ha ricevuto numerosi riconoscimenti, è nelle collezioni permanenti del Cooper Hewitt Design Museum e della Library of Congress. È co-autrice, con Steven Heller, di sei libri sul design e dell'imminente New Modern Type. Anderson insegna al Master of Fine Arts e ai corsi di laurea in design della School of Visual Arts e attualmente fa parte dei comitati consultivi di Adobe Partners by Design e della Society of Publication Designers. Ha ricevuto nel 2008 la AIGA Medal per i successi della sua carriera e nel 2009 il Richard Gangel art direction award dalla Society of Illustrators.

Gail Anderson is the former creative director of design at SpotCo. From 1987 to early 2002, she served as senior art director at Rolling Stone magazine. Anderson's work, which has received numerous awards, is in the permanent collections of the Cooper Hewitt Design Museum and the Library of Congress. She is co-author, with Steven Heller, of six design books, and the upcoming New Modern Type. Anderson teaches in the School of Visual Arts MFA and undergraduate design programmes and currently serves on the advisory boards for Adobe Partners by Design and the Society of Publication Designers. She is the recipient of the 2008 AIGA Medal for Lifetime Achievement, and the 2009 Richard Gangel Art Direction Award from the Society of Illustrators.

ARTIVA DESIGN

Artiva Design (Daniele De Battè e Davide Sossi) nasce a Genova nel 2003. Artiva svolge attività di ricerca articolata su vari settori: visual design, grafica, illustrazione e comunicazione multimediale. Lo stile di Artiva è frutto del background dei due soci fondatori: una fusione unica di influenze minimal, naif, talvolta barocche. Senza dimenticare una buona dose di ironia. Nel 2007 hanno avviato un nuovo progetto chiamato "Take Shape", che crea una vasta gamma di patterns di alta qualità per applicazioni differenti. Artiva è presente in numerose pubblicazioni ed esposizioni.

Artiva Design is Genoa-based creative studio that was launched 2003. Artiva carries out research across various sectors encompassing visual design, graphic design, illustration and multimedia communication. Artiva's style is the fruit of the backgrounds of the two founding partners, Daniele De Battè and Davide Sossi – a unique fusion of minimal, self-consciously naïve and occasionally baroque influences, along with a healthy dose of irony. In 2007, they started a side-project called "Take Shape", creating an extensive array of high-quality patterns for a plethora of different applications. Artiva has been featured in numerous exhibitions and publications.

ATELIER VOSTOK

Alexis Rom Estudio ::: Atelier Vostok è un laboratorio d'idee, sperimentazione grafica e comunicazione visiva con base a Barcellona e Milano. Formato da Alexis Rom e Claude Marzotto, l'Atelier lavora con lo spirito di un'officina creativa, contaminando linguaggi, tecniche e processi grafici in progetti di comunicazione visiva che spaziano dalla pubblicità alla decorazione d'interni, dall'editoria alla moda, tanto in Europa come negli Stati Uniti. Agli ED Awards 2010, celebrati a Rotterdam, l'Estudio ha vinto l'argento nella categoria Company Logo con il progetto "Taxi Vespa Scooter Shop" e il bronzo in Corporate Illustration con "Lomography.it".

Alexis Rom Estudio ::: Atelier Vostok is a workshop of ideas, graphic design and illustration based in Barcelona and Milan. Founded by Alexis Rom and Claude Marzotto, the Atelier works very much in the spirit of a creative studio, mixing graphic design languages, techniques and methods in visual communication projects that range from advertising to interior design, publishing and apparel, implemented both in Europe and in the United States. At the 2010 ED Awards, the Estudio was awarded the silver medal in the Company Logo category for the 'Taxi Vespa-Scooter Shop' project and the bronze medal in the Corporate Illustration category for the 'Lomography.it' project.

TREVOR BASSET

Graphic designer e illustratore di Seattle, WA. Ha due gatti e insieme a sua moglie ha co-fondato Small Horse Studio, dove creano lavori per vari mezzi di stampa, specializzandosi in prodotti serigrafati. È ispirato dalla regione del Pacific Northwest, dalla storia e dall'amore.

Trevor Basset is a graphic designer and illustrator from Seattle, WA. He has two cats and together with his wife co-founded Small Horse Studio, where they create work for various print mediums, specialising in screen-printed goods. He is inspired by the Pacific Northwest, history and love.

BELLISSIMO

Nato nel 1998 come studio creativo specializzato nel graphic design, si è trovato presto a competere con le maggiori agenzie pubblicitarie su progetti nazionali e internazionali. Oggi brand globali di primo piano ricorrono ai suoi servizi, basati su uno stile comunicativo che unisce strettamente elementi visivi e concettuali. Il gruppo ha sempre privilegiato selezionati brief creativi rispetto ai progetti di taglio più corporate. Questa scelta non ha impedito a Bellissimo di acquisire nel tempo una notorietà legata all'ideazione di strategie di branding non solo influenti e ammirate sul piano creativo, ma commercialmente efficaci. Il lavoro di Bellissimo ha coinvolto linguaggi diversi come grafica, identità visiva, copywriting, naming, video, eventi, editoria, ed è stato spesso riconosciuto come un fattore di innovazione in ciascuno di questi campi. Bellissimo ha consolidato un'alta reputazione nel mondo del design italiano ed è oggi tra le più apprezzate ed efficaci agenzie creative nel settore della comunicazione.

Founded in 1998 as a creative studio specialising in graphic design, over time Bellissimo ended up playing in the wider arena of large agencies with domestic and international advertising accounts. The studio now helps leading global brands reach their targets, providing a communication style that blends visual and conceptual inputs. Though favouring selected creative briefs over big-budget corporate projects, Bellissimo has still earned a reputation for coming up with branding strategies that are as marketing-effective as they are innovative. Spanning graphic design, event design, copywriting, naming, film and publishing, Bellissimo's work is often lauded as a motor of innovation in each of these fields. The studio has built up an enviable reputation in contemporary Italian design, and is today one of the most highly regarded and effective creative firms operating in the advertising industry.

ANNA BERKENBUSCH

Nata in Germania nel 1955, Anna Berkenbusch ha studiato Visual Communication Design a Düsseldorf. Dopo aver lavorato presso MetaDesign ed essere stata associata del Denk Neu GmbH, nel 1989 ha fondato Anna B. Design. Lo studio opera in tutti i settori del design della comunicazione e ha ricevuto numerosi riconoscimenti in patria e all'estero. Anna Berkenbusch è docente di Design della Comunicazione presso l'Università di Arte e Design, Halle, e il suo lavoro, le sue lezioni e i suoi testi sono stati pubblicati su varie pubblicazioni.

Born in Germany in 1955, Anna Berkenbusch studied Visual Communication Design in Düsseldorf. After working at MetaDesign and having been an associate at Denk Neu GmbH, in 1989 she founded Anna B. Design. The studio operates in all sectors of communication design and has received numerous awards, both in Germany and internationally. Anna Berkenbusch lectures in Communication Design at the University of Art and Design in Halle, and her work, her lessons and her essays have appeared in various publications.

BONSAININJA STUDIO

Giovane studio creativo milanese che concentra la sua attività creativa e produttiva nel motion design, negli effetti speciali, nella produzione live-action per il settore pubblicitario, televisivo e dello spettacolo. Si tratta di un gruppo di lavoro costituito da registi, designer e artisti digitali che lavorano a stretto contatto con il cliente dalla prima fase di definizione del concept fino alla finalizzazione di un prodotto di comunicazione completo, visivamente accattivante e di alto profilo, sia dal punto di vista della ricchezza contenutistica che della qualità realizzativa. Clienti presenti e passati includono SKY, Ferrari, Alfa Romeo, Mediaset, Enel, MTV, Sony BMG, La7, Unicredit, Telecom, Fondazione Cariplo, RCS, Fiat, Iveco, H3G e Warner Music.

Bonsaininja Studio is a brand-driven creative studio that focuses on motion design, visual effects and live action for the advertising, broadcast and entertainment industries. It is a collective of directors, designers and artists who collaborate with clients from concept to delivery on the creation of glossy, visually compelling and high-profile communication solutions. Past and present clients include SKY, Ferrari, Alfa Romeo, Mediaset, Enel, MTV, Sony BMG, La7, Unicredit, Telecom, Fondazione Cariplo, RCS, Fiat, Iveco, H3G and Warner Music.

ERICH BRECHBÜHL

Nato nel 1977, è cresciuto a Sempach, Svizzera. La sua carriera ha inizio nel 1990, a 13 anni, con la fondazione di Mix Pictures, un'organizzazione di produzione di film e di eventi culturali. Dopo un periodo di pratica in tipografia vicino a Lucerna (1994-1998) ha svolto un apprendistato in graphic design presso lo studio di Niklaus Troxler a Willisau (1998-2002). Successivamente ad un tirocinio presso Meta Design Berlin in Germania, Erich ha fondato il proprio studio di grafica Mixer a Lucerna. Dal 2007 è membro della Alliance Graphique Internationale (AGI). Ha ricevuto numerosi premi e riconoscimenti tra cui: Design Prestige – International Award for Design, Brno (2002); Gold prize, Student Section, Korea International Poster Biennale (2002); Bronze prize, Cultural Posters Section, China International Poster Biennial (2003); Honoured Prize of Józef Mroszczak, Warsaw (2004); Red Dot Award: Communication Design (2004); Grand Prix, Lahti Poster Biennial (2007); Grand Prix, Swiss Poster Award (2008).

Erich Brechbühl (1977) grew up in Sempach, Switzerland. In 1990, at the age of 13, he started his career with the foundation of Mix Pictures, an organisation focusing on the production of short films and the staging of cultural events. Having served an apprenticeship with a typographer near Lucerne (1994-1998), he began an apprenticeship in graphic design at the studio of Niklaus Troxler in Willisau (1998-2002). He then moved to Germany, where he completed an internship at MetaDesign Berlin. Back in Lucerne, he founded his own graphic design studio, called Mixer. Since 2007, he has been a member of the Alliance Graphique Internationale (AGI). The awards and honours bestowed on him include: Design Prestige – International Award for Design, Brno (2002); Gold prize, Student Section, Korea International Poster Biennale (2002); Bronze prize, Cultural Posters Section, China International Poster Biennial (2003); Józef Mroszczak Honourable Prize, Warsaw (2004); Red Dot Award: Communication Design (2004); Grand Prix, Lahti Poster Biennial (2007); and the Grand Prix, Swiss Poster Award (2008).

MARCO CAMPEDELLI

Graphic designer, calligrafo e insegnante. È affascinato dal mondo delle lettere e dalle loro forme. Adora il segno nero tracciato su carta. Pensa che la vita vada interpretata e impaginata con stile.
La ricerca della sintesi é la sua ricerca. Diplomato in Grafica Pubblicitaria all'Istituto l'Ateneo di Milano (1994). Nel 1996 fonda l'Homing studio. Dal 1999 lavora come libero professionista con numerose agenzie ed aziende. Specializzato in wine design, wine label design, editoria e interior design. Come artista, ha esposto con personali e collettive in Italia, Svizzera, Spagna, Belgio. Dal 1997 é membro dell'Associazione Calligrafica Italiana. Insegna progettazione grafica e calligrafia all'Istituto Design Palladio di Verona e allo IED di Venezia. Attualmente vive in Italia lavorando tra Verona, Milano, Barcellona.

*Marco Campedelli is a graphic designer, calligrapher and teacher. He is fascinated by the world of letters and their endless graphic forms. He loves the sign, hand-drawn with black ink on paper, and believes that life should be interpreted and formatted in style. He has made the search for synthesis very much his own. He graduated in Advertising Graphics from the Ateneo Institute in Milan in 1994, and in 1996 he founded the Homing studio. Since 1999, he has been working as a freelance designer for various advertising agencies.
He specialises in wine design, wine label design, graphics for publishing and interior design. As an artist, he has exhibited at personal and group exhibitions in Italy, Switzerland, Spain and Belgium, and since 1997, he has been a member of the Italian Calligraphy Association. At present, he teaches Graphic Design and Calligraphy at the IDP in Verona and the IED in Venice. He lives in Italy, working between Verona, Milan and Barcelona.*

CARMI E UBERTIS

Dal 1986 Elio Carmi è direttore creativo di CarmieUbertis, la società fondata con Alessandro Ubertis. In oltre vent'anni di collaborazione, operando per società e brand nazionali e internazionali, CarmieUbertis si è specializzata nella creazione e nella gestione di brand image. Nato nel 1952, Elio Carmi si è diplomato in Grafica presso l'ISA di Monza, ha frequentato corsi di Visual e Industrial Design alla Scuola Politecnica di Design e seminari specialistici di ergonomia, semiologia, cromatologia. Nel 1972 realizza il suo primo progetto di grafica e comunicazione integrata. Da allora ha costruito progetti di Corporate Design, Packaging Design, Editorial Design per clienti locali, nazionali ed internazionali. Elio Carmi è docente incaricato al Politecnico di Milano nel corso di Laurea in Disegno Industriale. S'interessa di marketing territoriale e di promozione culturale, promuovendo e curando in particolare le attività culturali della Comunità Ebraica di Casale Monferrato. È socio ADI, BEDA e AIAP dal 1975.

Since 1986, Elio Carmi has been Creative Director at CarmieUbertis, the company he founded with Alessandro Ubertis. In more than twenty years of collaboration, working for national and international companies and brands, CarmieUbertis has specialised in the creation and management of brand image. Elio Carmi was born in 1952. Having qualified in Graphic Design at the ISA in Monza, he attended courses in Visual and Industrial Design at the Scuola Politecnica di Design and specialist seminars on ergonomics, semiology and chromatology. In 1972, he completed his first project in the fields of integrated communication and graphic design. Since then, he has worked on projects in the fields of corporate design, packaging design and editorial design for local, national and international clients. A lecturer without tenure on the Politecnico di Milano's degree course in Industrial Design, he is interested in regional marketing and cultural promotion, with a particular focus on the cultural activities of the Jewish community in Casale Monferrato. He has been a member of the ADI, the BEDA and the AIAP since 1975.

MATTHEW CARTER

Type designer con 50 anni di esperienza di tecnologie tipografiche, dai punzoni intagliati a mano ai fonts per computer. Dopo una lunga collaborazione con la società Linotype, è stato cofandatore nel 1981 della Bitstream Inc., dove ha lavorato per dieci anni. Attualmente è titolare della Carter & Cone Type Inc.. Tra i caratteri da lui disegnati vi sono Olympian (per i testi dei giornali) e Bell Centennial (per le guide telefoniche americane). Carter & Cone hanno prodotto caratteri su commissione per Time, Newsweek, Wired, U.S. News & World Report, Sports Illustrated, The Washington Post, The Boston Globe, The Philadelphia Inquirer, The New York Times, BusinessWeek, Le Monde, The Walker Art Center, the Museum of Modern Art, e Yale University. A partire dalla metà degli anni '90 Carter ha lavoraro con Microsoft su una serie di "screen fonts". Carter è un Royal Designer for Industry, membro dell'Art Directors Club Hall of Fame, Senior Critic alla Yale's Graphic Design faculty. Ha ricevuto il Chrysler Award for Innovation in Design, la AIGA medal e la Type Directors Club medal, e il MacArthur Fellows Award.

Matthew Carter is a type designer with fifty years' experience of typographic technologies, ranging from hand-cut punches to computer fonts. After a long association with the Linotype company, he was a co-founder in 1981 of Bitstream Inc., where he worked for ten years. He is now a principal of Carter & Cone Type Inc. His type designs include Olympian (for newspaper text) and Bell Centennial (for the US telephone directories). Carter & Cone have produced types on commission for Time, Newsweek, Wired, U.S. News & World Report, Sports Illustrated, The Washington Post, The Boston Globe, The Philadelphia Inquirer, The New York Times, BusinessWeek, Le Monde, The Walker Art Center, the Museum of Modern Art and Yale University. Starting in the mid-'90s Carter has worked with Microsoft on a series of "screen fonts". Carter is a Royal Designer for Industry, a member of the Art Directors Club Hall of Fame, and a Senior Critic in Yale's Graphic Design Faculty. He has received a Chrysler Award for Innovation in Design, the AIGA medal and the Type Directors Club medal, as well as a MacArthur Fellows Award.

MICHELE CECCHINI

Libero professionista visual designer, spazia dalla grafica cartacea a quella multimediale ed interattiva.
Lavora attualmente come consulente presso Seat Pagine Gialle. Si è laureato presso la facoltà del Design del Politecnico di Milano nel 2006 con una tesi sui caratteri tipografici e le sinestesie, coniando il sillogismo "fontestesie" per indicare il fenomeno percettivo e sensoriale che il carattere tipografico allusivamente trasmette al lettore. Socio Aiap, svolge didattica presso scuole ed università.

A freelance visual designer, Michele Cecchini's work encompasses everything from graphic design on paper to multimedia and interactive graphic design. He currently works as a consultant for Seat Pagine Gialle. He graduated from the Faculty of Design at the Politecnico di Milano in 2006 with a thesis on typographic characters and synesthesia, coining the syllogism "fontestesie" to denote the perceptive and sensorial phenomenon that the typographic character allusively trasmits to the reader. An AIAP member, he lectures at a number of schools and universities.

BEPPE CHIA

Nasce nel Campidano (Sardegna) nel 1959. Studia ingegneria a Cagliari e progettazione grafica a Bologna. Inizia il mestiere del grafico collaborando alla nascita di testate ed eventi dedicati al fumetto, l'illustrazione, la grafica. Nel 1995 fonda Chialab, laboratorio di progettazione che attualmente dirige come direttore creativo. Chialab è un laboratorio per il "design della visione", si occupa di visualizzare informazioni per la carta, gli ambienti e gli schermi, crea identità visive e strumenti per gestirle, disegna sistemi editoriali per il trattamento dell'informazione. Ricerca e impegno etico sono dedicati alla creazione di nuove visioni destinate all'editoria scolastica, alla didattica museale, all'archigrafica. Dal 1990 Beppe Chia si occupa di formazione. Attualmente è docente e membro del Consiglio Accademico all'ISIA di Urbino. Nel 2003 è stato eletto consigliere AIAP e ha ricoperto la carica di presidente nel triennio 2006/2009. È membro del Consiglio Italiano del Design.

*Born in Campidano (Sardinia) in 1959, Beppe Chia studied engineering in Cagliari and graphic design in Bologna. He began his career as a graphic designer, collaborating on the launch of newspapers and events dedicated to comic strips, illustration and graphic design. In 1995, he founded Chialab, a design workshop where he is currently Creative Director. Chialab is a laboratory for the "design of vision", which deals with the visualisation of information for publications, environments and screens, creating visual identities and tools to manage them, as well as designing editorial systems for the processing of information. The company's research and its ethical commitment are both geared towards the creation of new visions for schools publishing, museum education and archigraphics. Since 1990, he has been involved in education; he is currently a lecturer at (and member of the Academic Council) of the ISIA in Urbino. In 2003, he was appointed as an AIAP council member, and served as president from 2006 to 2009. He is also a member of the Italian Design Council.
avanti nei confronti*

CRISTINA CHIAPPINI

Nata a Roma nel 1967, vive e lavora tra Roma e Treviso. Nel 1989 apre il suo studio di comunicazione visiva, cura la progettazione di brand e corporate identity, campagne di comunicazione in ambito sociale, exhibition design, progetti editoriali, web-design, interactive design. Tra i suoi clienti: Triennale di Milano, Fondation Cartier pour l'art contemporain Paris, MN Metropolitana di Napoli, Rai International, Marithé + François Girbaud, UNFPA United Nations Population Fund, Euronet Against FGM, Aidos. È co-autrice con Silvia Sfligiotti della pubblicazione *Open Projects* (Pyramyd, 2010) e dell'omonima mostra per il Festival di Chaumont. È stata curatrice dell'evento Icograda Design Week 2008 Torino - *Multiverso*. Ha curato con Silvia Sfligiotti la conferenza e la mostra *Multiverso* (2008). È stata chiamata dal Ministero per i Beni e le Attività Culturali a far parte del Consiglio Italiano del Design (2007). È stata Vicepresidente (2006/ 2009) AIAP. Dal 2010 è docente all'Accademia di Belle Arti di Roma.

Born in Rome in 1967, Cristina Chiappini lives and works in Rome and Treviso. In 1989, she opened her own visual communication studio, dealing with the design of brand/corporate identity and communication campaigns in the fields of community work, exhibition design, publishing, web design and interactive design. Her clients include: the Triennale di Milano, the Fondation Cartier pour l'art contemporain Paris, MN Metropolitana di Napoli, Rai International, Marithé + François Girbaud, UNFPA the United Nations Population Fund, Euronet Against FGM and the Aidos. She was the co-author, with Silvia Sfligiotti, of the publication Open Projects *(Pyramyd, 2010) and of the eponymous exhibition of the Chaumont Festival. She curated Icograda Design Week 2008 Turin - Multiverso, and, with Silvia Sfligiotti, was responsible for orchestrating the Multiverso conference and exhibition in 2008. She was called upon by the Italian Mininster of Culture to become a member of the Italian Design Council in 2007, and she also served as vice-president (2006 / 2009) of the AIAP. Since 2010, she has lectured at the Accademia di Belle Arti in Rome.*

FRANK CHIMERO

Graphic designer, insegnante, scrittore e creativo di Portland, Oregon. La passione per il processo creativo, la curiosità e la sperimentazione visiva permea tutto il suo lavoro. Ogni pezzo fa parte di una indagine alla ricerca di arguzia, sorpresa, onestà e gioia nella quotidianità. Il suo lavoro implica un forte senso ludico, con un entusiasmo per il nonsense e il pensiero alogico. I suoi clienti includono il New York Times, Nike, Wired, Microsoft, Bloomberg/ BusinessWeek, Newsweek, The Atlantic, Starbucks, GOOD Magazine. Hanno scritto di lui il "Print Magazine", "l'Art Directors Club" di New York, "Vanity Fair", "Monocle" e The Society of Illustrators". Il lavoro di Frank è apparso in televisione nei programmi *The Colbert Report* e *The Suite Life with Zach and Cody.*

Frank Chimero is a graphic designer, teacher, writer and creative person based in Portland, Oregon. His fascination with the creative process, curiosity and visual experience inform all of his work. Each piece is part of an exploration geared towards finding wit, surprise, honesty and joy in the everyday. His work involves a strong sense of play, with a hearty enthusiasm for nonsense and alogical thinking. His clients include The New York Times, Nike, Wired, Microsoft, Bloomberg/BusinessWeek, Newsweek, The Atlantic, Starbucks, GOOD Magazine and others. He has been featured by Print Magazine, "the Art Directors Club of New York, Vanity Fair, Monocle and The Society of Illustrators". Frank's work has appeared on both The Colbert Report *and* The Suite Life with Zach *and* Cody.

SEYMOUR CHWAST

Nato a New York nel 1931, è co-fondatore di Push Pin Studios e direttore del Pushpin Group, con cui ha reintrodotto stili grafici del passato trasformandoli in un vocabolario contemporaneo. Il suo lavoro di grafico e illustratore si articola in vari settori: pubblicità, film d'animazione, progetti editoriali, identità aziendali. Ha creato oltre cento manifesti e ha progettato e illustrato più di trenta libri per bambini. Al suo lavoro sono state dedicate tre monografie, tra cui *Seymour Chwast: The Left Handed Designer* (Abrams, 1985) e *Seymour: The Obsessive Images of Seymour Chwast* (Chronicle Books, 2009). Molti musei includono i suoi poster nelle loro collezioni, tra questi il Museum of Modern Art (New York), la Library of Congress (Washington D.C.) e l'Israel Museum (Jerusalem). Ha tenuto conferenze e partecipato a esposizioni in tutto il mondo e fa parte dell'Art Directors Hall of Fame. Nel 1985 ha ricevuto la Medaglia dell'American Institute of Graphic Arts.

Born in New York in 1931, Seymour Chwast is co-founder of Push Pin Studios and has been director of the Pushpin Group, where he reintroduced graphic styles and transformed them into a contemporary vocabulary. His designs and illustrations have been used in advertising, animated films, and editorial, corporate, and environmental graphics. He has created over 100 posters and has designed and illustrated more than thirty children's books. His work has been the subject of three books including Seymour Chwast: The Left Handed Designer *(Abrams, 1985) and* Seymour: The Obsessive Images of Seymour Chwast *(Chronicle Books, 2009). Many museums – such as the Museum of Modern Art (New York), the Library of Congress (Washington D.C.) and the Israel Museum (Jerusalem) – have collected his posters. He has lectured and exhibited worldwide and is in the Art Directors Hall of Fame. He was the recipient of the 1985 Medal from the American Institute of Graphic Arts.*

JAMES CLOUGH

Londinese, studia typographic design al London College of Printing. Da più di trent'anni abita a Milano dove ha lavorato come designer per alcune case editrici. Freelance dal 1980, seguendo una passione per le forme delle lettere scritte e disegnate, si specializza in calligrafia e lettering per lavori commerciali come copertine di libri, etichette di vino e logotipi. Tra i fondatori dell'Associazione Calligrafica Italiana, è anche socio AIAP. Insegna al Politecnico di Milano e in altri istituti come la SUPSI di Lugano. Partecipa a conferenze internazionali e scrive sulla calligrafia, sulla storia della tipografia e delle arti grafiche per pubblicazioni inglesi e italiane.

Londoner James Clough studied Typographic Design at the London College of Printing. For more than thirty years, he has lived in Milan, where he has worked as a designer for a number of publishing houses. A freelancer since 1980, his passion for the forms of letters both written and drawn has led him to specialise in calligraphy and lettering for commercial projects such as book covers, wine labels and logos. One of the founding members of the Associazione Calligrafica Italiana, he is also an AIAP member. He teaches at the Politecnico di Milano and at other institutes such as the SUPSI in Lugano. He participates in international conferences and writes on calligraphy and on the history of typography and the graphic arts for British and Italian publications.

GIANLUIGI COLIN

Nato nel 1956, da anni affronta i temi dei linguaggi della comunicazione contemporanea. La sua è una ricerca artistica dal forte impegno etico e civile che utilizza materiali esistenti, citazioni continue del vivere quotidiano tra il presente e la memoria. Ha esposto in numerose città in Italia e all'estero. Nel 2001 ha dato vita a un progetto dal titolo Vie di memorie. Le sue opere sono raccolte in musei e collezioni in Italia e all'estero. Gianluigi Colin è art director e responsabile dell'immagine del "Corriere della Sera", per il quale si occupa anche di critica della fotografia e di design. Ha insegnato per alcuni anni all'Istituto di Conservazione dei Beni culturali dell'Università di Parma e all'Università Cattolica di Milano. È autore di alcuni libri: ha curato *Formato Corriere* (Art&, 1990); ha poi realizzato *Il disegno delle parole* (Rizzoli, 1994), *Imprimatur* (Federico Motta editore, 1998), *Presint Storic* (Colonos, 1999) e *La fabrique du present* (Crac, 2000). Vive e lavora tra Milano e Roma.

Gianluigi Colin was born in 1956. For many years, he has dealt with issues relating to the languages of contemporary communication. His work is an artistic investigation, marked by a strong ethical and civil commitment, which draws on existing material and visual references from everyday life to form a bridge between the present and our memory. His works have been widely exhibited, in Italy and abroad. In 2001 he began a project entitled Memory Lanes. He is art director of Il "Corriere della Sera", and he also writes on photography and design for the newspaper. For a number of years, he taught a course at the University of Parma's Istituto di Conservazione dei Beni Culturali, and has also taught at the Università Cattolica in Milan. He has edited several books, including Formato Corriere *(Art&, 1990), and authored numerous others, including* Il disegno delle parole *(Rizzoli, 1994),* Imprimatur *(Federico Motta editore, 1998),* Presint Storic *(Colonos, 1999) and* La fabrique du present *(Crac, 2000). He lives and works in Milan and Rome.*

EMANUELA CONIDI

Si è laureata nel 2006 in Design al Politecnico di Milano, con una ricerca sui caratteri italiani dell'800. Presso il Cfp Bauer ha seguito corsi di storia, composizione con tipi a mano, stampa e rilegatura. Dopo aver co-fondato uno studio di grafica a Milano, si è trasferita a Reading per frequentare il Master di Typeface Design, che le ha permesso di appassionarsi anche alla tipografia e calligrafia Araba. Da due anni vive a Londra, dove lavora come type designer presso Fontsmith.

Emanuela Conidi graduated in 2006 in Graphic Design from the Politecnico di Milano, with a thesis on nineteenth-century Italian typefaces. At the CFP Bauer she completed courses on typographic history, metal type hand composition, bookbinding and letterpress printing. Having founded a graphic design studio in Milan, she then moved to Reading (UK) to undertake an MA in Typeface Design, graduating with distinction. Passionate about Arabic typography and calligraphy, Emanuela now lives in London, working as a full-time typeface designer at Fontsmith.

DEMIAN CONRAD DESIGN STUDIO

Nato nel Canton Ticino nel 1974, Demian Conrad ha studiato all'Università di Lugano sotto la guida di Bruno Monguzzi. Nel 2007 ha fondato lo studio Demian Conrad Design a Losanna, in Svizzera. Lavorando principalmente nel campo della cultura e nell'industria dell'intrattenimento, lo studio offre la sua competenza per tutto ciò che sia legato alla comunicazione di eventi e alla visual identity.
Demian privilegia un approccio basato sul "pensiero laterale" con l'obiettivo di trovare soluzioni destabilizzanti, forme di comunicazione innovativa e nuovi modi di utilizzo delle tecnologie di stampa.
A partire dal 2009, ha tenuto seminari per alcuni degli istituti di istruzione superiore più prestigiosi della Svizzera, come ERACOM, HEIG-VD e CEPV. La sua ultima scoperta è la WROP™ (Water Random Offset Printing), una tecnica innovativa che consente di aggiungere un tocco umano a un processo di stampa automatico, per un risultato assolutamente unico.

Born in Ticino in 1974, Demian Conrad studied at the University of Lugano under the guidance of Bruno Monguzzi. In 2007, he founded the Demian Conrad Design studio, based in Lausanne, Switzerland. Working mainly in the cultural field and in the leisure industry, the studio lends its expertise to everything related to event communication and visual identity. Demian favours a "lateral thinking" approach with a view to finding destabilising solutions, forms of cutting-edge communication and new ways of using printing technology. Since 2009, he has led workshops for some of the most prestigious higher education institutes in Switzerland, such as ERACOM, HEIG-VD and CEPV. His latest discovery is WROP™ (Water Random Offset Printing), an innovative technique that adds a human touch to an automatic printing process in order to produce a totally unique result.

PIETRO CORRAINI

Nasce a Mantova nel 1981. Si é laureato in Disegno Industriale con una tesi sul rumore della comunicazione al Politecnico di Milano, città dove vive e lavora. Coordina workshop per bambini e adulti, in scuole e musei in giro per il mondo, dagli Stati Uniti al Giappone, dalla Korea al Messico, oltre che in Italia e in Europa. Progetta e cura allestimenti per Festivaletteratura, Salone del Gusto, Book Design Space, Festival della Filosofia e altre aziende private. Si occupa di design editoriale e comunicazione poco coordinata. Dirige la rivista "Un Sedicesimo", è art director delle Edizioni Corraini, collabora con varie aziende tra cui Mieli Thun e Illy. È autore del libro *Manuale di immagine non coordinata* e ha pubblicato per "Il Sole24ore", "New York Times", Moleskine e "La Gazzetta dello Sport". Insegna alla Bauer di Milano al corso di Comunicazione Visiva.

Pietro Corraini was born in Mantua in 1981, and currently lives and works in Milan. He graduated in Industrial Design from the Politecnico di Milano with a thesis on the noise of communication. He orchestrates workshops both for children and adults in schools and museums the world over – everywhere from the United States to Japan, Korea, Mexico and Europe – and also in Italy. He designs and manages backdrops for Festivaletteratura, the Salone del Gusto, Book Design Space, and the Festival della Filosofia, amongst other events. He deals in the main with publishing design and un-programmed identity communication. Director of "Un Sedicesimo" magazine and art director of Corraini Edizioni, he collaborates with various companies, including Mieli Thun and Illy. He is the author of How to Break the Rules of Brand Design in 10+8 Easy Exercises and has worked with "The New York Times", Moleskine, "Il Sole24ore" and "La Gazzetta dello Sport". He is a professor of Visual Communication at the Bauer School in Milan.

ALESSANDRO COSTARIOL

Graphic designer, illustratore e art director, si occupa principalmente di progettazione e sviluppo di sistemi di identità visiva. Laureato in Disegno Industriale, ha iniziato la sua attività a Milano nel 2001. Progettista pubblicato sull'ADI Design Index 2008, è candidato alla XX edizione del premio Compasso d'Oro. Recentemente ha partecipato, alla mostra *Spaghetti Grafica*, che si è tenuta presso il Design Museum della Triennale di Milano. Nel 2006 ha tenuto, in qualità di docente, un laboratorio in Comunicazione Visiva presso l'Università degli Studi di Roma La Sapienza.

Alessandro Costariol is an ED-award-winning graphic designer, illustrator and art director, who deals mainly with the design and development of visual identities. He graduated in Industrial Design and set up his own practice in Milan in 2001. He appeared in the 2008 ADI Design Index and is a candidate for the 22nd Compasso D'oro Award. He recently participated at the Spaghetti Grafica show at the Triennale Design Museum in Milan, and in 2006 he lectured at a Visual Commmunication workshop held at Rome's La Sapienza University.

PIERO DE MACCHI

L'attività professionale di Piero De Macchi inizia nel 1956 presso lo Studio Artistico Caratteri Nebiolo.
Nel 1971 ha inizio l'attività dello Studio De Macchi progetti grafici, con molti e diversificati committenti, tra cui: Fiat, Iveco, Ferrero, Olivetti, Gruppo Cir, Unione Industriale Torino, Seat Editrice, Caffarel, Costa Crociere. Tra il 1990 e il 1993 è partner italiano del Progetto Europeo Didot, dedicato alla formazione per il lettering con strumenti informatici.
La conoscenza delle realtà professionali all'estero lo orienta a cercare di sviluppare anche in Italia la cultura del disegno della lettera. Con queste premesse avvia nel 1992 l'Associazione calligrafica Dal Segno alla Scrittura. Nel 2001 Seat gli affida il progetto di un nuovo font per gli elenchi telefonici italiani, articolato in molte serie: il Nomina. Nel 2005 disegna il font WDC2, per la visual identity di Torino Capitale Internazionale del Design 2008. Attualmente si occupa di type design, formazione grafica, calligrafia, creazioni artistiche, inclusi gli orologi solari.

Piero De Macchi began his professional career in 1956 in the Nebiolo Typefoundry's Artistic Department. In 1971, he set up the De Macchi graphic design studio, which went on to work with a wide array of customers, including: Fiat, Iveco, Ferrero, Olivetti, Gruppo Cir, Unione Industriale Torino, Seat Editrice, Caffarel and Costa Crociere. From 1990 to 1993, he was the Italian partner for the European Didot Project, which aimed to train professionals in the fields of computer lettering and typographic design. It was his understanding of the industry outside Italy that led him to start developing the culture of lettering design in Italy. Leveraging this experience, in 1992 he founded the calligraphic association From the Sign to Writing. In 2001, Seat Publishing commissioned him to design the Nomina, a new font for the Italian telephone directories. In 2005, he designed the WDC2 font for the visual identity of the Turin World Design Capital 2008 initiative. Today, his interests encompass font design, graphic design training, calligraphy and artistic creations, including sundials.

DISSOCIATE

Lo studio Dissociate apre le porte nel 2005, si dedica a progetti di vario genere nell'ambito del design spaziando dalla comunicazione visiva all'illustrazione, dal product design all'allestimento, oltre a una fervida attività di docenza presso alcune scuole di Design. Qualche tempo dopo, dalla comune passione per la sartoria, i materiali e le sperimentazioni, nasce Sartoria Vico: una linea di abiti e accessori in maglieria caratterizzata da un'attenta osservazione del corpo e da un approccio in cui la forma segue la funzione.
Oggi lo studio Dissociate sviluppa importanti progetti di grafica e comunicazione per spazi e luoghi della cultura e si dedica prevalentemente a Sartoria Vico di cui cura felicemente tutti gli aspetti, dal disegno dei capi alla sperimentazione sui filati, dalla comunicazione su web al packaging.

The Dissociate studio opened its doors in 2005. It specialises in projects of various types in the design field, ranging from visual communication to illustration, product design and installations, alongside a great deal of teaching at a number of schools of design. Some time later, out of a shared passion for tailoring, materials and experimentation, Sartoria Vico was launched: a range of knitwear and accessories characterised by a painstaking observation of the contours of the body and an approach in which form follows function. Today, Dissociate works on major graphic-design projects for cultural spaces and venues, and focuses a great deal of its attention on Sartoria Vico, for which it deals with everything from the design of the garments to experimentation on the yarns, and from web communication to packaging.

FRANCESCO DONDINA

Nato a Milano nel 1961, si occupa di progettazione grafica nei settori dell'immagine coordinata, dell'editoria e dell'advertisment e ha lavorato per clienti quali: Giorgio Armani, Krizia, Valentino, Gianfranco Ferrè, Moschino, Salvatore Ferragamo, Cassina, Comune di Milano, Feltrinelli, Cartiere Fabriano, ATM, Editrice San Raffaele, American Ballet Theater, Museum of Modern Art di New York, Eataly. Da diversi anni affianca all'attività professionale un'intensa attività didattica all'Istituto Bauer e alla Facoltà di Design del Politecnico di Milano. Tra le sue pubblicazioni: *Segni e sogni* (Charta Edizioni, 2005); *Caratteri mobili* (Un sedicesimo, Edizioni Corraini 2008); *Tipi di Carattere* (Edizioni Lucini, 2008); *Bob Noorda, una vita nel segno della grafica. Dialogo con Francesco Dondina* (Editrice San Raffaele, 2009).

Francesco Dondina was born in Milan in 1961. He concerns himself with corporate identity, publications and adverts for numerous clients including Giorgio Armani, Krizia, Valentino, Gianfranco Ferrè, Moschino, Cassina, Milan City Council, Feltrinelli, Cartiere Fabriano, ATM, Editrice San Raffaele, the American Ballet Theater, the Museum of Modern Art in New York and Eataly. He currently teaches visual culture and photo editing at the Istituto Bauer in Milan, as well as graphic design at the Politecnico di Milano's Department of Design. His publications include Segni e sogni (Charta, 2005); Caratteri mobili (Un sedicesimo, Corraini 2008); Tipi di Carattere (Edizioni Lucini, 2008); and Bob Noorda, una vita nel segno della grafica, dialogo con Francesco Dondina (Editrice San Raffaele, 2009).

DUE MANI NON BASTANO

Lo studio Due mani non bastano nasce a Milano nel 2005 da Nicolò Bottarelli (Naigel), Ilaria Faccioli (Uila) e Davide Longaretti (Longa025). L'ingrediente principale del nostro gruppo è la volontà di esplorare la comunicazione visiva in tutti i suoi ambiti: dai loghi, ai progetti editoriali, dalle illustrazioni per bambini al packaging, fino al video. Vogliamo capire le necessità dei nostri clienti, dare un contributo al loro successo e crescere insieme.

The Due mani non bastano ('Two hands are not enough') studio was founded in Milan in 2005 by Nicolò Bottarelli (Naigel), Ilaria Faccioli (Uila) and Davide Longaretti (Longa025). The key ingredient in the group is its desire to explore visual communication in all its forms: from logos to publishing projects, children's illustrations, packaging design and video. The aim of the practice is to understand its clients' needs, contribute to their success and grow together.

SARA FANELLI

Nata a Firenze, da molti anni vive e lavora a Londra. Ha ricevuto numerosi premi internazionali per le sue illustrazioni e per i suoi libri illustrati (Bologna Ragazzi, Victoria and Albert Museum Illustration Award, D&AD, ecc). I suoi clienti includono il New York Times, The Guardian, Tate Modern e Tate Britain, BBC Worldwide, Penguin Books, Royal Mail, Ron Arad e molte case editrici internazionali. Per la Tate Modern ha disegnato un Timeline dell' arte del XX secolo che ricopre 40 metri del museo. I suoi disegni sono stati esposti in vari musei internazionali, fra i quali Il Victoria and Albert Museum e la Tate Modern, Londra, la Galleria d'Arte Moderna, Bologna, la Biblioteca Nacional, Madrid, la Galerie Anatome e L'art a la page, Parigi, il Katonah Art Museum, New York State, il Daimaru Museum, Tokyo e il Kyoto Isetan Museum, Kyoto. Membro AGI dal 2000, nel 2006 Sara Fanelli è stata la prima donna illustratrice a ricevere l'onorificenza di Honorary RDI (Royal Designer for Industry).

Sara Fanelli was born in Florence, but has been living and working in London for many years. She has received numerous international prizes for her illustrations and illustrated books (Bologna Ragazzi, the Victoria & Albert Museum Illustration Award, D&AD, etc.). Her clients include The New York Times, The Guardian, Tate Modern and Tate Britain, BBC Worldwide, Penguin Books, the Royal Mail, Ron Arad and several international publishing houses. For Tate Modern, she designed a 20th-Century Art Timeline that covers a full 40 metres within the museum. Her designs have been exhibited in various international museums, including: the Victoria & Albert Museum and Tate Modern, London; the Galleria d'Arte Moderna, Bologna; the Biblioteca Nacional, Madrid; the Galerie Anatome and L'art a la page, Paris; the Katonah Art Museum, New York State; the Daimaru Museum, Tokyo; and the Kyoto Isetan Museum, Kyoto. An AGI member since 2000, in 2006 she became the first female illustrator to be named as an Honorary RDI (Royal Designer for Industry).

ED FELLA

Nato nel 1938, è conosciuto per i suoi letterforms e composizioni eccentriche, realizzate negli anni '80, che influenzarono il corso dell'espressione tipografica nei decenni seguenti. Fella, che si autodefinisce un "artista commerciale", ha iniziato la sua carriera nel mondo della pubblicità della Detroit degli anni '50, e circa 30 anni dopo si è laureato alla Cranbook Academy of Art. Durante gli ultimi 23 anni è stato membro della facoltà a CalArts. Ha dedicato il suo tempo all'insegnamento e al suo lavoro autopubblicato, unico nel suo genere, che è apparso in molte pubblicazioni di design e antologie. Il suo lavoro è esposto al National Design Museum e al MOMA di New York. Nel 1997 ha ricevuto il Chrysler Award e nel 1999 un Dottorato Onorario dal CCS di Detroit. Un libro sulle sue fotografie e lettering, *Letters on America*, è stato pubblicato nel 2000 da Princeton Architectural Press. È stato finalista al National Design Award nel 2001 e nel 2007 ha vinto la AIGA Medal.

Born in 1938, Ed Fella is recognised for his eccentric letter-forms and compositions, which came to fruition in the 1980s and subsequently influenced the course of expressive typography in the ensuing decades. A self-described "commercial artist", Fella began his career in Detroit's advertising world of the 1950s, and nearly 30 years later entered graduate school at Cranbrook Academy of Art. For the past 23 years he has been a faculty member at CalArts. He has devoted his time to teaching and his own unique self-published work, which has appeared in many design publications and anthologies, as well as being exhibited at the National Design Museum and MoMA in New York. In 1997, he received the Chrysler Award and in 1999, an Honorary Doctorate from CCS in Detroit. A book of his photographs and lettering, Letters on America, was published by Princeton Architectural Press in 2000. He was a finalist for the National Design Award in 2001, and in 2007, he was awarded the AIGA Medal.

PABLO FERRO

Pablo Ferro ha iniziato la sua attività negli anni '50 con Stan Lee creando libri di fumetti e più tardi con Abe Liss, con cuo ha creato il logo NBC. Negli anni '60 ha fondato la Ferro, Mugubgub & Schwartz, creando una serie di spot pubblicitari vincitori di vari premi. Ha continuato questa tradizione di eccellenza con la sua seconda società, Pablo Ferro Films, e con la terza, Mango Films. La sua attività all'avanguardia nel mondo del cinema, in particolare le invenzioni del Quick Cut e delle Multiple Screen Images, hanno catturato l'attenzione di Stanley Kubrick, che lo ha assunto per creare trailer e sequenze di titoli per Il dottor Stranamore ed Arancia Meccanica. Ha lavorato a più di 100 film e show televisivi, tra cui il suo lungometraggio Me, Myself & I e il film documentario sul tour dei Rolling Stones, Let's Spend The Night Together (insieme al suo migliore amico Hal Ashby). Tra i suoi film ci sono vari vincitori dell'Academy Award e oltre una dozzina di nominati all'Oscar. Ha vinto oltre 70 premi. Nel 1999 gli è stato assegnato il prestigioso DaimlerChrysler Design Award, e nel 2000 è stato inserito nell'Art Directors Hall of Fame.

Pablo Ferro began his work in the 1950s with Stan Lee creating comic books, and later with Abe Liss, animating the NBC Peacock. In the 1960s, he Founded Ferro, Mugubgub & Schwartz, creating a string of award-winning commercials. He continued that tradition of excellence with his second company, Pablo Ferro Films, and a third, Mango Films. His pioneering film work – most notably his inventions of the Quick Cut and Multiple Screen Images – caught the eye of Stanley Kubrick, who hired him to create movie trailers and title sequences for Dr Strangelove *and* A Clockwork Orange. *He has contributed to over 100 films and television shows, including his own feature* Me, Myself & I *and the documentary film about the Rolling Stones tour,* Let's Spend The Night Together *(in association with his best friend Hal Ashby). His films include various Academy Award winners and more than a dozen Oscar-nominated films, and he has won over 70 awards. In 1999, he was awarded the prestigious DaimlerChrysler Design Award, and in 2000 he was inducted into the Art Directors Hall of Fame.*

FRAGILE

Uno studio di corporate identity con solide radici nella cultura italiana del design, che ha scelto di prendersi cura dell'identità muovendosi liberamente all'interno delle diverse discipline di progetto: la grafica, la fotografia, il design, i materiali, l'architettura di interni. Lo studio milanese, guidato da Mario Trimarchi e Frida Doveil, entrambi architetti, si distingue per il modo di pensare alla comunicazione come progetto di narrazioni, lavorando sul tema delle differenze: l'introduzione di piccoli salti logici - un segno architettonico, un alfabeto visivo o una immagine iconica - che di volta in volta assumono il compito di spostare l'attenzione e creare un nuovo riferimento visivo. Lungo questo percorso sono nati i progetti più innovativi tra cui il marchio per Poste Italiane. Recentemente FRAGILE si è impegnato anche nel progetto di una serie di manifesti di denuncia sociale e politica, tra cui Marenostrum, per "Design e Mediterraneo tra presente e futuro", del 2009.

FRAGILE is a corporate identity studio with solid roots in Italian design culture, which has elected to approach its stock-in-trade by moving freely between various design disciplines: graphic design, photography, design, materials and interior architecture. The Milanese studio, helmed by architects Mario Trimarchi and Frida Doveil, stands out for its approach towards communication as the design of narrations, focusing on the theme of differences: the introduction of small logic leaps – an architectural sign, a visual alphabet or an iconic image – that from time to time serve to shift the attention and create a new visual reference. Over the years, the studio has come up with numerous highly innovative projects, including the brand for Poste Italiane. Recently, FRAGILE has also been working on the design of a series of social and political denunciation posters, including Marenostrum for "Design e Mediterraneo tra presente e futuro" (2009).

BOB GILL

Designer, illustratore, film maker e insegnante. Era il Gill di Fletcher/Forbes/Gill, che si trasformò poi in Pentagram. Attualmente lavora in modo indipendente e insegna a New York. Gill ha scritto molti libri sul design, alcuni di questi per bambini. È stato incluso nel New York Art Directors' Hall of Fame e la British Art Directors' Association gli ha consegnato il Lifetime Achievement Award.

Bob Gill is a designer, illustrator, film maker and teacher. He was the Gill in Fletcher/Forbes/Gill, which eventually became Pentagram. He is now working independently and teaching in New York, having written many books on design, and a number for children. He was elected to the New York Art Directors' Hall of Fame, and the British Art Directors' Association presented him with its Lifetime Achievement Award.

MILTON GLASER

È tra i più famosi grafici degli Stati Uniti. Gli è stata dedicata una mostra monografica al Museum of Modern Art e al Centre Georges Pompidou. Nel 2004, è stato selezionato per il Lifetime Achievement Award del Cooper Herwitt National Design Museum. Nel 2009 è stato il primo grafico a ricevere il National Medal of the Arts Award. Come ricercatore del programma Fulbright, Glaser ha studiato con il pittore Giorgio Morandi a Bologna, ed è un significativo rappresentante del design come pratica etica. Nel 1974 ha fondato la Milton Glaser, Inc. e da allora continua a lavorare con una produzione prolifica in molti settori del design.

Milton Glaser is among the most celebrated graphic designers in the United States. He has had the distinction of solo shows at the Museum of Modern Art and the Georges Pompidou Centre. In 2004, he was selected for the Lifetime Achievement Award of the Cooper Hewitt National Design Museum and in 2009, he was the first graphic designer to receive the National Medal of the Arts award. As a Fulbright scholar, Glaser studied with the painter Giorgio Morandi in Bologna, and is an articulate spokesman for the ethical practice of design. He opened Milton Glaser, Inc. in 1974, and continues to produce a prolific amount of work in many fields of design to this day.

KEITH GODARD

Nato a Londra, ha studiato al London College of Printing and Graphic Art e alla Yale University School of Art and Architecture. È membro di AGI, AIGA, e recentemente è stato nominato Royal Design for Industry dall'RSA a Londra. I suoi lavori fanno parte delle collezioni del MOMA di New York, della Bibliotheque Nationale de France di Parigi, dei National Archives di Washington DC. Ha progettato mostre per UNICEF, UNFPA, *Anatomy of the bridge* per il centenario del Ponte di Brooklyn nel 1983, *Steel stone and Backbone* per il Transit Museum di Brooklyn, ed altre. Sono sue le targhe delle viste panoramiche installate sul ponte di Brooklyn e sull'osservatorio dell'Empire State Building. Ha progettato moltissimi poster. Pubblica i libri della Works Editions, è autore di *This Way That Way* (Lars Muller publisher) e di *Make Your Own Museum* (J. Paul Getty Museum, Malibu, CA, publisher). Ha tenuto conferenze e insegnato negli Stati Uniti e altrove per oltre 40 anni. Vive a Brooklyn sul Waterfront ed è titolare di StudioWork a New York.

Born in London, Keith Godard studied at the London College of Printing and Graphic Art and at the Yale University School of Art and Architecture. He is a member of the AGI and the AIGA, and was recently appointed a Royal Designer for Industry by the RSA in London. His works appear in the collections of the MOMA in New York, the Bibliotheque Nationale de France in Paris and the National Archives in Washington DC. He has designed exhibitions for UNICEF, UNFPA, Anatomy of the Bridge *for the centenary of Brooklyn Bridge in 1983, and* Steel Stone and Backbone *for the Transit Museum in Brooklyn, amongst others. He was responsible for the panels with the panoramic views on Brooklyn Bridge and on the observation deck of the Empire State Building. A designer of myriad posters, he is in charge of publisher Works Editions, and is the author of* This Way That Way *(Lars Muller publisher) and* Make Your Own Museum *(J. Paul Getty Museum, Malibu, CA, publisher). He has held conferences and lectured in the United States and elsewhere for more than 40 years. He lives in Brooklyn on the Waterfront, and is the owner of StudioWorks in New York.*

CARIN GOLDBERG

Nata nel 1953 a New York ha studiato presso la Cooper Union School of Art. Ha fondato il proprio studio nel 1982 e per i trent'anni successivi ha disegnato centinaia di copertine e riviste per le più importanti case editrici americane. È stata presidente del New York Chapter dell'American Institute of Graphic Arts e membro dell'Alliance Graphique Internationale dal 1999. Nel 2008 ha ricevuto l'Art Directors Club Grandmasters Award for Excellence in Education e nel 2009 la prestigiosa AIGA Legends Gold Medal. Ha insegnato Tipografia e Senior Portfolio alla School of Visual Arts per 27 anni.

Carin Goldberg was born in 1953 in New York City and studied at the Cooper Union School of Art. She established her own studio in 1982, and over the following three decades has designed hundreds of book jackets and numerous magazines for all the major American publishing houses. She served as president of the New York Chapter of the American Institute of Graphic Arts and has been a member of Alliance Graphique Internationale since 1999. In 2008 she received the Art Directors Club Grandmasters Award for Excellence in Education and in 2009 she was awarded the prestigious AIGA Legends Gold Medal. She has taught Typography and Senior Portfolio at the School of Visual Arts for 27 years.

STEVEN GUARNACCIA

Direttore del Dipartimento di Illustrazione alla Parsons The New School for Design. È stato in precedenza art director della pagina Op-Ed del "New York Times". È un illustratore riconosciuto a livello internazionale e collabora regolarmente con la rivista "Domus". Guarnaccia ha disegnato murales per la Disney Cruise Lines, e illustrazioni e cartoline per la mostra *Achille Castiglioni: Design!* del Museum of Modern Art. È autore e illustratore di numerosi libri per bambini, fra cui *Goldilocks and The Three Bears: a Tale Moderne* e *The Three Pigs: an Architectural Tale*, entrambi pubblicati da Abrams. È anche autore di *Black and White*, un libro sull'assenza del colore, pubblicato da Chronicle Books.

Steven Guarnaccia is the director of the Illustration programme at Parsons The New School for Design. He was previously art director of the Op-Ed page of "The New York Times". He is an internationally recognised illustrator and a regular contributor to "Domus" magazine. Guarnaccia has designed murals for Disney Cruise Lines, and holiday cards and images for the exhibition, Achille Castiglioni: Design!, for the Museum of Modern Art. He is the author and illustrator of numerous children's books, including Goldilocks and The Three Bears: a Tale Moderne *and* The Three Little Pigs: an Architectural Tale, *both published by Abrams. He is also the author of* Black and White, *a book on the absence of colour, published by Chronicle Books.*

ALESSANDRO GUERRIERO

Docente al Politecnico di Milano e presidente della Naba di Milano. Nel 1982, vince il Compasso d'Oro. È tra i fondatori di Alchimia. Ha collaborato alla redazione e all'art direction della rivista "Domus" ed è stato direttore di "Decoration International". Nel 1988 ha curato "OLLO - Rivista senza Messaggio". Sue opere si trovano al Museo d'Arte Moderna di Kyoto, al Twentieth Century Design Collection e al Metropolitan Museum di New York, al Museum fur Angewandte Kunst di Vienna, al Groningen Museum in Olanda, al Louisiana Museum fur Moderne Kunst, il Kunstmuseum di Düsseldorf e il Museum of Modern Art di Boston. Ha tenuto lezioni in numerose università italiane e estere. Nel 1995 fonda Futurarium e nel 1996 il nuovo atelier Radiosity. Lo stesso anno si occupa del progetto del nuovo Museo Benetton con Oliviero Toscani. Al suo attivo progetti scenografici per i Matia Bazaar, i Magazzini Criminali, il Teatro Out-Off e per la Rai. Nel 1997 fonda la Cooperativa del Granserraglio con alcuni detenuti in semilibertà.

Alessandro Guerriero is a lecturer at the Politecnico di Milano and president of NABA, Milano. He won the Compasso d'Oro in 1982, and is one of the founders of Alchimia. He works on the editing and art direction of "Domus" and has served as editor of "Decoration International". Moreover, in 1988, he edited "OLLO - Rivista senza Messaggio". His works are to be found at the Museum of Modern Art in Kyoto, the Twentieth Century Design Collection and the Metropolitan Museum in New York, the Museum fur Angewandte Kunst in Vienna, the Groningen Museum in Holland, the Louisiana Museum fur Moderne Kunst, the Kunstmuseum in Düsseldorf and the Museum of Modern Art in Boston. He has lectured at numerous universities both in Italy and further afield. In 1995, he set up Futurarium, followed in 1996 by the new Radiosity atelier. That same year he worked on the design of the new Benetton Museum with Oliviero Toscani. He has designed stage sets for Matia Bazaar, Magazzini Criminali, Teatro Out-Off and RAI. In 1997, he founded the Co-operativa del Granserraglio with a number of prisoners on probation.

MARTÌ GUIXÉ

Nato a Barcellona nel 1964, ha studiato Interior design a Barcellona e Industrial design al Politecnico di Milano. Vive e lavora "su materia vivente" tra Barcellona e Berlino dedicandosi all'invenzione di "brillanti e semplici idee di una curiosa serietà"; si definisce "ex-designer" e lavora per aziende come Camper, Chupa-Chups, Desigual, Droog Design, Saporiti e Watx. Ha esposto al MoMA di New York, al Design Museum di Londra, al MACBA di Barcellona e al Centre Pompidou di Parigi.

Martì Guixé was born in 1964 in Barcelona. He studied Interior Design in his hometown and and Industrial Design at the Politecnico di Milano. He lives and works "on living matter" in Barcelona and Berlin, dedicating himself to the invention of "bright and simple ideas with a curious sense of seriousness"; he considers himself an "ex-designer" and works for firms such as Camper, Chupa-Chups, Desigual, Droog Design, Saporiti and Watx. He has exhibited at MoMA in New York, the Design Museum in London, MACBA in Barcelona and the Centre Pompidou in Paris.

H-ART

Agenzia creativa nata nel 2005, che si occupa di progetti strategici di marketing e comunicazione. Il suo obiettivo é trovare le modalità più efficaci per ogni brand di utilizzare i canali on-line, come il web, il mobile e le tecnologie sul punto vendita e raccordare le strategie individuate con i touchpoint offline. Da febbraio del 2009 H-art é parte del Gruppo WPP, leader mondiale in comunicazione e marketing. Ad oggi conta circa 90 persone tra dipendenti e collaboratori, suddivise nelle sedi di Treviso, Milano e Firenze. L'applicazione Facebook Bikini Ville e i siti per l'iniziativa Bimbisicuramente sono stati disegnati da Francesca Frossandi. Francesca é web graphic designer in H-art da sempre e sta coltivando in particolare le sue passioni per l'illustrazione, l'iconografia e la pixel art. Anderson Schimuneck, Senior Designer nato e cresciuto in Brasile, ha collaborato con H-art per diversi progetti tra cui Write the future per Nike. In H-art Anderson ha curato le sue passioni per le interface, l'illustrazione e la direzione creativa.

H-art is a creative agency founded in 2005. H-art works on brand marketing and communication strategies. The studio's goal is to find out how brands can leverage online channels such as the web, mobile devices, in-store technologies and other emerging media to engage with people, and how to connect those channels to offline touchpoints. Since February 2009, the company has been part of the WPP Group, a world leader in communications and marketing. H-art now has around 90 people working for and with it, split across its sites in Treviso, Milan and Florence. The Facebook application Bikini Ville and the Bimbisicuramente websites were designed by Francesca Frossandi, a web and graphic designer who has been employed by H-art for many years; with H-art, Francesca is cultivating her passion for illustration, iconography and pixel art. Senior designer Anderson Shimuneck, who was born and brought up in Brazil, has worked with H-art on a number of projects including Write the Future for Nike; within H-art, he has developed his mastery of interfaces, illustration and art direction.

HELMO

Thomas Couderc e Clément Vauchez si incontrarono nel 1997 durante i loro studi a Besançon, nell'Est della Francia. Entrambi si trasferirono a Parigi nel 1999: Clément ha studiato tipografia per due anni (DSAA typographie Estienne) e ha poi lavorato a Gedeon, uno studio di grafica per la tv; Thomas ha iniziato a lavorare prima con Malte Martin, poi con H5, infine in proprio come free-lance. Nel 2003, con Thomas Dimetto, hanno fondato lo studio grafico La Bonne Merveille. Il gruppo si è sciolto nel 2007 e Thomas Couderc e Clément Vauchez hanno fondato Helmo. Lavorano in vari settori della grafica: illustrazioni (dal disegno alla fotografia, dalla grafica ai collages,…), poster, segnaletica, book design, tipografia. Lavorano soprattutto per istituzioni culturali o festival in Francia. Dal 2006, i due designer sono regolarmente invitati a partecipare a pubblicazioni e mostre di grafica (Chaumont Poster Festival, la mostra *Connections* di Sao-Paulo sulla grafica francese nel 2009).

Thomas Couderc & Clément Vauchez met in 1997 during their studies in Besançon, in eastern France. They both ended up in Paris in 1999: Clément studied typography for two years (DSAA typographie Estienne) before working for Gedeon, a TV graphic design studio; Thomas began working with Malte Martin, then moved on to work with H5, before striking out on his own as a freelancer. In 2003, along with Thomas Dimetto, they founded graphic design studio La Bonne Merveille. The members of the group went their separate ways in 2007, and Thomas and Clément established Helmo. They operate in various fields of graphic design – illustration (drawing, photography, graphic design and collages), posters, signage, book design and typography – and work in the main for cultural institutions and festivals in France. Since 2006, the two designers have been regularly invited to participate in publications and graphic design exhibitions, such as the Chaumont Poster Festival and the São-Paulo Connections exhibition on French graphic design (2009).

HOUSE INDUSTRIES

Conosciuta in tutto il mondo come feconda fonderia di caratteri, House Industries ha avuto un impatto notevole nel mondo del design. Sin dal 1993, i suoi fonts risaltano sui cartelloni pubblicitari, augurano qualunque cosa da decine di migliaia di biglietti di auguri, servono come base per logotipi e aggiungono elementi di stile a una vasta gamma di media. Nella loro carriera, gli artisti di House hanno padroneggiato un'ampia sezione trasversale delle discipline di progettazione. La loro tipografia fonde abilmente elementi culturali, musicali e grafici. Dalle prime incursioni negli alfabeti digitali fino ai sofisticati sistemi di lettering e caratteri, il lavoro di House Industries trascende le convenzioni della grafica e si rivolge a un vasto pubblico. Ciò che brilla nell'opera di House Industries è quello che sconfigge sempre la mediocrità: un amore autentico per la materia trattata. Che si tratti di hot rods, lettering classico o Modernismo Svizzero, House continua a fornire ottimismo tipografico in questa epoca dal minimo comune denominatore estetico.

Known throughout the world as a prolific type foundry, House Industries has made a considerable impact on the world of design. Since 1993, House Industries fonts scream from billboards, wish happy whatever from tens of thousands of greeting cards, serve as the basis for consumer product logos and add elements of style to a wide range of mainstream media. In their illustrious career, House artists have mastered a large cross-section of design disciplines. Their typography deftly melds cultural, musical and graphic elements. From early forays into distressed digital alphabets to sophisticated type and lettering systems, House Industries' work transcends graphic conventions and reaches out to a broad audience. What ultimately shines in the House Industries oeuvre is what always conquers mediocrity: a genuine love for their subject matter. Be it hot rods, classically relevant lettering or Swiss Modernism, House continues to provide typographic optimism in this age of the lowest aesthetic common denominator.

GIANCARLO ILIPRANDI

Da oltre cinquant'anni si occupa di design della comunicazione visiva, di ricerca sperimentale e metodologia operativa. Dalla sua esperienza professionale sono derivati alcuni testi didattici abbastanza noti. Dal 1999 è professore a contratto presso la Facoltà del Design del Politecnico di Milano.
Dove, inoltre, da cinque anni dirige un corso di alta formazione in Type Design. Nel corso della sua carriera ha ottenuto numerosi premi e riconoscimenti tra cui Gran Premio Internazionale alla XIII Triennale di Milano, due premi Compasso d'Oro ADI nel 1979 ed un terzo nel 2004. Nel 2002 gli è stata conferita dal Politecnico di Milano una Laurea ad honorem in disegno industriale.

For more than fifty years, Giancarlo Illiprandi has been dealing with the design of visual communication, experimental research and operational methodology. The professional experience he has accumulated has given rise to a number of renowned educational texts. Since 1999, he has been visiting professor in the Faculty of Design of the Politecnico di Milano, where – for five years – he has directed a high-level course in Type Design. Over the course of his career, he has been showered with awards, including the International Grand Prix at the 13th Milan Triennale, and two Compasso d'Oro ADI awards in 1979, followed by a third in 2004. In 2002, he was awarded an honorary degree in Industrial Design by the Politecnico di Milano.

MELCHIOR IMBODEN

Nato a Stans, Svizzera, nel 1956, ha iniziato i suoi studi in interior design nel 1972 e ha lavorato in questo ambito fino al 1984. È stato durante questo periodo che ha scoperto il suo interesse nel design e nella tipografia. Nel 1980 ha creato i primi lavori di fotografia durante alcuni viaggi nel Mediterraneo. Nel 1984 ha studiato graphic design alla Art School di Lucerna. Durante i cinque anni di studio, ha lavorato per studi di design in Italia e in Svizzera. Dal 1992 opera come grafico indipendente e fotografo in Svizzera e all'estero. I suoi poster hanno ricevuto numerosi premi nazionali e internazionali. Nel 1998 è diventato membro dell'AGI e dal 2006 è Presidente dell'AGI Svizzera. La fotografia è parte integrante della sua vita. Suoi progetti fotografici, quali Nidwaldener Gesichter, Designer Portraits e Zeitbilder, sono stati frequentemente esposti in mostre internazionali. Melchior Imboden insegna e tiene conferenze sia sulla grafica che sul design, in Svizzera e all'estero.

Born in Stans, Switzerland, in 1956, Melchior Imboden began his studies in 1972 as an interior designer and worked in that field until 1984. It was during this period that he discovered his interest in design and typography. In 1980, his first photographic works were created during his travels throughout the Mediterranean. In 1984, he began studying graphic design at the Art School in Lucerne, and during his five-year course he worked for design studios in Italy and Switzerland. Since 1992, he has worked as an independent graphic designer and photographer in Switzerland and elsewhere. His posters have been honoured with numerous national and international awards. In 1998, he became a member of the AGI and has served as president of AGI Switzerland since 2006. Photography has become an integral part of Imboden's life: his photo projects, such as Nidwaldener Gesichter, Designer Portraits and Zeitbilder, have frequently been displayed at international exhibitions. He teaches and lectures on both graphic design and photography in Switzerland and overseas.

INFORMATION ARCHITECTS

Nato nel 1972, Oliver Reichenstein ha studiato filosofia a Basilea e Parigi. Dopo gli studi ha lavorato presso Interbrand disegnando la digital identity di Deutsche Telekom. Nel 2003 si è trasferito in Giappone dove ha fondato la propria agenzia, Information Architects, Inc. Information Architects è nota per i suoi siti di giornali (fra gli altri "Tages-Anzeiger", "Zeit Online" e "Internazionale"), il suo Web Trend Map e un iPad text editor chiamato Writer.

Born in 1972, Oliver Reichenstein studied philosophy in Basel and Paris. After his studies, he worked at Interbrand, shaping the digital identity of Deutsche Telekom. He moved to Japan in 2003, where he founded his own agency, Information Architects, Inc., which is best known for its news sites (among others "Tages-Anzeiger", "Zeit Online" and "Internazionale"), its Web Trend Map and an iPad text editor called Writer.

JEKYLL & HYDE

Studio di graphic design e comunicazione visiva fondato a Milano nel 1996 da Marco Molteni e Margherita Monguzzi. Lo studio si occupa di brand identity, editoria, art direction, type design, packaging e web design. Molti dei progetti realizzati in questi anni hanno ottenuto premi e pubblicazioni a livello nazionale e internazionale. Lo studio predilige il lavoro in team. Con passione, curiosità e voglia di divertirsi realizzano progetti semplici e radicali allo stesso tempo, tenendo conto di come le persone reagiranno di fronte a essi: come li useranno, li sposteranno, li completeranno, scoprendone il significato o magari una diversa visione. In questi anni jekyll & hyde ha collaborato con clienti che vanno dalla musica all'arte contemporanea, dalla tecnologia alla moda, riuscendo a cambiare stile e sperimentare linguaggi grafici adatti alle diverse esigenze di ognuno di loro.

jekyll & hyde is a Milan-based graphic design and visual communication studio, founded in 1996 by Marco Molteni and Margherita Monguzzi. The studio works in the fields of brand identity, publishing, art direction, type design, packaging and web design. Many of its recent projects have been featured in national and international publications and have received awards. jekyll & hyde always takes people's reactions to the products into consideration, taking account of how they will use them, move them around and complete them – gradually discovering their meaning or perhaps even developing a different perspective on them. In recent years, jekyll & hyde has worked with clients in fields ranging from music to contemporary art, technology and fashion, successfully changing styles and trying out graphic design languages that are tailored to the individual requirements of each project.

JELLYMON

Studio di design pluridisciplinare che crea prodotti lifestyle, fashion, artwork, branding design e concepts per eventi. Jellymon è stato fondato da Lin Lin e Sam Jacobs, che lavorano insieme da quando si sono incontrati nel 2003 alla Chealsea School of Art. Fondato nel 2004 a Londra, Jellymon ha lavorato molto nei settori della musica e dell'abbigliamento sportivo nel Regno Unito. Nel 2006 il gruppo si è spostato a Shanghai, focalizzandosi allo progetti per il giovane mercato cinese in rapido sviluppo. Con la duplice sensibilità della cultura orientale e occidentale, aiuta i suoi clienti a mettersi in contatto con questa ambigua nuova generazione di consumatori. Dopo tre anni Jellymoon ha aperto la sua seconda sede, Jellymon Beijing, che si occupa in particolare di ricerca nel design e strategic PR. Jellymon ha lavorato su progetti nel Regno Unito, Cina, Stati Uniti, Europa, Corea, Singapore, Giappone e Australia, con clienti come Uniqlo, Nike, Adidas, Kappa, K-Swiss, Li Ning, Mizuno, Kid Robot, Levis, Evisu, Red Earth, Coca-Cola, Motorola, Apple, Google e molti altri.

Jellymon is a multi-disciplinary design boutique that creates lifestyle products, fashion, artwork, branding design and event concepts. Jellymon was founded by Lin Lin and Sam Jacobs; the pair met at Chelsea School of Art in 2003 and have been working together ever since. Set up in London in 2004, Jellymon has worked intensively in the UK's music and sportswear industries. In 2006, the team relocated to Shanghai, focusing on coming up with designs for the fast-developing Chinese youth-consumer market. Utilising its sensitivity towards both western and eastern cultures, Jellymon help companies connect to this elusive new generation of consumers. Three years later, Jellymon opened its second office, Jellymon Beijing, which concentrates on design research and strategic PR. Jellymon is based primarily in China but has also worked on projects in the UK, the US, Europe, Korea, Singapore, Japan and Australia, with clients such as Uniqlo, Nike, Adidas, Kappa, K-Swiss, Li Ning, Mizuno, Kid Robot, Levis, Evisu, Red Earth, Coca-Cola, Motorola, Apple, Google and many others.

ALEX JORDAN

Nato nel 1947, ha trascorso la sua giovinezza a Saarbrücken, W - Germany. Ha studiato alla Düsseldorf Akademie of fine Arts ed è stato allievo di Joseph Beuys. Nel 1975 si è trasferito in Francia dove è entrato nel gruppo di design politico Grapus (Pierre Bernard, Jean Paul Bachollet, Gerard Paris-Clavel e Alex Jordan). Dopo aver vinto il Grand prix national, il gruppo ha deciso di dividersi in tre diversi atelier nel 1991. Da allora Alex Jordan lavora con i suoi colleghi dello studio Nous Travaillons Ensemble, Sébastien Courtois, Valérie Debure e Isabelle Jego e con il gruppo di fotografi le Bar Floréal. È anche professore di comunicazione visiva alla Kunsthochschule Berlin - Weissensee e membro dell'AGI.

Born in 1947, Alex Jordan spent his youth in Saarbrücken, West Germany. He studied at the Düsseldorf Akademie of Fine Arts and was a student of Joseph Beuys. In 1975 he moved to France, where he became part of political design group Grapus (Pierre Bernard, Jean Paul Bacholet, Gerard Paris-Clavel and Alex Jordan). After winning the Grand Prix National, the group decided to split into three separate ateliers in 1991. Since then, Jordan has been working with his colleagues in the Nous Travaillons Ensemble studio – Sébastien Courtois, Valérie Debure and Isabelle Jego – and with the group of photographers known as Le Bar Floréal. He is also a professor of Visual Comunication at the Kunsthochschule Berlin - Weissensee and a member of the AGI.

KESSELSKRAMER

Erik Kessels (1966) è socio fondatore e Creative Director della KesselsKramer, una agenzia indipendente di comunicazione internazionale con base ad Amsterdam. Ha inoltre partecipato alla creazione del KK Outlet, uno spazio espositivo, galleria e agenzia di comunicazione di Londra. Kessels ha lavorato e lavora tuttora per clienti nazionali ed internazionali, come Nike, Diesel, J&B Whisky, Oxfam, Ben, Vitra e The Hans Brinker Budget Hotel, per i quali ha vinto numerosi premi internazionali. Kessels è un collezionista di fotografie e ha pubblicato diversi libri di immagini amatoriali attraverso la KesselKramer Publishing. Dal 2000 è un redattore della rivista di fotografia alternativa "Useful Photography". Ha inoltre curato mostre come *Loving Your Pictures* ai Rencontres Internationales de la Photographie di Arles. È stato uno dei quattro curatori (con Lou Reed, Fred Ritchin e Vince Aletti) del New York Photo Festival 2010, dove ha presentato la mostra *Use me Abuse me.*

Erik Kessels (1966) is a founding partner and Creative Director of KesselsKramer, an independent international communication agency located in Amsterdam. He also helped set up KK Outlet, a combined exhibition space, gallery and communication agency in London. Kessels works and has worked for national and international clients such as Nike, Diesel, J&B Whisky, Oxfam, Ben, Vitra and The Hans Brinker Budget Hotel, for which he has won numerous international awards. He is a photography collector and has published several books of vernacular images through KesselsKramer Publishing. Since 2000, he has been one of the editors of the alternative photography magazine "Useful Photography". He has also curated exhibitions such as Loving Your Pictures at Rencontres Internationales de la Photographie Arles. He was one of four curators (with Lou Reed, Fred Ritchin and Vince Aletti) of the New York Photo Festival 2010, where he presented the exhibition Use me Abuse me.

KATSUMI KOMAGATA

Nato in Giappone, Katsumi Komagata si è trasferito negli Stati Uniti nel 1977. Ha lavorato come graphic designer nella sede centrale della CBS a New York e nel 1983 è tornato in Giappone. Nel 1986 ha fondato la One Stroke, con la quale successivamente ha pubblicato vari libri di fiabe. Negli ultimi anni ha pubblicato libri per non vedenti con il Centre Pompidou, Les Trois Ourses, Les Doigts Qui Revent e One Stroke. Il suo lavoro spazia dalle originali creazioni di libri di racconti per bambini, a giochi per stimolare la crescita intellettuale, e ha ricevuto importanti premi in tutto il mondo tra cui la Special Mention Award al Bologna International Children's Book Fair. Sue esposizioni e workshops si tengono non solo in Giappone ma anche nel resto del mondo inclusi Francia, Italia, Svizzera, Messico, Portogallo.

Born in Japan, Katsumi Komagata moved to the United States in 1977. He worked as a graphic designer at the CBS headquarters in New York before returning to Japan in 1983. In 1986, he set up One Stroke, with which he subsequently published various books of fables. Over recent years, he has published books for the visually impaired with the Pompidou Centre, Les Trois Ourses, Les Doigts Qui Revent and One Stroke. His work ranges from the creation of highly original storybooks for children to games that stimulate intellectual growth, and he has received major prizes around the world, including the Special Mention Award at the Bologna International Children's Book Fair. His exhibitions and workshops are held not only in Japan but also further afield, in countries such as France, Italy, Switzerland, Mexico and Portugal.

GREG LAMARCHE

La città di New York, lettere, graffiti e testi sono le fonti di ispirazione di Greg Lamarche. I suoi collages incorporano caratteri tipografici di carta vintage per mostrare la vibrante energia della graffiti art durante gli anni '80. Ogni singolo lavoro è creato tramite ritagli collezionati nel corso degli anni e fonde insieme gli elementi del graphic design con quelli dell'arte. Nato e cresciuto a New York, Lamarche fa collage da quando era al sesto anno di scuola. Ha iniziato a fare graffiti nel 1981 e nel primi anni '90 ha pubblicato la rivista "Skills". Lavora come designer e artista dal 2000. Il suo lavoro è stato pubblicato su numerose pubblicazioni tra cui il "New York Times", "Print", "Juxtapoz", "Modern Painters", "Arkitip" e i recenti libri *Graffiti New York, Piecebook Reloaded* e l'imminente *World Piecebook* per il quale ha realizzato la grafica di copertina. Ha recentemente partecipato alla Scope Art Fair di Miami. Per il 2011 sono in programma esposizioni in Maine, Boston, New York, Irlanda, Oregon, Toronto e Los Angeles.

New York City, letters, graffiti and text all serve as sources of inspiration for Greg Lamarche. His collages incorporate typography from vintage paper to show the vibrant energy of the city's graffiti art during the 1980s. Each unique work is created on hand-cut paper collected over the years, and blends the elements of graphic design and fine arts. Born and raised in New York, he has been making collages since the sixth grade. He began writing graffiti in 1981, published "Skills" magazine during the early 90s and has worked both as a designer and artist since 2000. His work has been featured in numerous publications including "The New York Times", "Print", "Juxtapoz", "Modern Painters" and "Arkitip", and in recently published books Graffiti New York and Piecebook Reloaded. *It will also be appearing in the soon-to-be-released* World Piecebook, *for which he created the cover graphics. He recently participated in the Scope Art Fair, Miami. Already slated for 2011 are exhibitions in Maine, Boston, New York, Ireland, Oregon, Toronto and Los Angeles.*

LANDOR ASSOCIATES

Creata dal pioniere del Branding Walter Landor nel 1941, Landor Associates è oggi una delle più autorevoli e conosciute società del mondo nel campo del branding. L'approccio olistico di Landor al branding, si basa sul rigore di un processo e un pensiero disciplinato e allo stesso tempo su una creatività eccezionale. Il lavoro di Landor copre tutte le attività relative alla consulenza strategica sulla marca e al design in tutte le sue manifestazioni (naming, identità istituzionale, packaging, design di ambienti, applicazioni digitali, editoria, ecc.) fino all'allineamento della cultura dell'organizzazione ai valori e allo scopo della marca. Con 20 uffici in 15 paesi, Landor vanta una lunga lista di clienti fra i più importanti al mondo, tra cui BlackBerry, Diageo, Emaar, LG Group, the City of Madrid, Kraft, Nestlé, Procter & Gamble, Unicredit Group. Landor è membro del gruppo Young & Rubicam Brands facente parte del network WPP, uno dei più importanti al mondo nel campo del marketing e della comunicazione.

Landor Associates is one of the world's leading strategic brand consulting and design firms. Founded by industry pioneer Walter Landor in 1941, Landor has a rich heritage of brand strategy and design leadership. Landor's holistic approach to branding builds upon the combined rigour of disciplined thinking and process and exceptional creativity. Landor's work spans the full breadth of branding services, including brand positioning, brand asset management, brand architecture, brand research, brand valuation, packaging and structural design, branded experiences, brand engagement, corporate identity design, and naming. With 20 offices in 15 countries, Landor's current and past clients include some of the world's most powerful brands, including BlackBerry, Diageo, Emaar, LG Group, the City of Madrid, Kraft, Nestlé, Procter & Gamble, Unicredit Group. Landor is a member of the Young & Rubicam Brands network within WPP, one of the world's largest marketing and communications firms.

ESTHER LEE

Nasce e vive a Seoul, Corea del Sud. Illustratrice e graphic designer, lavora come free lance. Laureatasi nel 2006 alla Hongik University in Advertising Communication Design ha creato lavori basati sulla relazione tra immagini e patterns. Lavora fuori dalle forme ritmiche e ripetitive ed è appassionata di prodotti di plastica con colori vivaci. Ha esposto il suo lavoro in Korea, Italia, Giappone e Regno Unito.

Esther Lee was born in Seoul, South Korea, where she currently lives and works as a freelance illustrator and graphic designer. She graduated in Advertising Communication Design from Hongik University in 2006, and has gone on to create works based on the relationship between images and patterns. She works outside rhythmic and repetitive forms and is passionate about brightly coloured plastic products. Her work has been exhibited in Korea, Italy, Japan and the UK.

LEFTLOFT

Studio indipendente di progettazione grafica fondato a Milano nel 1997. I soci Andrea Braccaloni, Francesco Cavalli, Bruno Genovese e David Pasquali si sono conosciuti durante gli studi di architettura e urbanistica al Politecnico di Milano e da allora hanno iniziato a realizzare i loro progetti insieme. Lo studio ha aperto una nuova sede a New York nel 2009 e attualmente lavora con un gruppo di progettisti specializzati in vari campi, dal brand al web design. Leftloft ha sviluppato negli anni progetti locali e internazionali collaborando con alcune fra le più importanti società italiane tra le quali: Pirelli, Moleskine, Corriere della Sera, Mondadori, Documenta, Eni, Politecnico di Milano, Emergency, Inter Football Club, Kiehl's, Castello di Rivoli, Autostrada Pedemontana Lombarda, Slowear, De Agostini, Toshiba. Oltre all'attività progettuale i soci insegnano alla facoltà di Design del Politecnico di Milano. Lo studio è uno dei fondatori del Ministero della Grafica, è membro di AIAP, BEDA, ASSOLOMBARDA, TDC.

Leftloft is an independent graphic design company that was established in 1997 in Milan. Founding partners Andrea Braccaloni, Francesco Cavalli, Bruno Genovese and David Pasquali met at the Politecnico di Milano while studying Architecture and Urban Planning. There, they began working on their own design projects. The studio opened a New York office in 2009 and now operates with a team of designers, each specialising in various fields, from branding to web design. Leftloft has developed projects locally and internationally, partnering up with some of the most important Italian companies and institutions, including: Pirelli, Moleskine, Il Corriere della Sera, Mondadori, Documenta, Eni, the Politecnico di Milano, Emergency, Inter Football Club, Kiehl's, Castello di Rivoli, Autostrada Pedemontana Lombarda, Slowear, De Agostini and Toshiba. In addition, the partners teach design at the Politecnico di Milano, and the studio is one of the founders of Ministero della Grafica. Leftloft is a member of the AIAP, the BEDA, ASSOLOMBARDA and the TDC.

JEAN-BENOIT LÉVY

Svizzero-Americano esperto in comunicazione visiva, vive a San Francisco. Ha iniziato le sue attività sin dal 1983 a Basilea, dopo gli studi alla Kunstgewerbeschule con insegnanti autorevoli come W. Weingart, A. Hofmann, M. Schmidt e A. Gurtler. Nel 1988 apre a Basilea lo Studio AND dove è art director di un team che varia continuamente. Nel 2005, dopo 20 anni a Basilea, trasferisce il suo studio oltreoceano per concentrare la sua attività professionale a San Francisco, California. Qui lavora con sua moglie e socia Claudia Dallendörfer. La sua esperienza professionale spazia dal design di francobolli alle monete, dai manifesti al design di libri, dai logo alle identità aziendali. Dai progetti privati (Handbook, H-and-s) agli incarichi dei clienti, il suo lavoro si è aggiudicato riconoscimenti in concorsi internazionali ed è stato pubblicato in varie riviste e libri in tutto il mondo. Sin dal 1991 Jean-Benoit insegna e tiene conferenze in varie scuole in Europa, Stati Uniti e Asia. È membro delle associazioni professionali AGI e AIGA.

Jean-Benoit Lévy is a Swiss-American visual communicator living in San Francisco. He started his career in 1983 in Basel, Switzerland, following his studies at the Basel Kunstgewerbeschule with influential teachers such as W. Weingart, A. Hofmann, M. Schmidt and A. Gurtler. In 1988, he opened his AND studio in Basel, where he served as art director of an ever-changing team. In 2005, after over 20 years in Basel, he transferred his studio overseas to concentrate on his career in San Francisco, California, where he now works with his wife and partner, Claudia Dallendörfer, designing everything from postage stamps to currency, posters, books, logos and corporate identities. His private projects (Handbook, H-and-s) and client commissions have been awarded prizes in international competitions and published worldwide in various books and magazines. Since 1991, he has been teaching regularly, and often lectures at several schools in Europe, the United States and Asia. He is a member of the professional associations AGI and AIGA.

RICO LINS

Nato nel 1955 in Brasile, a Rio de Janeiro. È designer, direttore artistico, educatore e gestisce il suo studio creativo con base a San Paolo per consulenze su stampa, film, nuovi media e marchi. A partire dal 1979 ha lavorato tra Parigi, Londra, New York, Rio e San Paolo. Ha ricevuto numerosi premi e gli sono state dedicate varie mostre tra cui la mostra personale al Centre Pompidou di Parigi nel 1982 e la retrospettiva itinerante *Rico Lins: Graphic Borderlines* nel 2009. Come curatore, ha organizzato i progetti internazionali di design "Brazil in Posters", "Connexions>Conexões" e "Chaumont Posters". I suoi lavori sono stati pubblicati su gran parte delle riviste e dei libri dedicati al design di settore, e fanno parte delle collezioni del São Paulo Museum of Contemporary Art, del Musée de l'Affiche di Parigi, del Munich Staatliches Museum für Angewandte Kunst, della Bibliotheque Nationale Française e del Chaumont Pôle Graphique. Rico è stato eletto miglior graphic designer brasiliano del 2001 ed è membro dell'AGI dal 1997.

Born in 1955, in Rio de Janeiro, Brazil, Rico Lins is a designer, art director and educator who runs a creative studio in São Paulo that specialises in print, film, new media and brand consultancy. Since 1979, he has worked in Paris, London, New York, Rio and São Paulo, and has been the deserving recipient of several international awards. Moreover, his work has been widely featured in exhibitions, including a solo show at the Centre Pompidou in Paris in 1982 and the touring retrospective Rico Lins: Graphic Borderlines *in 2009. As a curator, he organised the "Brazil in Posters", "Connexions>Conexões" and "Chaumont Posters" international design projects. His work has been published in most of the specialist design journals and in numerous books, and is on display at the São Paulo Museum of Contemporary Art, the Musée de l'Affiche in Paris, the Munich Staatliches Museum für Angewandte Kunst and the Bibliotheque Nationale Française, and in the Chaumont Pôle Graphique collection. Rico was nominated Best Brazilian Graphic Designer in 2001 and has been an AGI member since 1997.*

BORIS LJUBICIC

Nato a Sinj (Croatia) nel 1945. Nel 1968, si è laureato in pittura all'Accademia di Belle Arti di Zagabria. Durante i suoi studi e in seguito ha preso parte a molti viaggi professionali e corsi di perfezionamento. Ha dedicato il suo lavoro alla ricerca nei settori del graphic design e della comunicazione visiva. Le sue opere radicali sono state ampiamente utilizzate in Croazia e all'estero. Il suo sforzo per ottenere soluzioni globali e che possano avere svariate applicazioni è caratterizzato da uno spostamento verso il futuro in termini di civiltà ed educazione. Molti dei suoi lavori hanno ricevuto premi internazionali. Sin dal 1990 il suo progetto più importante in cui è stato coinvolto è la visual identity della Repubblica Croata.

Boris Ljubicic was born in Sinj (Croatia) in 1945. He graduated in Painting from the Zagreb Academy of Fine Arts in 1968. During and after his studies, he travelled extensively to develop his career and completed several specialisation courses. He has dedicated his working life to conducting research in the fields of graphic design and visual communication, and his radical works have been widely used in Croatia and elsewhere. His commitment to reaching global solutions that can have multiple applications is characterised by a shift towards the future in terms of civilisation and education. Many of his works have received international awards, and the most important project in which he has been involved (since 1990) is the visual identity of Croatia.

LS GRAPHIC DESIGN

Studio di progettazione fondato nel 2006 a Milano da Marta Bernstein, Alberto Cantone, Paolo Ciampagna e Giada Coppi. Nello specifico svolge attività di progettazione editoriale, tipografica, web, sistemi d'identità e segnaletica. Lo studio si occupa anche di docenza nell'ambito del design grafico e tipografico presso vari istituti come il Politecnico di Milano, la Scuola Politecnica di Milano, il CFP Bauer di Milano e il Watkins College of art, design & film di Nashville.

LS graphic design is a design studio that was set up in 2006 in Milan by Marta Bernstein, Alberto Cantone, Paolo Ciampagna and Giada Coppi. It specialises in design for editorial, typographic, web, corporate identity and signage projects. The studio also devotes a great deal of time to teaching graphic and typographic design at various institutes, including the Politecnico di Milano, the Scuola Politecnica di Milano, the CFP Bauer School of Milano and the Watkins College of Art, Design & Film in Nashville.

LUBA LUKOVA

Luba Lukova risiede a New York ed è considerata uno dei più peculiari creatori di immagine contemporanei. Il suo lavoro, volto a individuare i temi essenziali della condizione umana o a illustrare succintamente la cronaca sociale, è indubbiamente forte e provocatorio. Sue mostre personali sono state allestite presso: UNESCO, Parigi; DDD Gallery, Osaka; La MaMa, New York; The Art Institute, Boston. Tra i suoi committenti figurano Adobe Systems, Sony Music, Canon, Harvard University, il Ministero della Cultura francese, War Resisters League, The New York Times, e Time. Il suo lavoro è incluso nelle collezioni permanenti di: Museum of Modern Art, New York; Library of Congress, Washington, DC; Bibliotheque nationale de France. È autrice dell'acclamato "Social Justiceposter portfolio", che contiene appassionate reazioni visive ai temi più urgenti del nostro tempo. I poster sono stati esposti negli Stati Uniti, Europa e Asia e alla prestigiosa mostra in occasione dell'Inaugurazione del Presidente Obama a Washington, DC.

New York-based Luba Lukova is recognised as one of the most distinctive image-makers working today. Whether by using an economy of line, colour and text to pinpoint essential themes of the human condition or to succinctly illustrate social commentary, her work is undeniably powerful and thought-provoking. Lukova's solo exhibitions have been held at UNESCO, Paris; DDD Gallery, Osaka; La MaMa, New York; and The Art Institute of Boston. She has received commissions from Adobe Systems, Sony Music, Canon, Harvard University, the Cultural Ministry of France, War Resisters League, The New York Times and Time. Her work is included in the permanent collections of the Museum of Modern Art, New York; the Library of Congress, Washington, DC; and the Bibliotheque Nationale de France. She is the author of the critically acclaimed "Social Justice poster portfolio", containing passionate visual reactions to many of the pressing issues of our time. The posters have been exhibited widely in the U.S., Europe and Asia, and also as part of the prestigious exhibition for the Inauguration of President Obama in Washington, DC.

ITALO LUPI

Laureato in architettura, si dedica da subito alla progettazione grafica. È stato consulente della Rinascente, poi art director di "Domus" e, fino al 2007, direttore e art director di "Abitare". Con Migliore+Servetto ha "vestito" di rosso-cinabro tutta la città di Torino, con più di diecimila installazioni, per il look of the City delle Olimpiadi Invernali 2006. Compasso d'Oro per la grafica editoriale. È Royal Designer a Londra, ma vive e lavora a Milano: progetta grafica e allestimenti.

A graduate in Architecture, Italo Lupi has been devoted to graphic design since the very start of his career. He served as a consultant to Rinascente, and then as art director at "Domus", and, until 2007, was editor and art director of "Abitare". With Migliore+Servetto, he adorned the whole of Turin with over ten thousand installations for the 2006 Winter Olympic Games. He scooped the Compasso d'Oro Award for graphic design in publishing. A Royal Designer in London, he lives and works in Milan, where he specialises in graphic design and exhibition layouts

ALEJANDRO MAGALLANES

Nato nel 1971, ha studiato alla National School of Visual Arts di Mexico city. Ha scelto di lavorare su temi culturali e sociali, progettando libri, manifesti, animazione, illustrazioni,… Ha scritto sei libri per bambini. Ha ricevuto premi e riconoscimenti in ambito progettuale grazie ai suoi manifesti e ai suoi libri. Dal 2004 è membro di AGI.

Alejandro Magallanes (born 1971) studied at the National School of Visual Arts in Mexico City. He has elected to work on cultural and social issues, designing books, posters, animation and illustrations. He has so far written six books for children, and his poster work and books have received awards in a number of design contests. Since 2004, he has been a member of the AGI.

FEDERICO MAGGIONI

Ilustratore e concept designer, vive e lavora a Milano. Ha illustrato libri per le maggiori case editrici italiane, con molte delle quali continua a collaborare. Le sue tavole sono apparse su periodici e quotidiani nazionali ed è stato consulente per l'immagine editoriale per Ipsoa, Sole 24 ORE Libri, Pirola, Mythos Arkè. Tra le sue opere più recenti *Cuore e Regolamento del giuoco del calcio* per le Edizioni Corraini e *I Promessi Sposi* per la Casa Editrice Piemme. Numerose sono le sue mostre personali e collettive. Ha vinto i più prestigiosi premi per l'illustrazione e organizza corsi e laboratori di comunicazione visiva. Per il Festivaletteratura di Mantova ha realizzato i laboratori: "La scenografia dello sguardo" e "Mummie pazze".

An illustrator and concept designer, Maggioni lives and works in Milan. He has illustrated books for the leading Italian publishers, many of which he collaborates with to this day. His works have appeared in numerous Italian periodicals and newspapers, and he served as editorial image consultant for Ipsoa, Il Sole 24 Ore Libri, Pirola and Mythos Arkè. Cuore and Regolamento del giuoco del calcio (published by Edizioni Corraini), and I Promessi Sposi (published by Piemme) are among his most recent works. His work has been featured in numerous solo and group shows, and he has won all of the most important prizes for illustration. He orchestrates courses and workshops on visual communication, and staged the workshops entitled "La scenografia dello sguardo" and "Mummie pazze" at Festivaletteratura in Mantua.

ROBERT MASSIN

Artista grafico francese, Massin (nato nel 1925) è direttore artistico, tipografo e scrittore. Ha dato un notevole contributo alla storia del design del libro. Ha lavorato come graphic designer a Parigi dal 1948, ed è stato per vent'anni direttore artistico dell'autorevole casa editrice francese Gallimard. Le sue rivoluzionarie copertine di libri tridimensionali e le sue divertenti sperimentazioni con le potenzialità visiva offerte da lettere, font ed immagini combinate, in "tipografia espressiva" lo hanno giustamente reso uno dei più noti e apprezzati graphic designers del dopo guerra.

French graphic artist Massin (born 1925) is an art director, typographer and writer. He has made a remarkable contribution to the history of book design. He has worked as a graphic designer in Paris since 1948, and spent twenty years in the role of art director for the pre-eminent French publisher Gallimard. His revolutionary three-dimensional book covers and his playful experimentation with the visual possibilities afforded by combined letters, fonts and images in 'expressive typography' have rightly earned him his place amongst the most hightly regarded post-war graphic designers.

SHIN MATSUNAGA

Nato a Tokyo nel 1940, si è laureato alla Tokyo National University of Fine Arts and Music nel 1964. Matsunaga ha lavorato nella advertising division di Shiseido Co., Ltd. e ha fondato la Shin Matsunaga Design Inc. nel 1971. Il suo lavoro si focalizza sulla grafica, ma altre attività creative coprono ambiti differenti, inclusi disegni e monumenti. Le principali mostre monografiche sul suo lavoro sono state allestite a Varsavia, New York e altre città. I suoi lavori fanno parte delle collezioni permanenti di 78 musei in tutto il mondo, tra cui il Museum of Modern Art di New York e il Victoria & Albert Museum di Londra. Ha ricevuto molti premi, tra cui la medaglia d'oro e il premio onorario alla International Poster Biennial di Varsavia, il primo premio alla International Package Competition of "Gitanes Blondes", il Golden Bee Award alla Biennale Internazionale di grafica di Mosca, l'Icograda excellence Award, e lo Yusaku Kamekura Design Award. È membro dell'AGI e del Tokyo Art Directors Club, ed è vicepresidente della Japan Graphic Designers Association, Inc.

Born in Tokyo in 1940, Shin Matsunaga graduated from Tokyo National University of Fine Arts and Music in 1964. Matsunaga worked in the advertising division of Shiseido Co., Ltd., and went on to found Shin Matsunaga Design Inc. in 1971. His work focuses primarily on graphic design, but other creative activities cover a range of different fields, including drawings and monuments. Major solo exhibitions of his work have been held in Warsaw, New York and other cities. His works are held in the permanent collections of 78 museums around the world, including the Museum of Modern Art in New York and the Victoria & Albert Museum in London. Matsunaga has received many awards, including the International Poster Biennial Warsaw Gold Medal and Honorary Award, the International Package Competition of "Gitanes Blondes" 1st Prize, the Golden Bee Award at Moscow International Biennial of Graphic Design, Icograda excellence Award, and the Yusaku Kamekura Design Award. He is a member of AGI, a committee member of the Tokyo Art Directors Club, a vice president of the Japan Graphic Designers Association, Inc.

LUNA MAURER

Designer, nata nel 1972, residente ad Amsterdam, crea sistemi algoritmici. Li mette in moto e poi osserva come l'input umano influenza il risultato. Attraverso accurati vincoli, scatena un senso di gioco nei suoi partecipanti. Il suo lavoro passa dal manuale al digitale. Luna Maurer applica il suo ragionamento al di là della semplice programmazione, guardando allo stesso tempo alle azioni fisiche, per stimolare basi di partecipazione. Luna Maurer collabora spesso con gli altri membri del collettivo Conditional Design – Jonathan Puckey, Edo Paulus, e Roel Wouters. I suoi lavori sono stati esposti al Stedelijk Museum Amsterdam, al Museum de Paviljoens ad Almere, al Museum Boijmans van Beuningen a Rotterdam,al London Design Museum.

Amsterdam-based designer Luna Maurer (1972) crafts algorithmic systems. She puts them in motion and then observes them, as human input directs the outcome. Through careful constraints, she triggers a sense of play in her participants. Her ensuing work flows between the tactile and the digital. She applies process thinking beyond the easy fit of programming – looking, as well, to physical actions for challenging frameworks of participation. She often collaborates with the other members of the Conditional Design collective: Jonathan Puckey, Edo Paulus and Roel Wouters. Her work has been exhibited at the Stedelijk Museum Amsterdam, the Museum de Paviljoens, Almere, the Museum Boijmans van Beuningen, Rotterdam, and the Design Museum in London.

FANETTE MELLIER

Nata nel 1977, si è laureata nel 2000 alla École supérieure des arts décoratifs di Strasburgo. La sua formazione professionale ha avuto luogo in ateliers sotto la guida di grafici del calibro di Pierre Di Sciullo e Pierre Bernard. Nel 2004 ha iniziato la libera professione come graphic designer per case editrici, ma anche nei settori della cultura e del sociale. Ha collaborato con il Festival international de l'affiche et du graphisme di Chaumont dal 2007 al 2009, dove ha realizzato un progetto che univa il graphic design con la letteratura. La sua ricerca è rivolta in particolare all'oggetto stampato. Ha collaborato con molte riviste e festival di grafica e le sue opere sono state esposte in vari musei e centri di arte contemporanea quali il Centro Pompidou a Parigi.

Fanette Mellier was born in 1977 and graduated in 2000 from the École supérieure des arts décoratifs in Strasbourg. She underwent her vocational training in various ateliers under graphic design talents like Pierre Di Sciullo and Pierre Bernard. In 2004, she set out on her independent career as a graphic designer, working for publishing houses and companies operating in the cultural and social fields. She collaborated with the Chaumont-based Festival international de l'affiche et du graphisme from 2007 to 2009, dealing with a project that linked graphic design with literature. Her research is directed mostly towards printed material: she has contributed to numerous magazines and graphic design festivals, and her works have been displayed in myriad contemporary art museums and centres, including the Centre Pompidou in Paris.

PAUL MIJKSENAAR

Ha fondato il proprio studio Mijksenaar nel 1986. Si è laureato nel 1965 come product designer alla Kunstnijverheidsschool (Gerrit Rietveld Academy) di Amsterdam. L'esperienza di oltre 20 anni di Mijksenaar nel wayfinding di aeroporti è iniziata nel 1988 con la commessa di ripensare interamente la segnaletica dell' Aeroporto Schiphol di Amsterdam. Come professore all'Industrial Design Department della Delft University of Technology, ha introdotto l'applicazione dei fattori umani nel campo specifico dell'information design. Giunto alla conclusione che limitare il proprio lavoro alla segnaletica fosse riduttivo, Paul ha allargato la sua attenzione al wayfinding, che copre l'intero processo di orientare, informare ed indicare la strada all'utente attraverso la segnaletica. Paul è autore di numerosi libri e pubblicazioni scientifiche sull'information design.

Paul Mijksenaar founded his own studio, Mijksenaar, in 1986. He graduated in 1965 in Product Design from the Kunstnijverheidsschool (Gerrit Rietveld Academy) in Amsterdam. His 20+ years of airport wayfinding experience began in 1988, when he was commissioned to carry out a total review of the signage at Amsterdam's Schiphol Airport. As a professor in the Industrial Design Department of Delft University of Technology, he introduced the application of human factors into this specific field of information design. Eventually, he came to realise that signage was rather limiting as a working area, and duly broadened his focus to include wayfinding, which covers the whole process of orientating, informing and navigating the user through signage. He is the author of numerous books and scientific publications on information design.

ARMANDO MILANI

Ha studiato alla Scuola Umanitaria a Milano con Albe Steiner. Dopo una collaborazione con Antonio Boggeri ha aperto il suo studio a Milano nel 1970. Nel 1977 si è trasferito a New York dove dopo due anni di collaborazione con Massimo Vignelli ha aperto il proprio studio. È specializzato in branding programs, marchi, design di libri e posters. Insegna design a corsi internazionali e organizza workshops nel suo mulino in Provenza. È membro dell'AGI dal 1983. Nel 1997 ha pubblicato il libro *Double Life, creatività e sense of humor di 80 Grafici dell'AGI*. Negli ultimi anni ha risposto al bisogno etico di dedicare parte della sua creatività al disegno di poster a scopo umanitario e sociale. Nel 2004 ha disegnato un poster per la pace diffuso in tutto il mondo dalle Nazioni Unite. Recentemente ha pubblicato *50 poesie di Lawrence Ferlinghetti / 50 immagini di Armando Milani*. Attualmente sta producendo un libro sulla sua vita di designer intitolato *Armando Milani: un'avventura grafica*.

Armando Milani studied at the Scuola Umanitaria in Milan with Albe Steiner. After a partnership with Antonio Boggeri, he founded his own practice in Milan in 1970. In 1977, he moved to New York where, after two years of working with Massimo Vignelli, he opened his own studio. He specialises in branding programmes, logos, book design and posters. He teaches courses all over the world and leads seminars and workshops at his olive mill in Provence. He has been a member of the AGI since 1983. In 1997, he served as producer and art director of the book Double Life, *sub-titled* The Sense of Humor and Creativity of 80 AGI Graphic Designers. *Over the past few years, he has felt the ethical need to dedicate part of his time to the design of social and humanitarian posters, and in 2004, he designed a poster for worldwide peace distributed by the United Nations. He recently published* 50 Poems by Lawrence Ferlinghetti / 50 Images by Armando Milani, *and is currently working on a book about his life as a designer, entitled* Armando Milani: A Graphic Adventure.

MAURIZIO MINOGGIO

Nato a Zurigo nel 1961, si diploma in Graphic design all'Istituto Europeo di Design di Milano nel 1984. Fra i suoi docenti c'è Bob Noorda, con il quale inizia a collaborare a partire dal termine degli studi. È stato redattore grafico della rivista di comunicazione visiva "Lineagrafica" (1985-1995), della rivista di illustrazione "Portfolio" (1987-1990) e della rivista di architettura e design "Area" (1990-1995). È art director all'Unimark International dal 1990 al 2000 e in seguito, per due anni, ad Area Strategic Design. Dal 2003 è design director alla Robilant Associati. Fra i principali progetti realizzati ci sono identità di gruppi finanziari e industriali: Enel, Eni, Gruppo Fiat; di istituzioni culturali: Ente Biennale di Venezia; di aziende pubbliche di servizi: Amsa di Milano. Ha insegnato al Corso di Graphic design all'Istituto Europeo di Design di Milano dal 1995 al 2001. Dal 1998 è docente a contratto al Corso di laurea in design della comunicazione presso la Facoltà del design del Politecnico di Milano.

Born in Zurich in 1961, Maurizio Minoggio qualified in Graphic Design from Milan's European Institute of Design in 1984. His teachers included Bob Noorda, with whom he partnered up on completion of his studies. He served as graphic design editor of the visual communication magazine "Lineagrafica" (1985-1995), of the illustration journal "Portfolio" (1987-1990) and of the architecture and design magazine "Area" (1990-1995). He was art director at Unimark International from 1990 to 2000, before filling the same post for two years at Area Strategic Design. Since 2003, he has been design director at Robilant Associati, and the main projects he has dealt with have concerned the identity of financial and industrial groups (such as Enel, Eni and the FIAT Group), cultural institutions (such as the Ente Biennale di Venezia) and public-sector service companies such as the AMSA of Milan. He taught on the Graphic Design course at the European Institute of Design in Milan from 1995 to 2001. Since 1998, he has been a visiting lecturer on the degree course in Communication in the Faculty of Design of the Politecnico di Milano.

MIULLI ASSOCIATI

Laboratorio creativo con sede a Pesaro e a San Ferdinando di Puglia, specializzato nel visual design e in particolar modo nella direzione artistica, nell'immagine coordinata per istituzioni pubbliche e aziende private, nell'editoria, nell'allestimento espositivo di musei, grandi mostre, e nel web design prediligendo committenze nei settori culturale, istituzionale e alimentare. Lo studio Miulli Associati ha ottenuto importanti riconoscimenti a livello internazionale ed i suoi lavori sono stati pubblicati in varie occasioni. Nicola Miulli, allievo di Massimo Dolcini, è il direttore artistico dello Studio oltre che docente di Progettazione grafica e Gestione della campagna di comunicazione e media planning.

Miulli Associati is a creative laboratory with offices in Pesaro and San Ferdinando di Puglia. The studio specialises in visual design, concentrating its energies specifically on artistic direction and visual identity projects for public-sector institutions and private-sector companies in the fields of publishing, museum backdrops, large-scale exhibitions and web design, focusing on commissions from clients in the cultural, institutional and food sectors. The Miulli Associati studio has been the recipient of major international awards and its works have been published on various occasions. Nicola Miulli, a pupil of Massimo Dolcini, is the studio's artistic director, as well as being a lecturer in Graphic Design and the Management of Communication Campaigns and Media Planning.

TARO MIURA

Nato in Giappone nel 1968, ha studiato serigrafia alla Osaka University of Arts e attualmente lavora come illustratore per pubblicità e riviste. È autore di molti libri per bambini. Miura ha esposto il suo lavoro in Giappone e all'estero. Ha partecipato alla Fiera del Libro per ragazzi di Bologna diverse volte. I suoi libri includono: *Je suis...* (La Joie De Lire 2004), *TON* (Edizioni Corraini 2004), *Arnesi* (Edizioni Corraini 2005), *Des Jours Pas Comme Jes Autres* (La Joie De Lire 2006), *Tokio* (Media Vaca 2006), *Lavori in corso* (Edizioni Corraini 2007).

Taro Miura was born in Japan in 1968. He studied silk screen printing at the Osaka University of Arts and now works as an illustrator for advertising and magazines. He is the acclaimed author of several children's books. Miura has exhibited his own work in Japan and abroad. He has participated in Bologna Children's Book Fair several times. His books include: Je suis... *(La Joie De Lire, 2004),* TON *(Edizioni Corraini 2004),* Arnesi *(Edizioni Corraini 2005),* Des Jours Pas Comme Jes Autres *(La Joie De Lire 2006),* Tokio *(Media Vaca 2006),* Lavori in corso *(Edizioni Corraini 2007).*

JASON MUNN

Originario del Wisconsin, ora vive a Oakland, California. Ha cominciato a fare manifesti per gruppi musicali regionali e della scena indipendente nel 2002. In breve tempo il suo lavoro è stato ampiamente apprezzato e riconosciuto nel mondo della musica locale indipendente così come tra i complessi in tourneè, sia a livello nazionale che internazionale. Nel 2010 Chronicle Books ha pubblicato *The Small Stakes: Music Posters*, che copre i primi sette anni del lavoro di Jason. Le sue opere sono apparse in numerose pubblicazioni e mostre e ora fanno parte delle collezioni permanenti del Museum of Modern Art di San Francisco e dell'Art Museum di Denver.

Jason Munn is originally from Wisconsin but now calls Oakland (California) home. He began making posters for local groups and indie bands in 2002. His work soon gained considerable recognition on the local independent music scene, and with bands on national and international tours. In 2010, Chronicle Books published The Small Stakes: Music Posters, *which covers the first seven years of his career. His work has appeared in numerous publications and exhibitions, and has become a part of the permanent collections of the San Francisco Museum of Modern Art and Denver Art Museum.*

NACOKI (RAY CHEUNG)

Graphic designer e multimedia designer, Ray Cheung è nato a Hong Kong nel 1985. Si è laureato alla City University di Hong Kong in Creative Media. Tra i lavori più importanti si segnala il progetto di comunicazione per il ristorante WATAMI (2006). Ha progettato l'allestimento per il ACM SIGGRAPH Travelling Art Show (2007), con il quale ha vinto il 2007 HKDA award. Nello stesso anno è stato invitato a progettare lo spazio espositivo per l'evento FABRICA T-SHIRT Design. Nel 2008 ha ridisegnato il sito web della Art gallerY 1a Space. Nel 2009 ha lanciato un Rebrading Project per UNIEA al Mac World Expo di San Francisco. Graphic Designer al CoDesign Studio, attualmente lavora presso W+K Shangai.

A graphic designer and multimedia designer, Ray Cheung was born in Hong Kong in 1985. He graduated in Creative Media from the City University of Hong Kong. His most important works include the communication project for WATAMI restaurant (2006), and he designed the backdrop for the ACM SIGGRAPH Travelling Art Show (2007), which won him the 2007 HKDA award. That same year, he was invited to design the exhibition space for the FABRICA T-SHIRT Design event. In 2008, he redesigned the website of the Art gallerY 1a Space, and in 2009 he launched a Rebranding Project for UNIEA at the Mac World Expo in San Francisco. A Graphic Designer at the CoDesign Studio, he currently works at W+K Shangai.

HIDEKI NAKAJIMA

Art director e graphic designer, dopo aver lavorato presso rockin'on, ha fondato Nakajima Design nel 1995. I suoi lavori sono pubblicati nel volume antologico *Revival* (Rockin'on, 1999), in *Clear in the Fog* (Rockin'on, 2006) e in *TYPO-GRAPHICS Hideki Nakajima* (Seibundo Shinkousha, 2008). Sue recenti mostre sono *Hideki Nakajima Collection* (The Oct Art & Design Gallery / Shenzhen) nel 2009 e *Re-street view / line* (g/p gallery, Tokyo) nel 2010. Ha ricevuto dal 1995 al 2000 cinque medaglie d'oro e sette d'argento agli Arts Directors Club Awards. È membro dell'AGI, The Art Directors Club, Tokyo ADC e Tokyo TDC. Tra gli altri premi più importanti vi sono il Type Directors Club Awards (N.Y.) nel 2006, il Grand Prix ai Tokyo Type Directors Club Awards, l'Art Directors Club Annual Award nel 2007.

An art director and graphic designer, after having worked at Rockin'on, Hideki Nakajima set up Nakajima Design in 1995. His works have appeared the Revival *anthology (Rockin'on, 1999),* Clear in the Fog *(Rockin'on, 2006) and TYPO-GRAPHICS Hideki Nakajima (Seibundo Shinkousha, 2008). His recent exhibitions have included* Hideki Nakajima Collection *(The Oct Art & Design Gallery, Shenzhen, 2009) and* Re-street view / line *(g/p gallery, Tokyo, 2010). Between 1995 and 2000, he received five gold medals and seven silver medals at the Art Directors Club Awards. He is a member of the AGI, the Art Directors Club, the Tokyo ADC and the Tokyo TDC. Other important awards bestowed upon him include the Type Directors Club Awards (N.Y.) in 2006, the Grand Prix at the Tokyo Type Directors Club Awards and the Art Directors Club Annual Award in 2007.*

MAURIZIO NAVONE

Nasce a Torino. Studia architettura presso il Politecnico di Torino e poi design alla Scuola Politecnica di Design a Milano. Si forma professionalmente negli studi di Corporate Identity Olivetti. Nel 1996 fonda Navone Associati, studio multidisciplinare di progettazione attivo nel settore della corporate communication e del product design e realizza progetti di immagine coordinata per Olivetti, BTicino, Marazzi, Lancia, Martini&Rossi, MAMbo, Fondazione Fiera Milano, Ferrovie dello Stato, Ferretti. Nel 2003 crea Restart, un marchio di ideazione e produzione di oggetti a qualità sostenibile, e realizza serie di prodotti a numero limitato.

Maurizio Navone was born in Turin. He studied architecture at the Politecnico di Torino and then design at the Scuola Politecnica di Design in Milan. He received his professional training in the studios of Olivetti Corporate Identity. In 1996, he set up Navone Associati, a multi-disciplinary design studio working in the fields of corporate communications and product design. The firm was also commissioned to work on corporate image design for Olivetti, BTicino, Marazzi, Lancia, Martini&Rossi, MAMbo, Fondazione Fiera Milano, Ferrovie dello Stato and Ferretti. In 2003, he founded Restart, a brand specialising in the ideation and production of sustainable objects, which creates limited-edition products.

PIETRO PALLADINO

Vive e lavora a Torino, dove nel 1992 ha fondato con Giorgio Badriotto lo studio BadriottoPalladino.
Lo studio progetta sistemi di identità visiva nei campi della comunicazione pubblica, dell'editoria e dell'arte contemporanea. Palladino è stato consigliere Aiap dal 1996 al 1998, e ha insegnato progettazione grafica fino al 1999 presso IED, CSEA e ITC Albe Steiner di Torino. Nel 1994 ha ricevuto il primo premio al concorso internazionale Adi CosmoPack e nel 1999 al concorso Manifesto/Dissenso. Dal 2006 al 2008 è stato responsabile dell'identità visiva di Torino 2008 World Design Capital.

Pietro Palladino lives and works in Turin, where in 1992 he founded the BadriottoPalladino studio with Giorgio Badriotto. The studio designs visual identity systems in the fields of public communication, publishing and contemporary art. He was an AIAP advisor from 1996 to 1998, and taught graphic design until 1999 at the IED, the CSEA and the ITC Albe Steiner in Turin. In 1994, her received first prize in the Adi CosmoPack international competition and in 1999 he repeated the feat in the Manifesto/Dissenso competition. From 2006 to 2008, he was responsible for the visual identity of Turin 2008 World Design Capital.

ANTHONY PETERS

Anthony Peters / Imeus è un illustratore autodidatta e un artista autore di manifesti. È originario della soleggiata costa meridionale dell'Inghilterra, dove ha studiato arte con una particolare attenzione per quella concettuale, Fluxus, Op e Pop Art. Ha una malsana ossessione per manifesti a tinta unita e metodi di stampa obsoleti; quando non lavora, ama mangiare nuvole con i suoi bambini Audrey e Elliott o cibo messicano con sua moglie Amy. Ha recentemente esposto i propri lavori nel Regno Unito e negli Stati Uniti accanto a leggende come David Shrigley, Milton Glaser, Anthony Burrill, Barry McGee e molti altri.

Anthony Peters / Imeus is a self-taught illustrator and poster artist. He comes from the sunny south coast of England, where he studied fine art with an emphasis on the art of the 20th century, particularly conceptual art, Fluxus, Op and Pop art. He has an unhealthy obsession with block colour poster art and obsolete printing methods, and when he is not making things, he enjoys eating clouds with his children Audrey and Elliott, or eating Mexican food with his wife Amy. In recent years, he has exhibited his work across the UK and in the US, alongside such legends as David Shrigley, Milton Glaser, Anthony Burrill, Barry McGee and many others.

MARIO PIAZZA

Grafico e architetto, dal 1982 lavora a Milano, occupandosi di comunicazione, immagine coordinata e allestimento. Nel 1996 ha fondato 46xy, studio di design e di strategie di comunicazione. Dal 1992 al 2006 è stato Presidente dell'AIAP, Associazione italiana progettazione per la comunicazione visiva. Dal 1997 è docente di Comunicazione Visiva presso il Politecnico di Milano e ricercatore di ruolo presso il dipartimento Indaco della Facoltà del Design di Milano. È stato creative director di "Domus" dal 2004 al 2007, ed è art director di "Abitare". Progetta e cura mostre sulla grafica, pubblica libri e collabora con riviste specializzate. Nel 2008 ha ricevuto l'Icograda Achievement Award.

A graphic designer and architect, since 1982 Mario Piazza has been working in Milan, dealing with communication, corporate identity and staging. In 1996, he founded 46xy, a studio specialising in design and communication strategies. Between 1992 and 2006, he served as president of the AIAP, the Associazione Italiana Progettazione per la Comunicazione Visiva (the Italian Association of Design for Visual Communication). Since 1997, he has lectured on Visual Communication at the Politecnico di Milano and has been a research fellow in the Indaco (Industrial Design, Art, Communication and Fashion) Department of the School of Design within the same institution. He was creative director at "Domus" from 2004 to 2007, and is art director of "Abitare". He designs and stages exhibitions on graphic design, publishes books and collaborates with specialist journals. In 2008, he received the Icograda Achievement Award.

MASSIMO PITIS

Nato ad Asti, si forma tra Bologna, New York e Milano, città dove vive e lavora. Dopo le prime esperienze in agenzia di advertising (bbdo) e di design (Armando Milani), nel 1991 è a Milano dove collabora con la direzione creativa Mediaset. Nel 1995 fonda Vitamina con Aldo e Giorgio Buscalferri. Allo scioglimento di Vitamina diviene direttore creativo di Landor Associates Italia e successivamente si occupa di progetti di allestimento con lo studio Migliore+Servetto architetti e con Mirko Zardini. Nel 2007 fonda Pitis, studio di design e consulenza dedicato alla cura di progetti editoriali e di brand identity specializzato nel campo del design, dell'architettura e della comunicazione culturale. Dal 2002 è delegato per l'Italia (Adi, Aiap, Aipi) al BEDA (Bureau of European Design Associations) di cui è presidente per il periodo 2005-2007. Insegna alla Facoltà di Design dello Iuav San Marino e ha insegnato all'Istituto Europeo di Design, al Politecnico di Milano e alla prima Facoltà di Architettura Ludovico Quaroni de La Sapienza a Roma.

Born in Asti, Massimo Pitis trained in Bologna, New York and Milan – the city in which he now lives and works. Following his initial experiences with an advertising agency (bbdo) and a design practice (Armando Milani), in 1991 he began work with the creative team at Mediaset in Milan. In 1995, he founded Vitamina with Aldo and Giorgio Buscalferri. When Vitamina came to an end, he moved on to become the creative director for Landor Associates Italia, before working on installation projects with the Migliore+Servetto architectural practice and with Mirko Zardini. In 2007, he set up the Pitis design and consultancy studio, focusing on publishing and brand identity projects and specialising in the fields of design, architecture and cultural communication. Since 2002, he has been the Italian delegate (representing the ADI, the AIAP and the AIPI) at the BEDA (Bureau of European Design Associations), of which he served as president for the period 2005-2007. He teaches in the Faculty of Design at the IUAV San Marino and has previously taught at the European Institute of Design, the Politecnico di Milano and the first Ludovico Quaroni Faculty of Architecture at La Sapienza University in Rome.

KUNO PREY

Nasce nel 1958 a San Candido, nelle Dolomiti. Dopo gli studi artistici inizia a collaborare con il mondo dell'industria, dove la sua naturale curiosità lo ha portato ad approfondire quella ricerca su materiali e nuove tecnologie, che caratterizza tutti i suoi progetti. È consulente per il design e la ricerca di varie industrie per le quali ha realizzato numerosi progetti di successo. Molti di questi gli sono valsi premi e riconoscimenti a livello internazionale. Nel 1993 viene nominato Professore di Product Design alla Bauhaus–Universität Weimar (Germania) nella Fakultät Gestaltung fondata in quello stesso anno da Lucius Burckhardt. Ciò gli permette di partecipare attivamente all'avviamento e al consolidamento di questa nuova facoltà. Nel 2002 lascia la Bauhaus–Universität Weimar e torna in Italia, chiamato dalla Libera Università di Bolzano per fondare e avviare la nuova Facoltà di Design e Arti che come Preside è riuscito, nel giro di pochi anni, a portare fra le più rinomate scuole di Design in Europa. Dall'ottobre 2010 è tornato a dedicarsi a tempo pieno alla didattica e alla ricerca nel campo del Product Design.

Kuno Prey was born in 1958 in San Candido/Innichen (in the Dolomites, Italy). After completing his education in Art and Design, he opened his own studio, where his natural curiosity led him to experiment with the use of new materials and technologies. He made a name for himself as a design consultant for numerous international companies, and his original and ingenious designs were used to create highly successful products that won him a host of international awards. In 1993, he was appointed Professor of Product Design in the Faculty of Art and Design of the Bauhaus–Universität Weimar, Germany, founded that same year by Prof. Lucius Burckhardt. He was thus afforded the great opportunity to contribute pro-actively to its development from the outset. In 2002, he returned to Italy, where he set up the new Faculty of Design and Art at the Free University of Bolzano/Bozen, which – thanks to his relentless determination and considerable efforts as Dean – is now rated among the most renowned schools in Europe. In October 2010, he returned to full-time teaching and to conducting research into product design.

ANDREA RAUCH

Progetta dal 1993 con la sigla Rauch Design e ha disegnato immagini per enti pubblici, istituzioni culturali e movimenti politici. Suoi manifesti fanno parte delle collezioni del Museum of Modern Art di New York, del Musée de la Publicité del Louvre di Parigi e del Museum für Gestaltung di Zurigo. Ha progettato l'immagine coordinata della Regione Toscana, dei Comuni di Siena e Ferrara, oltre all'immagine per il complesso dei Musei Fiorentini e alla segnaletica direzionale dei Musei Senesi. Nel 2008 si è occupato dell'immagine istituzionale del MAV, Museo Archeologico Virtuale di Ercolano, che raccoglie l'esperienza storica dell'area archeologica napoletana. Nel 1993 la rivista giapponese "Idea" lo ha inserito tra i "100 World Top Graphic Designers". Presente nell'ultima edizione, 1994, di Who's who in Graphic Design. Nel 1998 e nel 2002 le Edizioni Nuages hanno pubblicato i volumi *Design & Identity* e *Dis-continuo*, due vaste ricognizioni sul suo lavoro grafico. Ha esposto disegni e grafica in tutto il mondo.

Andrea Rauch has been designing since 1993 under the Rauch Design brand, and has created identities for public bodies, cultural institutions and political movements. His posters are featured in the collections of the Museum of Modern Art in New York, the Musée de la Publicité at the Louvre in Paris and the Museum für Gestaltung in Zurich. He was responsible for designing the visual identity of Tuscany Region and the City Councils of Siena and Ferrara, as well as the graphics for the Museums of Florence and the signage for the Museums of Siena. In 2008, he dealt with the corporate identity of the MAV, the Museo Archeologico Virtuale di Ercolano, which brings together under one roof the historical experience of the Neapolitan archaeological area. In 1993, Japanese magazine "Idea" named him as one of the "World's 100 Top Graphic Designers". He appears in the most recent edition (1994) of Who's Who in Graphic Design. In 1998 and 2002, Edizioni Nuages published Design & Identity and Dis-continuo, two major collections of his graphic design work. He has exhibited his designs and graphics throughout the world.

ROBILANT ASSOCIATI

Società leader di Brand Advisory e Design del mercato italiano, definisce percorsi di sviluppo e innovazione. Creata nel 1984, oggi si avvale del contributo di più di 70 persone, con competenze e talenti diversi e complementari. In 25 anni di attività RobilantAssociati ha firmato importanti progetti per alcune delle marche più famose d'Italia: Alitalia, Fiat, Telecom, Martini, Campari, illycaffè, Ferrari Spumanti, Mulino Bianco. Al contempo ha portato il suo approccio esclusivo e il suo gusto italiano all'estero lavorando con Clienti con sede in Australia, Stati Uniti, Cina, Giappone, Regno Unito, Spagna, Portogallo. La visione di RobilantAssociati è che sia un dovere quello di potenziare la "Marca Italia" attraverso la valorizzazione del talento delle imprese del Paese, a partire dalle PMI, salvaguardando le loro preziose culture produttive e sostenendo una continua tensione all'eccellenza che rafforzi la loro capacità competitiva.

RobilantAssociati is the Italian market leader in Brand Advisory and Design, defining strategies of development and innovation. Founded in 1984, the company today benefits from the input of more than 70 staff members, each with different but complementary skill sets.During its 25-year history, RobilantAssociati has dealt with high-profile projects for some of the most famous Italian brands, including Alitalia, Fiat, Telecom Italia, Martini, Campari, illycaffè, Ferrari Spumanti and Mulino Bianco. At the same time, the company has also exported its exclusive approach and Italian style to markets around the world, working with clients based in Australia, the United States, China, Japan, the United Kingdom, Spain and Portugal. RobilantAssociati sees it as a duty to strengthen 'Brand Italy' by making the most of the country's entrepreneurial talent. This approach encompasses businesses of all different sizes, including SMEs, and works to safeguard their valuable cultures of productivity, supporting their commitment to excellence and reinforcing their competitiveness.

JOSEPH ROSSI
© GRAPHICFIRSTAID

Poche parole. Anzi, pochissime. Solo per dire chi siamo e che cosa facciamo. Nessun blabla. Preferiamo che a raccontare di noi siano i nostri lavori. Siamo uno studio, non un'agenzia. E ci teniamo. Perché "studio" vuol dire soprattutto "ricerca": di creatività applicata alla comunicazione, di forme e contenuti innovativi che diano visibilità e valore al brand dei nostri clienti, grandi o piccoli che siano, qualunque sia il loro ambito di attività. Abbiamo un metodo, conosciamo le regole della comunicazione e siamo in grado di elaborare progetti e strategie. Non siamo tuttologi ma siamo specializzati in creatività. Venticinque anni di collaborazioni con aziende piccole e grandi, locali e internazionali. Graphic First Aid è il nostro payoff, dal 1994. Fa parte di noi, della nostra storia, ed esprime ancor oggi la nostra identità.

A few words. Very few. Just to say who we are and what we're about. Without the blah blah blah. We're happy for our work to speak on our behalf. We are a studio, not an agency – and that matters to us, because "studio" denotes, above all, "research": into creativity applied to communication, into innovative forms and content that give visibility and value to the brands of our clients, be they large or small, regardless of the field in which they operate. We have a method, we understand the rules of communication and we have what it takes to come up with projects and strategies. We are not jacks-of-all-trades – we are masters of creativity. We have clocked up twenty-five years of collaborations with companies large and small, both local and international. Graphic First Aid has been our tagline since 1994. It is part of us, of our history, and to this day it encapsulates our identity.

HARRIET RUSSEL

Nata a Londra nel 1977, ha studiato illustrazione alla Glasgow School of Art and Central Saint Martins di Londra dove si è laureata nel 2001. Ha lavorato per molti clienti nel Regno Unito, Stati Uniti ed Europa, tra cui Penguin books, Harper Collins, Random House, Simon and Schuster, The Guardian, Independent on Sunday, Christian Aid e Radley. Oltre ai lavori su commissione, Harriet ha scritto e illustrato diversi libri propri, di cui tre volumi per bambini per Edizioni Corraini. Ha collaborato con Corraini anche per un progetto per il Canadian Centre for Architecture, Montreal, contribuendo con un racconto illustrato al catalogo della mostra *Sorry out of gas: Architecture's response to the 1973 oil Crisis*. Tra i lavori più recenti vi sono le illustrazioni per il libro di cucina *The Silver Spoon for Children* pubblicato da Phaidon press, *Jack and the Beanstalk* pubblicato da Edizioni Corraini, e un'ulteriore collaborazione con Corraini per un libro per Persol, *Art in Process*.

Born in London in 1977, Harriet Russell studied Illustration at Glasgow School of Art and Central Saint Martins in London, where she completed her MA in 2001. She has worked for many clients in the UK, US and Europe, including Penguin Books, Harper Collins, Random House, Simon and Schuster, The Guardian, The Independent on Sunday, Christian Aid and Radley. As well as commissioned work, Harriet has written and illustrated several of her own books, including 3 children's titles for Edizioni Corraini. She also collaborated with Corraini on a project for the Canadian Centre for Architecture, Montreal, contributing an illustrated tale to their exhibition catalogue for Sorry, Out of Gas: Architecture's Response to the 1973 Oil Crisis. Recent work includes illustrations for Italian cookery book The Silver Spoon for Children (published by Phaidon Press), Jack and the Beanstalk (published by Edizioni Corraini), and further collaboration with Corraini on a book for Persol, Art in Process.

AHN SANG SOO

A lungo uno dei designer più influenti in Asia orientale, il suo lavoro di creazione tipografica nella nativa Korea ha fatto di lui un nome quasi famigliare. Si può a ragione affermare che abbia organizzato e diretto un rivoluzionario cambiamento del tradizionale hangeul, l'alfabeto coreano. Ha avuto una lunga carriera come designer ed educatore. Si è laureato alla Hongik University di Seoul dove ora insegna. Ahn è anche responsabile della traduzione di opere influenti sulla tipografia di Jan Tschichold e Emil Ruder. Ha conseguito numerosi premi e riconoscimenti, tra cui un encomio da parte della Korean Language Academy per il suo prezioso contributo al progresso dell' hangeul. Ahn ha infatti quattro importanti font coreani al suo attivo.

Ahn Sang Soo has long been one of the most influential designers in East Asia. His typographical development work in his native Korea has almost made him a household name. He can justifiably claim to have masterminded and supervised a revolutionary transition of the traditional hangeul, the Korean alphabet. He has enjoyed a long career as a designer and educator. He graduated from Seoul's Hongik University, where he is now a professor, and was responsible for translating seminal works on typography by Jan Tschichold and Emil Ruder. He has won a number of awards and prizes, including a commendation by the Korean Language Academy for his valuable contribution to the advancement of hangeul. He has four major Korean fonts to his credit.

GUIDO SCARABOTTOLO

Dopo la laurea in architettura presso il Politecnico di Milano, ha lavorato come illustratore e grafico. Tra le collaborazioni più durature quella con "L'Europeo" e quella con Italo Lupi, per "Abitare". I suoi disegni appaiono regolarmente su "Internazionale" e sul Domenicale de "Il Sole 24 Ore". Dal 2002 illustra le copertine per le edizioni Guanda di cui cura integralmente la veste grafica. Con Guanda, nel 2005, pubblica la graphic novel *Una vita. Romanzo metafisico* (testi di Giovanna Zoboli), nel 2006, *Note*. Con Libri a Naso, microscopica casa editrice fondata con Studio Calamus, pubblica da diversi anni piccoli libri. Tra le ultime mostre: *Tempo perso*, presso la Galleria L'Affiche di Milano, *Altro tempo perso* alla D406 di Modena, *Undici disegni a caso e una storia* alla fondazione Querini Stampalia di Venezia, *Pinacoteca Portatile* a Givigliana (Udine), *Sketchbook Obsessions*, una collettiva nella sede del New York Times, *Desenhar desenhos* a Macau ed *Elogio della pigrizia* a Cremona.

Since graduating in Architecture from the Politecnico di Milano, Guido Scarabottolo has been active as an illustrator and graphic designer. Among his most long-standing collaborations are those with "L'Europeo" and with Italo Lupi for "Abitare". His illustrations appear regularly in the pages of "Internazionale" and of the Sunday edition of Il "Sole24Ore". In 2002, he began working with Guanda Editore, designing and illustrating their covers and restyling all their products. Through Guanda, in 2005, he published the graphic novel Una Vita. Romanzo Metafisico *(text by Giovanna Zoboli), followed in 2006 by* Note. *Through Libri a Naso, a tiny publishing house set up with Studio Calamus, he has published small booklets for a number of years. His latest exhibitions have included:* Tempo Perso, Galleria L'affiche, Milano, *Altro Tempo Perso, Galleria D406 in Modena,* Undici disegni a caso e una storia, Fondazione Querini Stampalia, Venice, Pinacoteca Portatile, Givigliana (Udine), Sketchbook Obsessions, *a collective show inside the New York Times headquarters,* Desenhar Desenhos, Macao *and* Elogio della pigrizia, Cremona.

PAULA SCHER

Per più di tre decenni Paula Scher è stata sulla prima linea del graphic design americano. A capo della sede new yorkese della società di consulenza di design nota a livello internazionale Pentagram dal 1991. Ha iniziato la sua carriera come art director negli anni '70 e nei primi anni '80, quando il suo approccio eclettico alla tipografia divenne altamente determinante. Negli anni '90 la nuova immagine progettata per The Public Theater, creò una simbologia del tutto nuova per le istituzioni culturali, e le sue graphic identities per Citibank, Bausch + Lomb e Tiffany & Co. sono diventate casi studio per il rinnovamento contemporaneo di brands tradizionali. Scher è presidente dell'AGI e membro della Design Commission della città di New York. è membro dell'Art Directors Club Hall of Fame, ha ricevuto la American Institute of Graphic Arts Medal e la Type Directors Club Medal. Il suo lavoro è presentato nei musei di tutto il mondo e ha due dottorati onorari in graphic design.

For over three decades, Paula Scher has been at the forefront of American graphic design. She has been a principal in the New York office of the distinguished international design consultancy Pentagram since 1991. Scher began her career as an art director in the 1970s and early 80s, when her eclectic approach to typography became highly influential. In the 1990s her landmark identity for The Public Theater fused high and low into a wholly new symbology for cultural institutions, and her graphic identities for Citibank, Bausch + Lomb and Tiffany & Co. have become case studies for the contemporary regeneration of classic brands. Scher is the president of the Alliance Graphique Internationale and a member of the Design Commission of the City of New York. She is a member of the Art Directors Club Hall of Fame and a recipient of the American Institute of Graphic Arts Medal and the Type Directors Club Medal. Her work is represented in museums all over the world and she holds two honorary doctorates in graphic design.

LEONARDO SONNOLI

Nato a Trieste nel 1962 e diplomato all'Isia di Urbino, è attualmente partner dello studio Tassinari/Vetta con sedi a Trieste e Rimini. Si occupa prevalentemente di identità visiva di istituzioni pubbliche e aziende private, in special modo in campo culturale, dove ha curato la comunicazione di musei, biblioteche e gallerie d'arte, disegnando sistemi direzionali, libri e la grafica degli allestimenti. Tra i suoi lavori, l'identità visiva della 50esima mostra Internazionale d'Arte La Biennale di Venezia, le mostre di archeologia al Colosseo di Roma dal 2007, l'installazione tipografica "grassitypographicalassemblage" a Palazzo Grassi a Venezia, l'identità per le gallerie d'arte contemporanea Cardi Black Box e Percorsi, la collaborazione con il "New York Times" e "IlSole24Ore", l'art direction delle edizioni d'arte Electa, l'identità visiva del Napoli Teatro Festival Italia dal 2008. Dal 2000 è membro dell'AGI, Alliance Graphique Internationale; ha fatto parte del suo Internationale Executive Commitee dal 2004 al 2008, ed è l'attuale presidente italiano. Insegna alla Facoltà di Design e Arti dell'Università Iuav di Venezia e all'Isia di Urbino. Vive e lavora tra Rimini e Trieste.

Leonardo Sonnoli – born in Trieste (Italy) in 1962 – graduated from the Higher Institute of Industrial Arts in Urbino and is a partner of Tassinari/Vetta studio, which has offices in Trieste and Rimini. He works mostly on the visual identity of private and public companies, the communication of cultural events, book design, signage systems and exhibition graphics. His projects have included the visual identity for the 50th International Art Exhibition of the Venice Biennale, the design for archaeological exhibitions at the Colosseum in Rome, the "grassitypographicalassemblage" installation at Palazzo Grassi in Venice, the visual identity of the Cardi Black Box and Percorsi contemporary art galleries, collaborations with the "New York Times" and "IlSole24Ore", the visual identity of the Napoli Teatro Festival Italia (since 2008) and the art direction of the Electa Art publishing house. Since 2000, he has been a member of the Alliance Graphique Internationale, serving on the Executive Committee from 2004 to 2008; he is the current president of the Italian chapter. He teaches in the Faculty of Design and Arts of the IUAV in Venice and at the ISIA in Urbino, dividing his time between Rimini and Trieste.

JOEL SPEASMAKER

Forest è il polivalente studio di Joel Speasmaker, con sede a Brooklyn, New York, che lavora nei settori del graphic design, art direction, editoria, branding, web design & development, illustrazione, e vari progetti curatoriali. Joel ha precedentemente fondato e pubblicato la rivista "The Drama", ha lavorato come art director per la rivista "Anthem" ed è stato redattore di fumetti per "Swindle". Attualmente si occupa anche della collana autopubblicata The Small Book.

Forest is the multi-purpose studio of Joel Speasmaker, located in Brooklyn, New York, which works in the areas of graphic design, art direction, publishing, branding, web design & development, illustration, and various curatorial projects. Joel previously founded and published "The Drama", served as art director for Anthem and was comics editor for "Swindle". Currently, he is exhibiting personal work and self-publishing 'The Small Book' series.

ERIK SPIEKERMANN

Information architect, type designer e autore di libri e articoli su caratteri e tipografia. Due dei caratteri tipografici da lui creati, FF Meta e ITC Officina, sono considerati come dei classici moderni. Nel 1979 ha fondato MetaDesign e nel 1989 FontShop. Oggi è socio e direttore creativo di Edenspiekermann. Spiekermann è professore onorario all'Università delle Arti di Brema e nel 2006 ha ricevuto un Dottorato onorario dal Pasadena Art Center. È stato nominato Honorary Royal Designer for Industry dall'RSA nel 2007 ed Ambasciatore per l'Anno Europeo della Creatività ed Innovazione dall'Unione Europea per il 2009. Ha recentemente ricevuto il Federal German Design Prize 2010 per i successi della sua carriera.

Erik Spiekermann is an information architect, type designer and author of books and articles on type and typography. Two of his typefaces, FF Meta and ITC Officina, are considered to be modern classics. In 1979, he founded MetaDesign, and in 1989, FontShop. Today, he is managing partner and creative director of Edenspiekermann. Spiekermann is Honorary Professor at the University of the Arts in Bremen and in 2006 he received an honorary doctorship from Pasadena Art Center. He was made an Honorary Royal Designer for Industry by the RSA in 2007 and an Ambassador for the European Year of Creativity and Innovation by the European Union for 2009. He has recently received the Federal German Design Prize 2010 for lifetime achievement.

ANNA STEINER

Nata in Messico nel 1947, architetto, lavora con Franco Origoni nello studio Origoni e Steiner. Docente al Politecnico di Milano e presidente di Commissione di laurea triennale alla SUPSI di Lugano - Dipartimento Comunicazione. Ha lavorato con vari editori ed enti pubblici. Ha curato per 12 anni l'immagine del Comune di Milano per "Milano aperta d'agosto", la grafica delle riviste di filosofia "Oltrecorrente" e di storia dell'arte contemporanea "L'uomo nero", mostre monografiche su architetti, sulla condizione femminile, sulla grafica italiana. Ha tenuto per gli Istituti italiani di cultura relazioni su design e comunicazione visiva. Ha vinto il concorso per il manifesto "Ravenna città d'arte". Ha curato con Lica Steiner, dal '74 ad oggi, 40 mostre su Albe Steiner e l'ordinamento dei materiali dell'Archivio "Albe e Lica Steiner", di cui è presidente onorario del Comitato scientifico. È autore del libro *Albe Steiner*, edito da Corraini, con commenti di Lica Steiner. Ha collaborato al volume *Pubblicità e arte per gli 80 anni della Civica Raccolta Stampe "A. Bertarelli"*.

Born in Mexico in 1947, Anna Steiner is an architect who works with Franco Origoni in the Origoni e Steiner Studio. She lectures at the Politecnico di Milano and is President of the Bachelor's Degree Board at the Communication Department of the SUPSI in Lugano. She has worked with various publishing houses and public-sector bodies. For 12 years, she has been responsible for the visual identity of Milan City Council for the "Milano aperta d'agosto" initiative, the graphic design of the philosophy journal "Oltrecorrente" and the "L'uomo nero journal, which focuses on the history of contemporary art. She has also put together solo exhibitions on architects, on the female condition and on Italian graphic design. She won the tender to design the poster for "Ravenna città d'arte". Since 1974, she has curated – with Lica Steiner – 40 exhibitions on Albe Steiner, and continues to organise the materials of the Albe & Lica Steiner Archive, of which she is the Advisory Board's Honorary President. She authored the book entitled Albe Steiner, *published by Corraini, with comments by Lica Steiner, and also worked on* Pubblicità e arte per gli 80 anni della Civica Raccolta Stampe "A. Bertarelli".

STUDIO BOOT

"Non siamo virtuosi, non abbiamo uno stile fisso, e cerchiamo di non ripeterci. Il nostro lavoro non è dominato da un qualche dogma, o da un software con una soluzione formale chiaramente riconoscibile. Siamo alla ricerca di soluzioni nuove e interessanti che contribuiscano a rafforzare la storia." Questo è il modo in cui Edwin Vollebergh racconta il modo di lavorare dello Studio Boot, che lui ha creato insieme a Petra Janssen. Boot è la casa, la famiglia e il luogo di lavoro; l'ambiente e le aspirazioni che vengono utilizzate per la creazione di cose belle. Queste idee, che Vollebergh e Janssen condividono in tutti i modi possibili e che diffondono tra gli studenti della Design Academy, producono una forte consapevolezza di indipendenza creativa per un designer. Boot mostra una caparbietà che è una caratteristica del design olandese: un atteggiamento di coraggio e grinta. E questa visione, nelle mani dello Studio Boot, rende possibili cose straordinarie. Lo studio è stato fondato nel 1991 a 's-Hertogenbosch nel sud dei Paesi Bassi.

"We're not virtuous, we have no fixed style, and we try not to repeat ourselves. Moreover our work isn't dominated by any dogma, or by software with a clearly recognisable form solution. We are looking for new and interesting form solutions that contribute to and reinforce the story." This is how Edwin Vollebergh characterises the attitude to work at Studio Boot that he has developed together with Petra Janssen. Boot is the house, the family and the workplace; the ambience and aspirations that are applied to the creation of beautiful things. These ideas, which Vollebergh and Janssen share in all kinds of ways and disseminate amongst the students of the Design Academy, produce a strong awareness of the creative independence of the designer. Boot shows a contrariness that is representative of Dutch design, embodying an attitude of daring and assertiveness. This vision, in the hands of Studio Boot, makes extraordinary things possible. The studio was founded in 1991, in 's-Hertogenbosch, in the south of the Netherlands.

STUDIO FM

Fondato nel 1996 da Barbara Forni e Sergio Menichelli - con la partnership di Cristiano Bottino dal 2000 - è specializzato in graphic design, e si occupa in particolar modo di art direction, immagine coordinata, grafica editoriale, allestimenti, way finding e web design, operando in ambiti commerciali diversificati quali, fashion design, architettura, industria, cultura ed anche in ambiti istituzionali.
Situato a Milano, si avvale della collaborazione di uno staff interno di graphic e web designer, nonché del contributo di professionisti qualificati come fotografi, copywriter, illustratori, designers, etc..
Attualmente sta collaborando con il team di studio di Antonio Citterio&Partners al progetto del nuovo aeroporto internazionale di Dhoa (Qatar) Lounges e Actitity Noods (35.000 mq) seguendone gli aspetti di way finding e di grafica applicata. I progetti di Studio FM Milano hanno ricevuto diversi premi e sono stati pubblicati in svariate occasioni.

Set up in 1996 by Barbara Forni and Sergio Menichelli – who were joined by Cristiano Bottino in 2000 – Studio FM specialises in graphic design, focusing in particular on art direction, corporate identity, graphics for publishing, backdrops, wayfinding and web design, operating in a wide array of commercial environments such as fashion design, architecture, industry and culture, and also working for a number of institutional clients. Based in Milan, the studio leverages the expertise of an in-house staff of graphic designers and web designers, and also benefits from the input of qualified professionals such as photographers, copywriters, illustrators, designers, etc. The studio is currently collaborating with the team from Antonio Citterio&Partners on the design of the new international airport at Dhoa in Qatar (35,000 m2) concentrating on the aspects of wayfinding and applied graphics. The studio's designs have won several prizes and have been published on a multitude of occasions.

STUDIO TAPIRO

Fondato a Venezia nel 1979 da Enrico Camplani e Gianluigi Pescolderung, architetti e graphic designer, attivi in tutti gli ambiti della progettazione visuale: dall'immagine di corporate identity ai sistemi segnaletici, dall'exhibition design alla grafica d'ambiente e d'arredo, dall'immagine editoriale al manifesto e all'illustrazione d'autore. Camplani e Pescolderung insegnano design della comunicazione in qualità di docenti incaricati all'Università IUAV di Venezia, nella Facoltà di Design e Arti e nella Facoltà di Architettura. Tapiro design deve la sua affermazione a livello internazionale alla ventennale collaborazione con la Biennale di Venezia, della quale è autore dell'attuale emblema distintivo. I loro lavori sono stati esposti in importanti gallerie e musei tra cui il Design Museum di Londra, l'Istituto Italiano di Cultura di Città del Messico, il CIIPE Department of Art della Colorado State University, la Ginza Graphic Gallery di Osaka, il Centre Georges Pompidou di Parigi e l'Heritage Museum di Hong Kong.

The Tapiro studio was set up in Venice in 1979 by Enrico Camplani and Gianluigi Pescolderung. Experts in architects and graphic design, they are active in all fields of visual design, from corporate identity to signage systems, from exhibition design to environmental graphics and decor, and from editorial design to posters and author illustrations. Camplani and Pescolderung lecture in communication design in both the Design and Art Faculty and the Architecture Faculty of the IUAV in Venice. Tapiro Design owes its international renown to its 20-year partnership with the Venice Biennale, for which it came up with the current highly distinctive emblem. The studio's works have been exhibited in a large number of major galleries and museums, including the Design Museum in London, the Italian Cultural Institute in Mexico City, the CIIPE Department of Art at Colorado State University, the Ginza Graphic Gallery in Osaka, the Centre Georges Pompidou in Paris and the Heritage Museum in Hong Kong.

STUDIO TEMP

Temp (Fausto Giliberti, Guido Daminelli, Marco Fasolini) è uno studio di progettazione grafica nato nel 2007 nella piccola città di Bergamo. Il nostro focus è la carta stampata: libri, riviste, identità visive.
Parallelamente al lavoro su commissione, sviluppiamo molti progetti indipendenti.

Temp (Fausto Giliberti, Guido Daminelli, Marco Fasolini) is a graphic design studio that was established in 2007 in the small northern-Italian city of Bergamo. The firm's focus is on printed media: books, magazines and visual identities. Alongside commissions, Temp also deals with numerous independent projects.

SUPERMUNDANE

Supermundane è lo pseudonimo di Rob Lowe, un creativo multidisciplinare che lavora come graphic designer, illustratore, tipografo e art director a Londra. In tutti questi ruoli il suo approccio istintivo resta lo stesso. La semplicità è il cuore del suo lavoro nel produrre soluzioni uniche che risultano sempre pertinenti e accessibili. Definito dalla rivista "Grafik" "il re dello scarabocchio ripetitivo", la sua arte grafica mostra un mondo di speranza, ottimismo, e la prosecuzione della vita, e allo stesso tempo una componente melanconica, espressa di solito sotto forma di parola scritta. Questi disegni e pitture sono quasi esclusivamente improvvisati. Il suo lavoro è stato pubblicato ed esposto in tutto il mondo oltre che in molte mostre monografiche nel Regno Unito. È direttore creativo della rivista alternativa per bambini "Anorak" e direttore artistico dell'acclamato trimestrale di scrittura sul cibo "Fire & Knives".

Supermundane is the pseudonym of Rob Lowe, a multi-disciplined creative who works as a graphic designer, artist, illustrator, typographer and art director in London. Whether providing art direction for magazines, illustrating or designing logos, his instinctive approach remains the same. Simplicity is at the heart of his work, whilst producing unique solutions that are always relevant and approachable. Described by "Grafik" magazine as "The king of the repetitive doodle", his graphic art displays his own world of hope, optimism and the continuation of life while often containing a melancholic human element, usually in the form of the written word. These drawings and paintings are almost exclusively unplanned. His work has been published and exhibited worldwide, including several solo shows in the UK. He is creative director of the alternative children's magazine "Anorak" and art director of the acclaimed food writing quarterly Fire & Knives.

TANKBOYS

Studio di grafica indipendente nato nel 2005 a Venezia. I suoi fondatori sono Lorenzo Mason e Marco Campardo, che lavorano insieme da quando si sono laureati alla Facoltà di design dell'università IUAV di Venezia. Tankboys opera nel settore delle arti e della comunicazione, dedicandosi in particolare a progetti a stampa ed editoriali. Nel corso degli anni hanno lavorato per clienti quali Rotaliana, Circuito Off, La Biennale di Venezia, Skira, Havaianas, Teatro Stabile del Veneto Carlo Goldoni, Comune di Venezia, My Biennale Guide, Teatro Fondamenta Nuove e Fuoribiennale. Nel 2008 hanno co-fondato XYZ, una galleria no-profit per le arti applicate (grafica, fotografia, design) con sede a Treviso. Nel 2009 hanno dato vita, insieme all'illustratrice Elena Xausa, alla casa editrice indipendente Automatic Books.

Tankboys is an independent graphic design studio launched in 2005 and based in Venice. Its founders are Lorenzo Mason and Marco Campardo, who graduated from the Design Faculty of the IUAV in Venice and have been working together ever since. The Tankboys studio deals with arts and communication, focusing mainly on print and publishing projects. Over the years, the studio has worked for clients such as Foscarini, Rotaliana, Circuito Off, La Biennale di Venezia, Skira, Havaianas, Teatro Stabile del Veneto Carlo Goldoni, Comune di Venezia, My Biennale Guide, Teatro Fondamenta Nuove and Fuoribiennale. In 2008, the two founders set up XYZ, a non-profit gallery for the applied arts (graphic design, photography and design) based in Treviso. In 2009, along with illustrator Elena Xausa, they established Automatic Books, an independent publishing house.

STEFANO TEMPORIN

Nasce nel 1981. Nel 2004 cede alle angherie tipografiche di Luciano Perondi. La sua miopia si attesta a -3,25 diottrie per il destro e -2,75 per il sinistro. Il 2005 è fruttuoso: perde una diottria ma vince una laurea in comunicazione al Politecnico di Milano. Lavora per tre anni nello studio Leftloft, dove partecipa al disegno del carattere per il Corriere della Sera e lo Stadio San Siro. Dal 2007 alleva nuove generazioni di miopi all'Istituto Europeo di Design. Attualmente è art director presso la casa editrice milanese Edizioni Zero.

Stefano Temporin was born in 1981. In 2004, he surrendered to the typographical tyranny of Luciano Perondi. His myopia stands at at -3.25 dioptres for the right eye and -2.75 for the left. 2005 was a very fruitful year for him: he lost one dioptre but gained a degree in Communication from the Politecnico di Milano. He has been working for the past three years at the Leftloft studio, where he has busied himself with the design of the typeface for the Corriere della Sera and for San Siro stadium. Since 2007, he has been training new generations of myopic people at the European Institute of Design. He is currently employed as art director at the Milanese publishing house Edizioni Zero.

TENAZAS DESIGN

Educatrice e grafica, il suo studio, Tenazas Design, si occupa di comunicazione e di grafica e lavora principalmente su progetti per organizzazioni culturali, educative e no-profit. Tra i suoi clienti ci sono stati il San Francisco International Airport, la Princeton Architectural Press e Rizzoli International. È Henry Wolf Professor presso la School of Art, Media and Technology alla Parsons The New School for Design di New York. Prima, ha vissuto a San Francisco per 20 anni e a Roma per un anno. è stata fondatrice del programma di MFA in Design al California College of the Arts di San Francisco. Il lavoro di Lucille è stato presentato in molte pubblicazioni e mostre in tutto il mondo, inclusa nel 2003 una retrospettiva sul suo lavoro della collezione permanente del Museum of Modern Art di San Francisco. Ha ricevuto il National Design Award for Communication Design dal Cooper-Hewitt National Design Museum nel 2002. Originaria di Manila, nelle Filippine, Lucille è interessata al ruolo del designer come nomade culturale e vive praticando quello che predica.

Lucille Tenazas is both an educator and graphic designer. Her studio, Tenazas Design, is a communications and graphic design firm working primarily on projects for cultural, educational and non-profit organisations. Her clients have included San Francisco International Airport, Princeton Architectural Press and Rizzoli International. She is the Henry Wolf Professor in the School of Art, Media and Technology at Parsons The New School for Design in New York. Previously, she lived in San Francisco for 20 years and in Rome for a year. She was the Founding Chair of the MFA programme in Design at California College of the Arts in San Francisco. Lucille's work has been featured in many publications and exhibitions both nationally and internationally, including a 2003 retrospective of her work from the permanent collection of the San Francisco Museum of Modern Art. She received the National Design Award for Communication Design from the Cooper-Hewitt National Design Museum in 2002. Originally from Manila in the Philippines, Lucille is interested in the role of the designer as a cultural nomad, and lives and practices what she preaches.

TOMATO

Fondato nel 1991 come un collettivo di artisti, designer, musicisti e scrittori. Ognuno dei creativi coinvolti è un socio che condivide i propri campi di competenza ed esperienza con gli altri componenti del gruppo. Ciò ha portato a regolare collaborazione all'interno del gruppo e continua ad essere una fonte di ispirazione e reinvenzione per tutti coloro che sono coinvolti. Attualmente ci sono dieci membri attivi che lavorano con Tomato ma molti altri hanno svolto ruoli importanti nel corso del continuo sviluppo dello studio. Negli ultimi vent'anni Tomato si è occupato di ospitare laboratori, editoria, esibizioni, spettacoli dal vivo e conferenze così come di lavorare con i propri clienti nei settori della pubblicità, dell'architettura, della moda, delle installazioni pubbliche, della musica, della televisione, del cinema e della progettazione grafica. La collaborazione continua...

Tomato was founded in 1991 as a collective of artists, designers, musicians and writers. Each one of the creatives involved is a partner, sharing their own field of expertise and experience with the wider group. This has led to regular collaboration within the collective and continues to be a source of inspiration and reinvention for those involved. Currently there are ten active members working with Tomato but many others have played important roles during the ongoing development of the studio. For the past twenty years, Tomato has involved itself with hosting workshops, publishing, exhibiting, live performances and public speaking, as well as working with clients in the areas of advertising, architecture, fashion, public installations, music, television, film and graphic design. The collaboration continues...

UNDESIGN

Fondato nel 2003 da Michele Bortolami & Tommaso Delmastro. Loro progettano identità: questo è il loro lavoro e lo fanno combinando aspetti funzionali, comunicativi, formali ed emotivi. Basandosi sull'interrelazione tra design e branding, hanno dato vita e seguito un sistema programmatico di progettazione definito undesign, come il nome che hanno scelto per il proprio studio: un-design in inglese significa de-progettare, tendere verso la sintesi formale procedendo per sottrazione. Riassumendo: progettare meno, progettare meglio. Questa è la visione che hanno abbracciato, frutto di una filosofia ben precisa: la propria. Abbatti il muro dei pregiudizi, lavora con uno spirito aperto e ricettivo. Costruisci il ponte tra te e il mondo, crea connessioni tra pensieri e persone. Dai gioia, lavora con passione e progetta in modo accessibile. Il design è per tutti. Loro sono undesigners, e progettano identità.

Undesign was founded in 2003 by Michele Bortolami & Tommaso Delmastro. They design identities: that is their job and they do it by combining the functional, communicative, formal and emotional aspects. Taking their cue from the interrelation between design and branding, they have created, and are engaged in implementing, an aesthetic programme defined as undesign, which is the name that they chose for their studio: "un-design" is all about moving towards an economy of form, by a process of subtraction – in short, design less, design better. This is the vision that they have embraced, based on a precise philosophy: their own. Pull down the wall of prejudice and work with an open and receptive spirit. Build the bridge between yourself and the world, create connections between thoughts and people. Give joy, work with passion and make your designs accessible. Design is for everyone. They are undesigners and they design identities.

OMAR VULPINARI

Vice presidente di Icograda - International Council of Graphic Design Associations, dove guida *Iridescent - Icograda Journal of Design Research* e *Icograda Design Education Manifesto 2010*. Dal 1998 è direttore creativo del Dipartimento di Visual Communication di Fabrica. Qui ha diretto progetti di comunicazione sociale e culturale per UNWHO, UNICEF, UNESCO, UNDCP, UNICRI, Max-Planck-Gesellschaft, The World Bank, Lawyers Committee for Human Rights, Witness, Amnesty International, Reporters Without Borders, ArteFiera, Istituto Luce, The New Yorker Magazine, Walrus Magazine, Flash Art Magazine, Electa. I progetti per Fabrica sono stati esposti al Centre Pompidou di Parigi, La Triennale di Milano, al Shanghai Art Museum e al Shiodomeitalia Creative Centre di Tokyo. Recentemente è stato premiato con il Graphis Platinum G Advertising Award. Taschen, nel 2007, ha dedicato ai suoi progetti indipendenti una sezione personale nel volume Contemporary Graphic Design. È docente di Comunicazione Visiva allo IUAV di Venezia.

Omar Vulpinari is vice-president of Icograda – the International Council of Graphic Design Associations, where he is at the helm of Iridescent - the Icograda Journal of Design Research *and the* Icograda Design Education Manifesto 2010. *Since 1998, he has been creative director of the Department of Visual Communication of Fabrica, where he directs projects of social and cultural communication for UNWHO, UNICEF, UNESCO, UNDCP, UNICRI, Max-Planck-Gesellschaft, the World Bank, the Lawyers Committee for Human Rights, Witness, Amnesty International, Reporters Without Borders, ArteFiera, Istituto Luce, The New Yorker, Walrus, Flash Art and Electa. Fabrica's designs have been exhibited at the Centre Pompidou in Paris, La Triennale di Milano, the Shanghai Art Museum and the Shiodomeitalia Creative Centre in Tokyo. Recently, Vulpinari was awarded the Graphis Platinum G Advertising Award. In 2007, Taschen dedicated a personal section to his independent projects in its Contemporary Graphic Design. He lectures in Visual Communication at the IUAV in Venice.*

WELCOMETO.AS

Adam e Sébastien si sono conosciuti durante il loro tirocinio presso lo Studio Dumbar di The Hague nella primavera 2002. Si sono incontrati di nuovo casualmente nello stesso anno a Losanna (la città dove abita Sébastien), dove Adam ha svolto un anno di borsa di studio presso l'Ecal. Dopo aver lavorato insieme su alcuni progetti, hanno fondato Welcometo.as nel 2004.

Adam and Sébastien first met during their internship at Studio Dumbar in The Hague in the spring of 2002. They met again by chance that same year in Lausanne (Sébastien's hometown), where Adam was completing a one-year scholarship at Ecal. After working on a number of projects together, they established Welcometo.as in 2004.

OLIMPIA ZAGNOLI

Nata nel 1984 in un piccolo paese del nord Italia, il suo stile è caratterizzato da illustrazioni grafiche e pulite con un gusto retrò. Il suo lavoro è stato pubblicato su diverse riviste, quotidiani, copertine di libri, poster ed esposto in gallerie in Europa e negli Stati Uniti. Tra i suoi clienti ci sono The New York Times, The New Yorker, The Guardian, Adidas Originals, The Rolling Stone, Il Corriere della Sera e tanti altri. Olimpia ora vive tra Milano e New York e guida una Fiat gialla. Il suo colore preferito è il grigio e ama Picasso. Da grande vorrebbe essere una rockstar.

Olimpia Zagnoli was born in 1984 in a small town in northern Italy. Her style is characterised by clean graphical illustrations with a retro feel. Her work has appeared on numerous book covers and has been featured in several magazines, newspapers, posters and galleries across Europe and the U.S. Her clients include The New York Times, The New Yorker, The Guardian, Adidas Originals, Rolling Stone and Il Corriere della Sera, amongst many others. Olimpia now lives in Milan and New York, and drives a yellow Fiat. Her favourite colour is grey, and she loves Picasso. When she gets old she wants to be a rock star.

MORTEZA ZAHEDI

Pittore, illustratore e scultore, Morteza Zahedi è nato nel 1978 a Rasht, una delle più belle città nel nord dell'Iran. Oggi vive e lavora a Tehran. Dopo essersi diplomato alla Graphic School nel 1995, si è laureato in pittura all'Art and Architecture College di Tehran nel 2001. I suoi lavori sono stati esposti in mostre monografiche in diversi paesi. Ha illustrato molti libri per bambini che sono stati tradotti in più di cinque lingue. Le sue illustrazioni sono state esposte alla fiera del libro di Bologna nel 2003, 2005, 2006 e 2009 e premiate alle Biennali di libri per bambini di Tehran e di Belgrado.

A painter, illustrator and sculptor, Morteza Zahedi was born in 1978 in Rasht, one of the most beautiful cities in northern Iran. Today she lives and works in Tehran. Having attained a diploma at the Graphic School in 1995, she received a degree in Painting from the Art and Architecture College of Tehran in 2001. Her works have been featured in solo shows in several countries, and she has illustrated numerous books for children, which have been translated into more than five languages. Her illustrations were exhibited at the Bologna Book Fair in 2003, 2005, 2006 and 2009, and have been awarded prizes at the Children's Book Biennales in Tehran and Belgrade.

MAURO ZENNARO

Nato a Roma nel 1953 e laureato in Architettura, si occupa di grafica, calligrafia e type design. Ha svolto molti progetti per la Pubblica amministrazione, tra cui la Biblioteca nazionale centrale di Roma, la biblioteca statale Angelica di Roma, i Comuni di Roma e di Fara in Sabina. Insegna al Master in Graphic Design della Facoltà di Architettura Valle Giulia di Roma e all'Istituto statale d'istruzione superiore Carlo Urbani di Roma. È visiting professor presso la School of Visual Arts di New York. È tra i fondatori della rivista "Calligrafia" e nel comitato di redazione della collana di libri sulla grafica "Scritture", pubblicata da Stampa Alternativa/Graffiti. Ha pubblicato i volumi *Alphabeto Romano* e *Calligrafia, Fondamenti e procedure*, oltre a numerosi articoli. Suoi lavori manoscritti e a stampa, pubblicati dalle Edizioni dell'Elefante, sono stati esposti in numerosi musei e biblioteche europee e statunitensi. È membro dell'Aiap– Associazione italiana progettazione per la comunicazione visiva.

Born in Rome in 1953, Mauro Zennaro has a degree in Architecture and deals with graphic design, calligraphy and type design. He has completed a multitude of projects for public-sector bodies, including the Italian National Central Library in Rome, the Angelica State Library in Rome and the City Councils of Rome and Fara in Sabina. He teaches on the Masters course in Graphic Design in the Faculty of Architecture at Valle Giulia in Rome and at the Istituto Statale d'Istruzione Superiore Carlo Urbani, also in Rome, and is visiting professor at the School of Visual Arts in New York. He is one of the founders of "Calligrafia" magazine and is on the editorial board of the "Scritture" series of graphic design books published by Stampa Alternativa/Graffiti. He has authored the books Alphabeto Romano *and* Calligrafia, Fondamenti e procedure, *alongside numerous articles. His handwritten and printed works, published by Edizioni dell'Elefante, have been exhibited in numerous museums and libraries in Europe and the United States. He is a member of AIAP – the Italian Association of Design for Visual Communication.*

ZERO PER ZERO

Zero per zero (Ji-Hwan Kim, Sol Jin) è una coppia di grafici di Seoul, Repubblica di Korea, specializzati in particolare nei settori della grafica, del design per l'informazione e dell'illustrazione. Producono e vendono svariati prodotti di design tra cui il City Railway System. Gli piace rendere il mondo un posto entusiasmante, nuovo e allegro con i nostri progetti, che sono principalmente di grafica.

Zero per zero (Ji-Hwan Kim, Sol Jin) is a graphic design duo based in Seoul in South Korea. They specialise for the most part in the fields of graphic design, information design and illustration. They produce and sell various design products, including the City Railway System. They like to make the world an exciting, novel and happy place with their designs, which are mainly concerned with graphics.

ZETALAB

Zetalab è uno studio di design della comunicazione con base a Milano. Dal 2000 sviluppa progetti complessi di identità visiva per aziende, istituzioni, prodotti ed eventi, dall'idea iniziale al prodotto finito. Zetalab si occupa, oltre che di grafica, anche di progettazione di mostre, industrial design, video, eventi, declinando il suo approccio creativo su differenti media e in campi diversi. I membri di Zetalab sono professionisti competenti e appassionati di comunicazione e design, con una visione internazionale, con esperienza di insegnamento nelle università e scuole di design Italiane. Fra i progetti più amati di Zetalab figurano il design per Smemoranda, l'agenda scolastica più diffusa d'Italia dal 1979; l'identità visiva per MilanoFilmFestival, il festival di cinema di Milano; la mostra itinerante *Detour, the Moleskine notebook experience*, che ha già toccato 8 nazioni in 3 continenti diversi. Zetalab ama il design che combina e mescola differenti elementi, stili, media, idee.

Established in 2000, Zetalab is a design studio based in Milan that deals with complex visual identity projects for companies, institutions, products and events, covering all bases from the initial idea to the finished product. The members of the Zetalab team are highly skilled, passionate experts in the fields of communication and design, with an international vision and a wealth of teaching experience accumulated in Italy's universities and design schools. Zetalab's all-time favourite projects include the design for Smemoranda, the most popular school diary in Italy since 1979; the visual identity for the MilanoFilmFestival, an alternative movie festival in Milan; and Detour – the Moleskine City Notebook Experience, *a touring exhibition that has already been staged in 8 cities across 3 continents. Zetalab loves design that mixes and remixes different elements, styles, media and ideas.*

Biografie autori e curatori *Authors' and curators' biographies*

GIOVANNI ANCESCHI

Nato nel 1939, si laurea e insegna alla scuola di Ulm. Ha ricevuto l'Icograda Excellence Award alla carriera, è professore ordinario di Disegno industriale presso l'IUAV di Venezia e docente di Newbasicdesign presso il corso di laurea ClaDIS. Ha diretto il Laboratorio di progettazione multimodale presso il corso di laurea specialistica ClasVEM. Direttore dell'Unità di ricerca Graphic and Multimodal Systems (GaMS) del Dipartimento dADI e coordinatore del Dottorato di ricerca in Scienze del design, è stato tra i protagonisti del Movimento dell'Arte cinetica e programmata negli anni '60. Design director, saggista e organizzatore di cultura della visibilità, ha pubblicato più di trecento contributi e libri in Italia e all'estero. Ha curato il primo testo standard di design dell'interazione in lingua italiana. Da quasi quarant'anni insegna nell'università italiana discipline del progetto di comunicazione.

Born in 1939, Giovanni Anceschi graduated from the ULM School of Design, where he now teaches. He received the Icograda Excellence Award in recognition of his life's work and is a professor of Industrial Design at the IUAV in Venice and a lecturer in Newbasicdesign on the ClaDIS degree course. He has served as director of the multimodal design workshop on the ClasVEM Masters course. Director of the Graphic and Multimodal Systems (GaMS) research unit of the dADI Department and co-ordinator of the PhD in Design Science, he was one of the leading lights of the Kinetic and Programmed Art movement of the 1960s. Design director, essayist and organiser of the culture of visibility, he has published more than three hundred articles and books in Italy and overseas. He edited the first standard text in Italian on the design of interaction, and for almost forty years he has been teaching the disciplines of communication design in Italian universities.

CARLO BRANZAGLIA

Nato a Cesena nel 1962, si occupa di teoria e critica del design e della comunicazione visiva. Insegna all'Accademia di Belle Arti di Bologna, dove ha progettato i corsi di Design Grafico e Design Management, e il Design Center Bologna. Ha tenuto corsi, lezioni e seminari in diverse scuole italiane e straniere. Ha curato mostre ed eventi (fra gli altri, *Imagine iT*, 2008 e 2009, con Simone Wolf) e scritto diversi libri (l'ultimo, *VideoSign*, 2009, con Mirko Pajé). Direttore editoriale del trimestrale "Artlab", coordinatore editoriale del quadrimestrale "Disegnar(t) e", collabora a "Uomo Vogue", "OHT", e "Experimenta" (Es). Socio ADI, socio onorario F2F (D), è National Director di Design for All Italia nel board di EIDD Design for All Europe e coordinatore della commissione Visual Design nell'Osservatorio Permanente del Design ADI.

Born in Cesena in 1962, Carlo Branzaglia concerns himself with the theory and criticism of design and visual communication. He teaches at the Bologna Academy of Fine Arts, where he designed the courses on Graphic Design and Design Management, and the Bologna Design Centre. He has held courses, lectures and seminars in a number of schools in Italy and beyond. He has curated several exhibitions and events (including Imagine iT, 2008 and 2009, with Simone Wolf) and has written various books (the latest of which, VideoSign, 2009, was written with Mirko Pajé). Editorial director of the "Artlab" quarterly and editorial co-ordinator of the "Disegnar(t)e" journal, he works on "L'Uomo Vogue", "OHT", and "Experimenta" (Spain). An ADI member and an hononary member of F2F (Germany), he is National Director of Design for All Italia, on the board of EIDD Design for All Europe, and co-ordinator of the Visual Design commission in the ADI's Permanent Design Observatory.

FRANK CHIMERO

È nato a Wantagh, New York, nel 1984. Dopo un'infanzia trascorsa tra musica e disegno, ha iniziato a combinare i due elementi trovando poi la propria strada nel graphic design. Attualmente vive a Portland, Oregon, e trascorre il suo tempo diviso tra progetti per i clienti e lavoro personale, insegnando alla Portland State University e parlando in giro per il mondo di un design empatico e umano. I suoi clienti includono il New York Times, Nike, Wired, Microsoft, Bloomberg/BusinessWeek, Newsweek, The Atlantic, Starbucks, GOOD Magazine. Hanno scritto di lui il "Print Magazine", l'"Art Directors Club" di New York, "Vanity Fair", "Monocle" e "The Society of Illustrators". Nel 2010 è stato scelto da "Print" Magazine come New Visual Artist (Top 20 Designers Under 30) e dall'Art directors Club come vincitore del Young Gun award.

Frank Chimero was born in Wantagh, New York, in 1984. After a childhood of music and drawing, he started to combine the two and then found his way into graphic design. He now lives in Portland, Oregon, and splits his time between client projects, personal work, teaching at Portland State University, and speaking around the world about empathetic, humanist design. His clients include The New York Times, Nike, WIRED, Microsoft, Bloomberg/ BusinessWeek, Newsweek, The Atlantic, Starbucks, GOOD, Edizioni Corraini Press and others. He has been featured by Vanity Fair, Monocle and The Society of Illustrators. In 2010, he was chosen by "Print" as a New Visual Artist (Top 20 Designers Under 30) and by the Art Directors Club as a recipient of the Young Gun award.

PIETRO CORRAINI

Nasce a Mantova nel 1981 e si laurea in disegno industriale con una tesi sul rumore della comunicazione a Milano, città dove vive e lavora. Si occupa di design editoriale e comunicazione in generale poco coordinata, dirige la rivista "Un Sedicesimo", è art director per Edizioni Corraini, fa workshop in varie scuole e musei in giro per il mondo, dagli Stati Uniti al Giappone. Insegna alla Bauer di Milano al corso di Comunicazione Visiva. È autore del libro *Manuale di immagine non coordinata* e ha appena disegnato un'agenda per non dimenticarsi chi incontra: in generale si diverte a smontare e rimontare progetti di grafica.

Pietro Corraini was born in Mantua in 1981, and currently lives and works in Milan. He graduated in Industrial Design from the Politecnico di Milan with a thesis on the noise of communication. He deals in the main with publishing design and un-programmed identity communication. Director of "Un Sedicesimo" magazine and art director of Corraini Edizioni, he orchestrates workshops in schools and museums the world over, from the United States to Japan. He is a professor of Visual Communication at the Bauer School in Milan. He is the author of How to Break the Rules of Brand Design in 10+8 Easy Exercises and has just designed a diary to help you remember those you meet. Generally speaking, he enjoys dismantling communication projects and then putting them back together.

STEVEN HELLER - LITA TALARICO

Steven Heller e Lita Talarico sono co-fondatori e co-titolari del programma Designer as Author del Master of Fine Arts (MFA) alla School of Visual Arts di New York. Heller è autore e co-autore di oltre 130 libri sul Design ed è stato art director del "New York Times" per 33 anni. Ha ricevuto diversi riconoscimenti, tra cui nel 1999 la AIGA Medal alla carriera. Lita Talarico è attiva da oltre 20 anni come produttrice, editrice, scrittrice ed educatrice nel mondo dell'architettura e del graphic design. Talarico è stata caporedattrice e fondatrice di "American Illustration and American Photography" e ne ha prodotto gli eventi e le conferenze annuali. Heller e Talarico sono co-autori di *Graphic Design Sketchbook* (Thames & Hudson Company, 2010), *Design School Confidential* (Rockport Publishers, 2009), *The Design Entrepreneur* (Rockport Publishers, 2008) e *Design Career: Practical Knowledge for Beginning Illustrators and Graphic Designers* (Van Nostrand Reinhold, 1987).

Steven Heller and Lita Talarico are co-chairs and co-founders of the MFA Designer as Author programme at the School of Visual Arts in New York City. Heller is author or co-author of over 130 books on design and for 33 years he was art director at "The New York Times". He has been the recipient of various awards, among these the AIGA Medal for Lifetime Achievement in 1999. Talarico has been active for over 20 years as a producer, editor, writer and educator in the worlds of architecture and graphic design. She was the founding managing editor of American Illustration and American Photography and produced its annual events and conferences. Heller and Talarico are co-authors of Graphic Design Sketchbook (Thames & Hudson Company, 2010), Design School Confidential (Rockport Publishers, 2009), The Design Entrepreneur (Rockport Publishers, 2008) and Design Career: Practical Knowledge for Beginning Illustrators and Graphic Designers (Van Nostrand Reinhold, 1987).

STEFANO SALIS

Nato nel 1970 è giornalista presso "Il Sole 24 Ore" dal 2000. Nel supplemento culturale della Domenica si occupa soprattutto della parte letteraria. Esperto di editoria, bibliofilia e di grafica editoriale ha scritto numerosi articoli sul tema. Scrive ogni settimana la rubrica dedicata alle copertine dei libri, Cover story. Laureato in lettere con una tesi di letteratura italiana contemporanea su Andrea Camilleri, ha insegnato all'Università Statale di Milano per tre anni (2006-2009), dove ha tenuto il Laboratorio di Giornalismo della Facoltà di Lettere. Scrive regolarmente sull'annuario *Tirature* (Il Saggiatore) su temi di editoria. Ha curato l'edizione del volume *Sciascia, eretico del genere giallo* (La vita felice), e, ultimamente, ha curato l'edizione italiana e scritto la prefazione al libro di David Shields, *Fame di realtà* (Fazi). Sulla rivista "Inventario" tiene la rubrica dedicata all'illustrazione.

Born in 1970, Stefano Salis has been a journalist at "IlSole24Ore" since 2000. In the newspaper's Sunday culture supplement, he deals above all with the literary section. An expert in publishing, bibliophilia and editorial graphic design, he has written widely on these subjects. He writes a weekly column on book covers, called Cover Story. Having graduated in Contemporary Italian Literature with a thesis on Andrea Camilleri, he lectured at Milan State University for three years (2006-2009), where he held the Journalism Workshop within the Faculty of Arts. He contributes regularly to the Tirature yearbook (Il Saggiatore) with pieces related to publishing. He was responsible for editing Sciascia, eretico del genere giallo (La vita felice) and, more recently, he edited the Italian edition of Reality Hunger by David Shields (published by Fazi in Italy), for which he also wrote the preface. He writes a column on illustration for Inventario.

MATTEO SCHUBERT

Ha studiato comunicazione visiva all'ISA di Monza e architettura al Politecnico di Milano. Direttore dell'area cultura di ABCittà s.c.r.l. e amministratore delegato di alterstudio partners srl, con cui ha realizzato e realizza progetti di architettura per committenti pubblici e privati e partecipato a concorsi, conseguendo importanti premi nazionali e internazionali. Dal 1990 si occupa di metodologie partecipate e di luoghi della cultura mediante l'elaborazione di piani di fattibilità e programmi strategici per conto di amministrazioni pubbliche e fondazioni. Ha ideato e curato diverse iniziative culturali, tra cui: *La mano dell'architetto* e *La mano del designer*, FAI, 2009-2010; *Il mondo del libro*, Fondazione Arnoldo e Alberto Mondadori, 2006-2008; *Attraversamenti, biennale diffusa di architettura e comunicazione visiva*, Trevi Flash Art Museum, Palazzo Lucarini Contemporary, Regione Umbria, MiBAC, 2005-2009; *Parentesi*, Comieco e Cial 2004. Ha svolto attività di docenza per conto di numerosi enti pubblici e ha scritto testi e articoli per quotidiani e riviste.

Matteo Schubert studied Visual Communication at the ISA in Monza and Architecture at the Politecnico di Milano. He is Director of the culture section of ABCittà s.c.r.l. and Managing Director of alterstudio partners srl, with which he is involved in architectural projects for clients in both the public and private sectors and has participated in numerous competitions, winning a number of high-profile national and international awards. Since 1990, he has been dealing with participatory methodologies and cultural sites through the development of feasibility plans and strategic programmes on behalf of public-sector bodies and foundations. He has curated a range of cultural initiatives, including: The Hand of the Architect and The Hand of the Designer, FAI, 2009; Il mondo del libro, Fondazione Arnoldo e Alberto Mondadori, 2006-2008; Attraversamenti, biennale diffusa di architettura e comunicazione visiva, Trevi Flash Art Museum, Palazzo Lucarini Contemporary, Regione Umbria, MiBAC, 2005-2009; and Parentesi, Comieco e Cial, 2004. He has lectured on behalf of numerous public bodies and has written a multitude of articles for newspapers and journals.

FRANCESCA SERRAZANETTI

Si è laureata in Architettura presso il Politecnico di Milano, dove nel 2007 ha vinto una borsa di studio per il dottorato in Progettazione Architettonica e Urbana. Svolge attività didattica e di ricerca presso il Dipartimento di Progettazione Architettonica della stessa facoltà approfondendo i temi legati alla valorizzazione del patrimonio architettonico e urbano e al teatro. Da qualche anno concentra i propri studi e scrive su musei di architettura, archivi e collezioni di singoli architetti. Affianca all'impegno accademico collaborazioni con società di progettazione e istituzioni culturali. Cura iniziative di carattere espositivo ed editoriale, tra le più recenti: *La mano del designer*, FAI, 2010; *Attraversamenti 09, biennale diffusa di architettura*, Palazzo Lucarini Contemporary, 2009; *Milano città d'acqua*, Politecnico di Milano 2009; *La mano dell'architetto*, FAI, 2009. È redattrice e fondatrice della rivista peer reviewed "Stratagemmi. Prospettive Teatrali", trimestrale di studi sul teatro sul quale scrive regolarmente.

Francesca Serrazanetti graduated in Architecture from the Politecnico di Milano, where in 2007 she was awarded a bursary for a PhD in Architectural and Urban Design. She lectures and conducts research at the Department of Architectural Design within the same faculty, focusing specifically on issues concerning the enhancement of the architectural and urban heritage and the theatre. In recent years, her studies and essays have concentrated on architectural museums, archives and the collections of individual architects. Alongside her academic work, she collaborates with architecture practices and cultural institutes. She curates exhibitions and publishing initiatives, including most recently: The Hand of the Designer, FAI, 2010; Attraversamenti 09, biennale diffusa di architettura, Palazzo Lucarini Contemporary, 2009; Milano città d'acqua, Politecnico di Milano, 2009; The Hand of the Architect, FAI, 2009. She is founder and editor of "Stratagemmi. Prospettive Teatrali", a peer-reviewed quarterly journal of theatre studies, for which she writes regularly.